खुशवंत सिंह

1915 में हडाली गाँव में खुशवंत सिंह का जन्म हुआ, जो अब पाकिस्तान में है। गवनर्मेंट कॉलेज, लाहौर से अपनी स्नातक की पढ़ाई पूरी करने के बाद, लंदन जा कर उन्होंने वकालत पढ़ी। कुछ समय तक वे वकील बने रहे, लेकिन वकालत में उनका मन नहीं लगा। लिखने-पढ़ने में उनकी रुचि थी, और जब उन्हें भारत सरकार की पत्रिका 'योजना' के संपादक के पद का अवसर प्राप्त हुआ, तो उन्होंने उसे तुरन्त स्वीकार कर लिया। उसके बाद वे नेशनल हैरल्ड और हिन्दुस्तान टाइम्स के संपादक रहे। लेकिन एक संपादक के रूप में सबसे ज्यादा तब ख्याति मिली, जब उन्होंने 'द इलस्ट्रेटेड' वीकली ऑफ इंडिया के संपादन की बागडोर संभाली। उनके नेतृत्व में यह भारत की सबसे लोकप्रिय पत्रिका बन गई। द इलस्ट्रेटेड वीकली ऑफ इंडिया छोड़ने के बाद खुशवंत सिंह एक स्वतन्त्र पत्रकार के रूप में लिखते रहे और उनका साप्ताहिक स्तंभ *विद मैलिस टूवर्ड्स वन एण्ड ऑल* देश के दर्जन से अधिक अखबारों और पत्रिकाओं में छपता है और उनके पाठकों को बहुत बेसब्री से इसका आज भी इंतज़ार रहता है।

मेरी दुनिया मेरे दोस्त

खुशवंत सिंह

अनुवाद
महेन्द्र कुलश्रेष्ठ

ISBN : 978-93-5064-169-9

प्रथम संस्करण : 2013

© खुशवंत सिंह

हिन्दी अनुवाद © राजपाल एण्ड सन्ज़

MERI DUNIYA MERE DOST
by Khushwant Singh

राजपाल एण्ड सन्ज़

1590, मदरसा रोड, कश्मीरी गेट-दिल्ली-110006
फोनः 011-23869812, 23865483, फैक्सः 011-23867791
website : www.rajpalpublishing.com
e-mail : sales@rajpalpublishing.com

प्राक्कथन

खुशवंत सिंह स्वातंत्र्योत्तर भारत के विशिष्ट लेखक और पत्रकार हैं। ये पंक्तियाँ लिखते समय वे शतायु को छू रहे हैं—जो अपनी दृष्टि से एक बड़ी बात है। उन्हें जो बहुत-से पुरस्कार और सम्मान प्राप्त हुए, उनमें सुलभ इंटरनेशनल द्वारा दिया 'वर्ष के सबसे ईमानदार व्यक्ति' का सम्मान सबसे महत्त्वपूर्ण है, जो उनका वास्तविक परिचय माना जाना चाहिए।

'राजपाल एण्ड सन्ज़' से उनका सम्बन्ध 1967 से है। इस पुस्तक का अनुवादक यानि मैं राजपाल एण्ड सन्ज़ की सहयोगी संस्था ओरिएण्ट पेपरबैक्स के सम्पादक के नाते उनकी कहानियों की पाण्डुलिपि लेने सुजान सिंह पार्क में उनसे मिलने गया था। मुझे सचेत कर दिया गया था कि वे बहुत प्रतिष्ठित और समृद्ध परिवार के हैं, इसलिए समझ-बूझ के साथ उनसे बातचीत करूँ। ज़्यादा नहीं, फिर भी संकोच से उनके फ्लैट में प्रविष्ट हुआ। अँधेरी गैलरी के अन्त वाले सबसे बड़े कमरे में बाकायदा मेरा इन्तज़ार किया जा रहा था। प्रविष्ट होते ही लगा कि डरने की कोई बात नहीं है, खुशवंत सिंह ने एक नए लेखक को भी जिसने बाद में बहुत प्रतिष्ठा अर्जित की, अपनी पाण्डुलिपि के साथ सम्पादक से मिलने के लिए बैठा रखा था। शराब उस संस्कृति का अंग थी; मुझे 'नीट' पीनी पड़ी—हालाँकि तब मैं नीट-वीट की विशेषता नहीं समझता था—उनकी खुशनुमा पत्नी ने पूछा, तो मैं ठीक से जवाब नहीं दे सका। बातचीत अच्छी रही; ज़्यादा कुछ अब याद नहीं है; लेखक से सहज सम्बन्ध कायम हो गया और हमने उनकी पहली किताब ए *ब्राइड फॉर दि साहेब एण्ड अदर स्टोरीज़* छापी।

इसके बाद *इलस्ट्रेटेड वीकली ऑफ इण्डिया* को ज़रा ज़्यादा ही साहित्यिक और कलात्मक रूप दिए जाने में असफल ए.एस. राजन के सम्पादकत्व (उन्होंने एक बड़ा भारतीय साहित्यांक भी निकाला, जिसमें प्राचीन से आधुनिक काल तक

की हिन्दी कविता के चुने हुए अंशों का मेरे द्वारा किया गया अनुवाद भी छपा—जिसके पूरे दो पृष्ठों को यूरोप की पत्रिकाओं में भी प्रकाशित किया गया ।) में पत्रिका की बिक्री एकदम धराशायी हो जाने के कारण—क्या यह भारत के बौद्धिक स्तर का परिचायक नहीं है?—खुशवंत सिंह को उसका दायित्व सौंपा गया—जिसमें निस्संदेह वे आशातीत रूप में सफल हुए । वहाँ लगभग एक दशक बिताने के बाद वे दिल्ली वापस लौटे, तो हमने उनके *वीकली* में प्रकाशित सामयिक महत्त्व के लेखों का चयन करके पुस्तकाकार रूप में प्रकाशित किया । इस समय वे खुद अपनी *नई दिल्ली* पत्रिका का सम्पादन-प्रकाशन कर रहे थे—जो निस्संदेह बहुत स्तरीय निकल रही थी—और संसद मार्ग स्थित उनके कार्यालय में कई दफ़ा जाकर उनके काले शीशे से ढके कमरे में इनकी चर्चा करने की मुझे अच्छी यादें हैं । खैर, यह पत्रिका चलती तो अच्छा होता, लेकिन यह शायद आर्थिक कठिनाइयों और सही व्यवस्था के अभाव की भेंट चढ़ गई ।

'राजपाल एण्ड सन्ज़' से खुशवंत सिंह की रचनाओं के प्रकाशन का यह सम्बन्ध अब काफी पुराना हो गया है, पैंतालीस वर्ष के लगभग, और अब अंग्रेज़ी में बहुत-सी कृतियाँ छापने के बाद इन्हें हिन्दी में भी उसी उत्साह से छापा जा रहा है—जिसका पूरा श्रेय मीरा जौहरी को जाता है—वह 'कमिटेड' महसूस करती हैं ।

यह बात बुरी और अच्छी—दोनों ही मानी जानी चाहिए, कि खुशवंत सिंह को पत्रकार ज़्यादा और लेखक कम माना जाता है । लेखक यानी रचनात्मक श्रेणी की कृतियाँ देने वाला । दरअसल ऐसे लेखन का ज़माना काफी पहले से गुज़रता जा रहा है; पहले कविता का देहान्त हुआ, फिर अब उपन्यास-कहानी का भी देहान्त घोषित कर दिया गया है । खुशवंत सिंह ने रचनात्मक कम लिखा, लेकिन जो भी लिखा वह महत्त्वपूर्ण माना गया—जैसे *ट्रेन टु पाकिस्तान* जो भारत-विभाजन विषय की श्रेष्ठ रचना मानी जाती है, और जिस पर फिल्म भी बनी है । उनकी कुछ कहानियाँ भी प्रथम श्रेणी की हैं, जो उनके समय की जीवन्त तस्वीरें हैं । कविता उन्होंने नहीं लिखी, जो शायद उनके व्यक्तित्व और संस्कृति का अंग नहीं रहा । लेकिन उन्होंने नाटक में ज़रूर प्रवेश किया, यद्यपि स्वयं ही उसकी उपेक्षा भी की : इसी पुस्तक के साथ हम उनके एक नाटक का अनुवाद अलग से छाप रहे हैं—*टाइगर-टाइगर*—जो प्रथम श्रेणी का नाटक है, और व्यंग्य नाटक के रूप में अपनी तरह का अकेला है । दुर्भाग्य से वर्षों पहले इसे लिखकर उन्होंने इसे

फाइल में ही पड़ा रहने दिया, जिसका उद्धार नन्दिनी मेहता ने पिछले दिनों में ही किया—जब वे प्रस्तुत संकलन के लिए उनकी रचनाओं का चयन कर रही थीं। भारत, और विशेषकर हिन्दी में, नाटक खेलने की परम्परा नहीं रही है, फिर भी प्रस्तुत अनुवादक की राय में, इसे अब भी खेला जा सकता है, जाना चाहिए।

खुशवंत सिंह पत्रकार इसलिए ज़्यादा हैं क्योंकि वे पत्रकारिता में ही उलझे रहे। इसे द्वितीय स्तरीय बात मानते हुए भी मैं इसका इस कारण प्रतिकार करना चाहूँगा, क्योंकि इसमें उन्होंने जो योगदान किया है, वह अत्यन्त महत्त्वपूर्ण है। उन्होंने प्रशंसात्मक लेखन की शायद हमेशा से चली आ रही परम्परा को तोड़कर वास्तविक चित्रण-विवेचन की धारा का आरम्भ किया है। उन्होंने अनेक प्रख्यात व्यक्तियों को उनके सही धरातल पर ला खड़ा किया है—और स्वयं अपने साथ भी यही व्यवहार किया है। इसके लिए उन्हें कोर्ट-कचहरी का भी सामना करना पड़ा, लेकिन इसमें वे पूरे 'सिख' साबित हुए। धन्यवाद, खुशवंत सिंह जी!

इसी के साथ यह भी महत्त्वपूर्ण है कि उन्होंने जिन लोगों पर भी लिखा, उनकी पूरी गहराई से छानबीन की—जिनमें 'भुट्टो को फाँसी', 'फूलन देवी', 'मदर टेरेसा', 'अमृता शेरगिल' इत्यादि विशेष उल्लेखनीय हैं—ये इस पुस्तक में प्रकाशित किए जा रहे हैं, इनके अलावा भी अनेक हैं जो मूल अंग्रेज़ी पुस्तक में गए हैं, और जिन्हें शोधपूर्वक एकत्र किया जाना चाहिए। इनमें अमृता प्रीतम पर भी एक लंबी टिप्पणी है, जिसे उन्होंने अमृता के देहान्त के बाद लिखा था।

—महेन्द्र कुलश्रेष्ठ

अगस्त, 2013

अनुक्रम

मेरी दुनिया

अपनी तरफ देखता हूँ तो...

देवताओं ने मुझे अपनी तरफ उस तरह देखने की क्षमता नहीं दी, जैसे दूसरे मुझे देखते होंगे। उन्होंने यह सोचकर ऐसा किया होगा कि दूसरों के अपने बारे में विचार जानकर कहीं मैं आत्महत्या न कर बैठूँ, इसलिए उन्होंने मुझे अपनी महानता के खयालों में ही तैरता रहने के लिए छोड़ दिया। और अब मुझे खुद अपने बारे में लिखने के लिए मजबूर होना पड़ रहा है।

यह बहुत कठिन काम है। क्या आपने कभी खुद अपने ही आईने में अपनी आँखें देखने का प्रयास किया है? यह कीजिए, और मेरा मतलब आपकी समझ में आ जाएगा। दो-तीन क्षण में ही आप अपनी आँखों से नज़र हटाकर चेहरे के दूसरे हिस्सों को देखने लगेंगे जैसे औरतें अपना मेक-अप करते समय देखती हैं, या आदमी अपनी दाढ़ी बनाते हुए करते हैं। अपनी आँखों में गहरे देखने पर नंगी सचाई सामने आ खड़ी होती है। अपने बारे में ये नंगी सचाइयाँ बड़ी बदसूरत होती हैं।

मैं जानता हूँ कि मैं बदसूरत आदमी हूँ। लेकिन अपनी शारीरिक बदसूरती ने मुझे कभी भी दुनिया की बहुत खूबसूरत औरत की तरफ इश्किया नज़रें फेंकने से टोकने का काम नहीं किया। मेरा मानना है कि सिर्फ खोखले भेजे वाली काम भावना से लिपटी औरतें ही खूबसूरत जिगोलो की तरफ दौड़ती हैं। उन्हें मेरे जैसों की ज़रूरत नहीं है, और मुझे भी उन जैसों की नहीं है। मुझे अपनी बाहरी शक्ल-सूरत से यहाँ कोई वास्ता नहीं है—अपनी टेढ़ी-मेढ़ी पगड़ी, खुरदुरी दाढ़ी या चमकती नज़रों से (लोगों ने मुझे बताया है कि मेरी आँखें घुटे हुए बदमाश की तरह लगती हैं); बल्कि उससे है जो बाहरी रूप-रंग के भीतर है, मेरी असलियत से जिसमें प्यार और नफरत—दोनों का मिला-जुला घालमेल है, आमतौर पर चिढ़ की भावना और कभी-कभी सन्तुलन, दूसरे के विचारों का भरपूर गुस्से से तिरस्कार और फिर

भी उसके प्रति सहनशीलता, अपने बनाए नियमों का कठोरता से पालन और फिर भी दूसरों की सुविधा का ध्यान, वगैरह वगैरह। और इन्हीं सब बातों की कसौटी पर मैं अपनी जाँच-पड़ताल करूँगा।

सबसे पहले मैं इस सवाल का जवाब दूँ जो लोग मुझसे सबसे ज़्यादा पूछते हैं; 'आप अपने को कैसा लेखक मानते हैं?' इसके जवाब में मैं बिना नकली नम्रता का लबादा ओढ़े बड़ी ईमानदारी से यह कहूँ कि मैं अपने को ऊँची श्रेणी का लेखक नहीं मानता। मैं अच्छे और साधारण लेखन के बीच का फर्क समझ सकता हूँ, और चलताऊ किस्म के लेखन के सामने प्रथम श्रेणी का लेखन साफ देख सकता हूँ। मैं जानता हूँ कि भारतीय या भारत में जन्मे नीरद चौधरी, वी.एस. नायपाल, सलमान रुश्दी, अमिताभ घोष और विक्रम सेठ मुझसे अच्छी अंग्रेज़ी लिखते हैं। मैं यह भी जानता हूँ कि दूसरे आर.के. नारायण, मुल्कराज आनन्द, मनोहर मलगाँवकर, रूथ झाववाला, नयनतारा सहगल या अनीता देसाई के समान मैं भी लिख सकता हूँ, और मैंने लिखा भी है। और यह भी कि, पहली और दूसरी श्रेणी के ज़्यादातर लेखकों की तरह मैंने बड़ा लेखक होने का दावा कभी नहीं किया है। स्वयं अपनी प्रशंसा को मैं घटियापन का सबसे बड़ा रूप मानता हूँ। मैं जिन भारतीय लेखक-लेखिकाओं से मिला हूँ उनमें से प्रायः सभी अपनी प्रशंसा और उपलब्धियों को गिनाने के दोषी हैं। मैंने इस तरह का काम कभी नहीं किया है। न मैंने कभी कोई इनाम, इज़्ज़त पाने का प्रयत्न किया है। न कभी यह अफवाह फैलाने की कोशिश की है, कि मुझे नोबेल पुरस्कार देने पर विचार किया जा रहा है। जिन भारतीयों ने यह कार्य किया, उनकी सूची लम्बी है : वात्स्यायन (अज्ञेय), जी.वी. देसानी, डॉ. गोपाल सिंह दर्दी (गोआ के एक पूर्व राज्यपाल), कमला दास वगैरह।

क्या मैं पसन्द करने लायक हूँ? निश्चय से नहीं कह सकता। मेरे ज़्यादा दोस्त नहीं हैं, क्योंकि मैं दोस्ती को ज़्यादा महत्त्व नहीं देता। मैंने पाया है, कि दोस्त लोग, वे चाहे जितने अच्छे और दोस्ताना व्यवहार करने वाले हों, ज़रूरत से ज़्यादा मेरा समय लेते हैं—जितना मैं देना नहीं चाहता। मैं बहुत जल्दी बोर होने लगता हूँ, और किसी के साथ लम्बे समय तक बात करने के बजाय कोई किताब पढ़ना या संगीत सुनना ज़्यादा पसन्द करता हूँ। किसी ज़माने में मेरे कई बहुत गहरे दोस्त थे। मुझे यह कहते हुए शर्म आती है, कि जब उनमें से किसी ने मुझसे दोस्ती खत्म की तो बुरा लगने की जगह मैंने हल्कापन ही महसूस किया।

उनमें से जब कोई मरा, तो उनके जीवित रहते हुए मैंने जितना उन्हें सराहा, उससे ज़्यादा अब उनको याद किया।

जिन स्त्रियों को मैंने पसन्द किया या जिनसे प्यार किया है, उनके प्रति भी मेरी यही दृष्टि रही है। मैं स्त्रियों के प्रति बहुत जल्द भावुक हो जाता हूँ। अक्सर पहली दफ़ा मिलने पर ही मैं यह सोचने लगता हूँ, कि मुझे अपने सपनों की हेलेन मिल गई है, और लैला की तलाश में मजनू की तरह मेरी खोज पूरी हो गई है—लेकिन यह आकर्षण बहुत ज़्यादा दिन नहीं चलता। कई दफ़ा विश्वास टूटने पर मुझे गहरा धक्का ज़रूर लगा, लेकिन मेरे मन पर इसका कोई स्थायी निशान बाकी नहीं रहा। इनसे मैंने यही सबक लिया, कि जब आपको लगने लगे कि दूसरा ठण्डा पड़ने लगा है, तो आप खुद ही उससे अलग होने की पहल करें। खुद अलग होने से आपका स्वाभिमान मज़बूत होता है, छोड़े जाने से हार महसूस होती है और अहं को ठेस लगती है। मुझमें दोस्ती करने का गुण नहीं है—न प्यार करने या किए जाने का गुण है।

मुझमें नफ़रत का भाव ज़्यादा बलवान है। अच्छी बात यह है कि किसी समाज से मुझे नफ़रत नहीं होती, कुछ लोगों से ही होती या हुई है। मैं इतनी नफ़रत करने लगता हूँ, जो अपने को सभ्य मानने वाले किसी भी व्यक्ति के लिए, सही नहीं है। मैं उनकी उपेक्षा करने की कोशिश करता हूँ, लेकिन वे दुखती हुई दाढ़ की तरह देर तक दर्द करते रहते हैं—और मैं बार-बार जीभ फिराकर देखता हूँ कि दर्द खत्म हुआ या नहीं। मेरी नफ़रत उन लोगों से आगे तक जाती है—मैं उनके दोस्तों से भी किनारा करने लगता हूँ। मैं अपने दुश्मन के दोस्तों को भी अपना दुश्मन मानने लगता हूँ।

लोग मानते हैं कि नफ़रत उन लोगों को नष्ट कर देती है जो दूसरों से नफ़रत करते हैं, लेकिन ऐसा हमेशा नहीं होता। उसे व्यक्त करने से उसका प्रभाव खत्म होता है। शेक्सपियर ने सही नफ़रत से दाँत पीसते हुए कहा था :

तुम उनके लिए रोते हो जिनकी साँसों से मुझे चिढ़ है,

सड़ी-गली पत्तियों की बू—दफनाई न गई

लाशों की सड़ाँध, हवा में चारों तरफ फैली

मैं उनकी इज़्ज़त करता हूँ जो मुझे प्यार करते हैं।

लेकिन सौभाग्य की बात कि ऐसे लोग बहुत कम हैं। मैं एक हाथ ही उँगलियों के पोरों पर उन्हें गिन सकता हूँ—चार या पाँच से ज़्यादा नहीं हैं ये। और अगर

मैं इनके कारण आपको बताऊँ, तो आप भी मानने लगेंगे कि ये इसी के लायक हैं।

मैं बड़े नाम गिनाने वालों से नफ़रत करता हूँ। अपनी तारीफ़ करनेवालों से नफ़रत करता हूँ, झूठ बोलने वालों से नफ़रत करता हूँ। ऐसे लोगों से नफ़रत करने में गलत क्या है? लोग मुझसे पूछते हैं, इन्हें अकेला क्यों छोड़ नहीं देते? तुम यह क्यों नहीं सोच लेते कि ये हैं ही नहीं? लेकिन, यह मुझसे हो ही नहीं पाता। मैं नाम गिनाने वालों का मज़ाक उड़ाने से बाज नहीं आ पाता, झूठों को उनके सामने ही झूठा बताना मुझे अच्छा लगता है। घमण्डियों को गाली देना मुझे बहुत पसन्द है। कई दफ़ा ऐसे लोगों को बुरा-भला कहने से अपने को न रोक पाने के कारण मुझे परेशानियाँ भी सहनी पड़ी हैं—और चूँकि नाम गिनाने वाले, अपनी तारीफ़ खुद करनेवाले और घमण्डी लोग ही ज़्यादातर सफलता पर सफलता हासिल करते चले जाते हैं, मन्त्री और गवर्नर बन जाते हैं, और वे सब इनाम झटक लेते हैं जिनकी योग्यता ही उनमें नहीं है, तो मैं अपने गुस्से पर काबू नहीं कर पाता, और उसे लिख भी देता हूँ। मुझे इसके लिए कचहरी और प्रेस कौंसिल का सामना करना पड़ा है, जो समय और पैसे—दोनों की ज़बरदस्त बर्बादी है। मैं सोचता हूँ कि नफ़रत करने लायक लोगों की मोम की मूरतें बना लूँ, और उनमें सुइयाँ घुसेड़ता रहूँ। उनकी बाँहों की बगलों में हज़ारों ऊँटों की मक्खियाँ घुसती-चुभती रहें।

मुझे जानेंगे तो मैं अच्छा आदमी नहीं लगूँगा।

रेगिस्तान में मेरा गाँव

मैं बिलकुल शुरुआत से कहानी बताता हूँ। मेरे जन्म के समय जो लोग वहाँ मौजूद थे, उन्होंने यह सब बताया। मैं पैदा कब हुआ, यह तो अनुमान का विषय ही बना रहा। मुझे बताया गया है कि मैं हडाली नाम के एक बहुत छोटे गाँव में पैदा हुआ था। यह थार के रेगिस्तान में झेलम नदी से करीब तीस किलोमीटर दूर और खेवरा नमक की पट्टी से भी लगभग उतनी ही दूर दक्षिण की तरफ है। अब यह गाँव पाकिस्तान में बहुत भीतर चला गया है। मैं जब पैदा हुआ, मेरे पिता सोभा सिंह, अपने पिता सुजान सिंह के साथ, दिल्ली में थे। जब मेरे जन्म की खबर उन तक पहुँची, तो उन्होंने इसे अपनी डायरी में नोट कर लेने की ज़रूरत नहीं समझी। मैं उनका दूसरा बेटा था। उन दिनों हमारे गाँव में जन्म और मृत्यु के रिकार्ड नहीं रखे जाते थे। हिन्दुओं की तरह, जो बच्चे की जन्मकुण्डली बनवाने के लिए तारीख और समय लिख लेते थे, सिखों में ज्योतिष पर विश्वास न होने के कारण इसे कोई महत्त्व नहीं दिया जाता था। कुछ साल बाद जब मेरे पिता को मॉडर्न स्कूल में मुझे और मेरे बड़े भाई को भरती कराने के लिए तारीख वगैरह भरने की ज़रूरत पड़ी, तो उन्होंने अन्दाज़े से जो ठीक समझा, लिख दिया। मेरी जन्मतिथि उन्होंने 2 फरवरी, 1915 लिखी। कई साल बाद मेरी दादी ने मुझे बताया कि मैं बदरू—यानी अगस्त में पैदा हुआ था। मैंने तय किया कि महीने के बीचोबीच की 15 तारीख सबसे सही रहेगी। इस तरह मेरी राशि सिंह हो गई। बत्तीस साल बाद 15 अगस्त, 1947 को भारत भी आज़ाद हुआ। मेरा दूध पीना छूटने के बाद मेरे पिता हडाली आए और माँ और बड़े भाई को अपने साथ दिल्ली ले गए—जहाँ उन्हें और उनके पिता को इमारतें बनाने के कुछ ठेके मिल गए थे। मुझे दादी के पास छोड़ दिया। जीवन के आरम्भिक वर्षों में वे मेरी अकेली साथिन रहीं। बाद में मुझे उनका नाम, लक्ष्मी बाई, पता चला। उन्हीं

की तरह मेरी माँ का नाम भी हिन्दू-मराठा—बीराँ बाई था। बच्चे उन्हें बाबेजी कहते थे।

हडाली में बिताए अपने आरम्भिक वर्षों की मुझे बहुत धुँधली यादें हैं। गाँव में तीन सौ के करीब परिवार रहते थे, जिनमें से ज़्यादातर बलोच मुसलमान थे। ये सब बड़े लम्बे-चौड़े होते थे, और ज़्यादातर ब्रिटिश फौज में काम करते थे, या उससे रिटायर हो चुके थे। वायसरॉय के बॉडीगार्ड भी ज़्यादातर यहीं के होते थे। अभी कुछ ही दिनों पहले तक गाँव के रेलवे स्टेशन मास्टर के दफ़्तर की दीवार पर एक पत्थर लगा था, जिसमें लिखा था, कि यहाँ के लोगों ने, पहले विश्वयुद्ध में, देश के किसी भी गाँव की तुलना में सबसे ज़्यादा सैनिक प्रदान किए हैं। यहाँ हिन्दू और सिखों के पचास परिवार थे जो व्यापार, दुकानदारी और पैसे का लेन-देन वगैरह करते थे। अपने पुरखों में मुझे अपने परबाबा तक के ही नाम ज्ञात हैं—इन्दर सिंह, उनके पिता प्यारेलाल—जो सिख धर्म स्वीकार करके सोहल सिंह बन गए—सब व्यापारी थे। इनके ऊँटों के कारवाँ थे, जो खेवरा की खदानों से निकलने वाला नमक, और खजूर—गाँव में पैदा होनेवाला एकमात्र फल—लेकर लाहौर और अमृतसर जाते थे और वहाँ इन्हें बेचते थे। बाद में मेरे दादा और पिता ज़मीन और मकान बनाने के कामों में लग गए। कालका-शिमला रेलवे का एक हिस्सा और उसकी सुरंगें बनाने का काम उन्होंने किया था।

हडाली में हमारा सबसे समृद्ध परिवार था। ईंट और मिट्टी से बना बहुत बड़ा घर था, जिनका आँगन भी बड़ा लम्बा-चौड़ा था, बगल में अपनी गोशाला थी, और कुआँ भी अपना ही था। लकड़ी का बना बड़ा-सा फाटक था, जो बहुत कम खोला जाता था; इसमें लोगों के आने-जाने के लिए एक खिड़की थी। कई हिन्दू और सिख क्लर्क थे, और मुसलमान ऊँट हाँकने वाले सामान लेकर बाहर जाते थे। कई मुस्लिम परिवार हमारे कर्ज़दार थे।

हमारे परिवार की समृद्धि से जुड़ी एक कहानी बताई जाती है। एक साल जब नमक की पहाड़ी पर घनी वर्षा हुई, उसकी बाढ़ में एक मुस्लिम संत, शैदा मीर बहकर नीचे आ गया। वह अपनी झोंपड़ी की छत पर बैठ गया था, इसलिए बच गया। हडाली तक पहुँचते-पहुँचते उसके पास एक लंगोटी के अलावा कुछ भी नहीं बचा था। मेरे दादा सुजान सिंह ने उसे कपड़े दिए, मुस्लिम कब्रगाह के पास उसके लिए कुटिया बनवा दी और खाना-पीना भी दिया। इससे खुश होकर पीर शैदा ने उन्हें वरदान दिया; 'मैं तुम्हारे दोनों बेटों को दिल्ली और लाहौर की चाभियाँ दूँगा। वे खूब उन्नति करेंगे।' यह हुआ भी—मेरे पिता दिल्ली में बड़े

ठेकेदार बन गए, और उनके छोटे भाई उज्जल सिंह विभाजन-पूर्व पंजाब के सबसे बड़े ज़मीदारों में एक बने। इसके बाद वे विधानसभा के सदस्य बने, और आज़ादी के बाद पंजाब के वित्त मन्त्री और इसके भी बाद वहाँ के राज्यपाल बने। तमिलनाडु के राज्यपाल पद से वे रिटायर हुए।

हडाली के हम सिख और हिन्दू लोग मुसलमानों के साथ तनावपूर्ण परन्तु शान्त ज़िन्दगी बिताते थे। यद्यपि हम उनके अपने से बड़े लोगों को चाचा और चाची ही कहते थे—जो वे भी हमारे बुजुर्गों से कहते थे—लेकिन शादी और मौत के अलावा हम उनके घर कभी नहीं जाते थे। हम उनसे डरे भी रहते थे, क्योंकि एक तो उनकी संख्या हमसे कहीं ज़्यादा थी, दूसरे, उनका डील-डौल भी हमसे बहुत ज़्यादा था। हमारे सौभाग्य से उनमें बहुत-से वंश थे—वड्ढल, मस्तियाल, अवान, जंजुआ, नून, टिवाना इत्यादि—जो ज़मीनों को लेकर आपस में झगड़ते ही रहते थे और अक्सर एक-दूसरे की हत्या भी कर देते थे। हम लोग उनसे पर्याप्त दूरी बनाए रखते थे।

मुझे याद है कि अक्सर वे हमारी गलियों से गुज़रते थे। सब छह फीट से ज़्यादा लम्बे और धनुष की तरह चंचल होते थे। कानों के पीछे झूलते लम्बे बाल जिनमें ढेर सारा तेल पड़ा होता था, और जिनमें लकड़ी या हाथी दाँत के छोटे-छोटे कंघे फँसे होते थे। वे अपनी भेड़ों और ऊँटों के बाल चकरियों पर बुना करते थे, या बाज़ों को हवा खिलाने लाया करते थे। इनकी औरतें भी लम्बी, छरहरी और सुन्दर होती थीं। ये सिर पर दो पानी से भरे घड़े, और बगल में या पीठ पर भी एक-दो घड़े उठाकर आराम से चली जाती थीं। इनसे पानी छलक-छलक कर उनके शरीर पर, सामने छातियों पर और पीछे पीठ और जाँघों पर गिरकर उनका सौन्दर्य व्यक्त करता रहता था—और गुज़रते समय वे सचेत भी रहती थीं कि पुरुष उन्हें अपनी आँखों से खाए जा रहे हैं और खुश हो रहे हैं। इस समय मैं चार साल का ही रहा होऊँगा, लेकिन यह दृश्य मुझे भी अच्छा लगता था।

हडाली में कुछ मज़ेदार नहीं होता था। ज़िन्दगी एक ढंग से चलती चली जाती थी। मेरी दादी बहुत सवेरे उठतीं और गायें दुहकर उनका दूध एक बड़े मिट्टी के बर्तन में डालकर उसे कंडों की आग में गर्म होने को रख देतीं। इसके बाद वे दिशा-फरागत के लिए औरतों के साथ खेतों में चली जातीं। फिर कुएँ से दो बालटी पानी खींचकर तारों की छाया में ही नहा भी लेतीं, और साथ ही 'जपजी' का पाठ भी करती जातीं। इसके बाद वे मुझे जगातीं। मुझे छत पर

टट्टी करने भेज दिया जाता, जहाँ सूरज की सख्त गर्मी में सब कुछ जलता नज़र आता। फिर मैं हाथ-मुँह धोता। दादी मेरे लम्बे बाल काढ़तीं और उनकी पट्टियाँ ठीक करतीं; सिख होने के कारण हम अपने बाल काटते नहीं थे। मैं अपनी लकड़ी की तख्ती उठाता, उस पर पीली मिट्टी लगाता, और मिट्टी का बुद्दका और लकड़ी की कलम उठाकर स्कूल जाने को तैयार हो जाता। दादी पिछली रात की बची चपातियाँ इकट्ठी करके अपने दुपट्टे में बाँध लेती, इसके बाद हम धर्मशाला में लगने वाले स्कूल के लिए चल पड़ते। बाहर गली के कुत्ते हमारा इन्तज़ार कर रहे होते। हम चपातियों के टुकड़े करके उनके सामने डालते चलते रहते। कुछ लौटने पर बाँटने के लिए बचाकर रखते।

धर्मशाला हमारे घर से कुछ दूर थी। मुझे भाई हरि सिंह के सुपुर्द कर दिया जाता, जो ग्रन्थी और अध्यापक—दोनों ही थे। मैं दूसरे सिख और हिन्दू लड़कों के साथ ज़मीन पर बैठ जाता और गा-गाकर गुणा-भाग याद करता रहता। दादी बड़े कमरे में चली जातीं जहाँ एक ज़रा-सी ऊँची मेज़ पर ग्रन्थ साहब की तीन प्रतियाँ रखी रहती थीं। मेज़ के नीचे दूसरों के इस्तेमाल किए चश्मे पड़े रहते थे, कि किसी को आ जाएँ तो इस्तेमाल कर लो। गुणा-भाग याद करने के बाद भाई हरि सिंह सामने लगे बोर्ड पर गुरुमुखी के अक्षर लिख देते, कि हम उनकी नकल करें। उनकी उम्र काफी थी और वे झुक-झुककर चलते थे, लेकिन गुस्सा बहुत करते थे। किसी की तख्ती पर एक भी गलती नज़र आती तो पीठ पर करारा घूँसा जमा देते थे। लेकिन अच्छी बात यह थी कि घण्टे भर में क्लास खत्म हो जाती थी। दादी और मैं बाहर निकलते, रास्ते में कुत्तों को बची हुई रोटी खिलाते चलते। घर पहुँचकर वह झाड़ू लगातीं, बिस्तर वगैरह ठीक करतीं और दोपहर का खाना तैयार करने में लग जातीं। मैं बाहर बच्चों के साथ गुल्ली-डंडा खेलने निकल जाता।

शाम के वक्त हम क्या करते, यह उस समय के मौसम पर निर्भर था। रेगिस्तान में सर्दी बहुत ठण्डी और दिन बहुत छोटे होते हैं। करने को बहुत होता है पर समय उतना नहीं होता लेकिन असली सर्दी सिर्फ चालीस दिन चलती है। थोड़े-से वसन्त के दिन बीतते ही गर्मियाँ शुरू हो जाती हैं। फिर रोज़ पारा चढ़ता चला जाता है और 125 फारेन हाइट तक पहुँच जाता है। बारिश नहीं के बराबर होती है। हमारे तालाबों में नमक की पहाड़ियों से आनेवाला खारा पानी ही इकट्ठा होता है। इसका कुछ भाग कुओं में उतर जाता है। इनमें से कुछ ही कुओं में, जो सीमेण्ट के पक्के बने होते हैं, पीने के लायक अच्छा पानी मिलता है। किसी

कारण खारे पानी के इन कुओं को पुरुष मानकर 'खार खू' कहा जाता है, और पीने लायक मीठा पानी देने वाले कुओं को स्त्री, 'मिट्ठी खूई' कहकर पुकारते हैं। इस अशुद्ध पानी के कारण हमारे दाँत पीले होते हैं। और ऊपर के दाँतों में भूरे रंग की एक लम्बी लकीर पड़ जाती है। लेकिन मौसम कोई भी क्यों न हो, दादी हमेशा शाम गुरु अर्जुन की सुखमनी का पाठ करते हुए चरखा ज़रूर कातती थीं। दादी के साथ मेरी सारी यादों में ये प्रार्थनाएँ और पाठ की गुनगुनाहट के साथ चरखा कातने की आवाज़ें जुड़ी हैं।

गर्मी के लम्बे महीने बहुत कष्टकर होते थे। जलती हुई रेत से पैरों के तलवे झुलसते रहते थे। एक घर से दूसरे घर जाने में हम दीवारों के साए में ही चलने का प्रयत्न करते थे, जहाँ बच्चों की टट्टियाँ कतारों में लगी रहती थीं—क्योंकि उन्हें भी साए में बैठ कर यह काम करना होता था। हम सारा दिन घरों में भीतर बैठे गपशप करते या पँखों से मक्खियाँ उड़ाते रहते। काफी शाम होने पर ही ऊँटों और गाय-बैलों को पानी पिलाने तालाबों पर ले जाया जाता था। भैंसों को पानी में घुसकर नहाने-धोने में मज़ा आता था। लड़के उनकी पीठों पर उछलते-कूदते रहते थे। सूरज डूबने पर इन्हें वापस लाया जाता, दूध निकाला जाता और चूल्हे जलाए जाते। सारे गाँव में खाना पकने और रोटियाँ सिकने की सुगन्ध छा जाती। लड़के कई-कई इकट्ठे होकर रेत के ढूहों में टट्टियाँ करने चले जाते। जब हम बैठे होते, गोबर के कीड़े हमारे नीचे आ-आकर मल की गोलियाँ बनाते और उन्हें रेत में बने अपने रहने के छेदों के ऊपर रख देते। हमारा चूतड़ साफ करने का अपना अनोखा ढंग था। सब एक लाइन में ज़मीन पर जमकर बैठ जाते और निश्चित इशारे पर हाथों के सहारे सामने के निशान को छूने भागना शुरू कर देते। इस दौड़ को 'घीसी' कहते थे, और जब तक यह खत्म होती, हमारे चूतड़ एकदम साफ हो जाते, हालाँकि उनमें रेत भर जाती थी। रात को देर होने पर और चाँद की हलकी रोशनी में हम 'कोटला छपकी' का खेल खेलते थे, जो आँख बन्द करके खेला जाता था। पूरे चाँद की रातों में रेत के ढूहों पर खेलने की यादें मुझे कभी नहीं भूलेंगी। हम तब तक दौड़ते-भागते रहते, जब तक घरों से रात का खाना तैयार होने की खबर न आ जाती। हमें डराया भी जाता कि जल्दी घर नहीं पहुँचेंगे, तो डाकू हमें उठा ले जाएँगे। हमें टोरा और सुलताना नामों के डाकुओं के नाम पता थे, जिन्होंने गाँवों में बहुत सी हत्याएँ की थीं और लोगों को उठा ले गए थे।

डाकुओं के बाद रेत के तूफानों का सबसे ज़्यादा डर लगता था। हम रेत

से भरी हवाओं और चक्कर खाकर घूमने वाले शैतानों के आदी थे, लेकिन 'हनेरे' या 'झक्कड़' कुछ और ही चीज़ होते थे। ये इतनी ज़बरदस्त ताकत और तेज़ी से आते थे कि घुटनों के बीच में सिर को दबाकर ज़मीन पर झुककर बैठ जाने के सिवा और कुछ नहीं सूझता था, जिससे रेत नाक, कान और आँखों में न भर जाए। कई दफ़ा इतने शक्तिशाली तूफान आते थे कि रेल की पटरियाँ उनमें दब जाती थीं और उन्हें साफ किए बिना रेल चलाना सम्भव नहीं होता था। लेकिन इनसे मच्छर-मक्खी सब नष्ट हो जाते थे और अगले दो-तीन दिन आसमान एकदम साफ और मौसम ठंडा हो जाता था।

शाम का खाना खाकर हम छतों पर सोने चले जाते थे। मेरी दादी शाम की प्रार्थना, रेहड़ा, कर चुकने के बाद अब दिन की आखिरी प्रार्थना, कीर्तन सोहिला, करती थीं। इसके बाद वे मेरी पीठ पर तेल की मालिश करती थीं। अगर मुझे जल्दी नींद न आती, तो वे मुझे गुरु साहबान के जीवन की घटनाएँ सुनाना शुरू कर देती थीं। अगर मैं फिर भी जागता रहता, तो वे आसमान के तारों की तरफ इशारा करके मुझसे कहतीं, 'पता है तुझे, कितनी रात हो गई है? अब एकदम सो जा—चुप।'

गर्मियों में सबसे अच्छा समय सवेरे का होता था। रेगिस्तान से ठण्डी हवा आती, जो अपने साथ हमारे घरों के सामने खिलनेवाले गुलाब और चमेली के फूलों की खुशबू को भी लिए आती थी। इस समय अधनींदे हम सपने देखते रहते थे। लेकिन बहुत जल्द समय बीत जाता। सूरज सख्त गर्मी फैलाता आसमान में निकल आता, और अपने साथ मक्खियाँ और कौओं की काँव-काँव भी ले आता। उर्दू शायरों ने जिसे 'बाद-ए-नसीम'—सबेरे का अमृत—कहा है, बड़ी जल्दी और अचानक गुज़र जाता था।

हडाली में ऐसा कुछ नहीं होता था कि रोज़मर्रा की ज़िन्दगी में कोई बदलाव आए और उसकी जड़ता खत्म हो। हर साल एक या दो हत्याएँ ज़रूर हो जाती थीं। लेकिन चूँकि ये मुसलमानों तक ही सीमित थे, इसलिए हमें इनसे कोई उत्तेजना नहीं होती थी। साल में एक बार रेलवे स्टेशन के सामने के मैदान में निशानेबाज़ी की प्रतियोगिता होती थी। प्रतियोगी अपने-अपने घोड़ों पर सवार, संकेत मिलने पर, अपने भाले हवा में लहराते हुए, और 'अल्लाह बेली हो' के नारे लगाते आगे बढ़ते, और निशाने भोंक कर अपने नेज़े खबको दिखाते। वे अक्सर पटरी पर जा रही ट्रेनों के साथ दौड़ते, जिससे उनके घोड़े हाँफने लगते थे। मुझे याद है, जब एक सिख पहली बाइसिकिल खरीद कर गाँव में लाया था। उसने डींग मारी

कि इससे वह घोड़ों को भी पछाड़ देगा। कोई घुड़सवार उसकी चुनौती स्वीकार करता, इससे पहले हम लड़कों ने सोचा कि इसे मज़ा चखाया जाए। हम उसके साथ दौड़ने लगे। चूँकि हडाली में पक्की सड़कें नहीं थीं, इसलिए उसकी साइकिल ने दस कदम पर ही धोखा दे दिया और रेत में बुरी तरह फँस कर गिर गई। इसके बाद वह गाँव-भर के मज़ाक का केन्द्र हो गया, और लोग उसे 'साइकिल बहादुर' कहकर बुलाने लगे।

दिल्ली बस जाने के बाद मैं तीन दफ़ा हडाली गया। पहली दफ़ा 'ग्रन्थ साहब' के पाठ का आरम्भ करने। मैं, मेरा बड़ा भाई, और एक कजिन सिखों के एक समुदाय के सामने उसका पाठ करने खड़े हुए, और हमसे यह शपथ लेने को कहा गया कि हर रोज़ कम से कम एक पद का पाठ ज़रूर करेंगे। लेकिन हममें से कोई भी ज़्यादा समय तक इसका पालन नहीं कर सका। दूसरी दफ़ा मैं वहाँ तब गया, जब लाहौर में वकालत करता था। मैं एक मित्र के साथ, जिसका कज़िन वहाँ नमक की खदानों का मैनेजर था, गाँव गया। जब हमारी गाड़ी स्टेशन के पास पहुँची, मेरी आँखों से आँसू बहने लगे। इच्छा हुई कि नीचे झुककर ज़मीन को चूम लूँ। वहाँ से मैं पैदल धर्मशाला गया और अपना घर भी देखा, जहाँ मैं पैदा हुआ था। एक आदमी ने, जो वायसरॉय के बॉडीगार्डों में रिसालदार रहा था, मुझे पहचान लिया, और गाँव में खबर फैला दी। मेरे विदा होने के समय तक वहाँ लोगों की भीड़ लग गई।

मेरी आखिरी यात्रा 1987 की सर्दियों में हुई। 1947 के भारत-विभाजन ने यहाँ बहुत परिवर्तन ला दिया था। गाँव में एक भी हिन्दू या सिख नहीं था। हमारे घर में हरियाणा के मुस्लिम शरणार्थी रह रहे थे। हमारी हवेली के तीन बराबर भाग कर दिए गए थे, हरेक में रोहतक से आए मुसलमान रहते थे। हडालियन लोगों की एक बिलकुल नई पीढ़ी, जिसने कभी कोई सिख नहीं देखा था, वहाँ बसी हुई थी, जो चालीस की उम्र में चल रही थी। मुझे पता नहीं था कि वे मुझसे कैसे पेश आएँगे। इस पीढ़ी के साथ मेरा इतना-सा ही सम्पर्क था कि इसके कुछ सिपाही 1971 के भारत-पाक युद्ध के बाद कैदियों के कैम्प में ढाका में मुझे मिले थे। मैंने उनके घरवालों को पत्र लिखकर बताया था कि उनके बेटे सुरक्षित और स्वस्थ हैं।

मैं लाहौर से सुबह के वक़्त चला और शाम को हडाली पहुँच गया। गाँव के बुज़ुर्ग हाथ में फूलमालाएँ लिए मेरे स्वागत में खड़े थे—उनके हाथों में बैनर थे जिनपर उर्दू में लिखा था : खुशआमदीद! जिन लोगों से मैंने हाथ मिलाए,

उनमें से किसी को मैं पहचान नहीं सका। मुझे हाई स्कूल के मैदान में ले जाया गया जहाँ मंच बना था और उस पर पाकिस्तान का झंडा लगा था। गाँव के करीब दो हज़ार लोग कुर्सियों और ज़मीन पर बैठे थे। गलत उच्चारण में बोली गई उर्दू में मेरा अभिनन्दन किया गया; कहा गया कि मैं भी हडाली का ही बेटा हूँ। मेरा दिल भावनाओं से उमड़ने लगा था।

मैं सोचने लगा कि उत्तर में क्या कहूँ—कोई बेवकूफी न कर जाऊँ। यही हुआ। मैंने शुरुआत सही की। गाँव की बोली में बोलने की कोशिश की। कहा कि जिस तरह वे हज करने मक्का और मदीना जाते हैं, इसी तरह अपनी ज़िन्दगी के मगरब (शाम की प्रार्थना) के दिनों में मैं भी हडाली अपनी हज और उमरा करने आया हूँ। और जिस तरह हज़रत जीतने के बाद मक्का लौटने पर पहली रात वहाँ की सड़कों पर घूमते रहे थे, और पहली बीवी की कब्र पर उन्होंने प्रार्थना की थी, उसी तरह मैं भी चाहता हूँ कि मुझे एक दिन अकेला छोड़ दिया जाए जिससे मैं सारे गाँव में घूमूँ-फिरूँ और जिस घर में मैं पैदा हुआ था, उसकी चौखट पर अपना सिर झुकाऊँ। इसके बाद मैं रोने लगा। लोगों ने मेरी भावनाओं को समझा। मुझे अपने पुराने घर ले जाया गया, सारा गाँव मेरे साथ था। आतिशबाज़ी जलाई गई, ऊपर खड़ी औरतों ने मुझपर फूल डाले। मैं सोचने लगा, यह झूठ किसने शुरू किया कि मुसलमान और सिख एक-दूसरे के ज़बरदस्त दुश्मन हैं। हडाली के मुसलमानों, हिन्दुओं और सिखों के बीच कोई दुश्मनी नहीं रह गई थी। मुसलमानों ने धर्मशाला को हाथ तक नहीं लगाया था, क्योंकि वहाँ उनके कज़िन हिन्दू और सिखों के देवता रहते थे।

हमारे पारिवारिक घर में रह रहे रोहतक के लोगों ने मकान में नया रंग-रोगन लगवा कर उस पर गुब्बारे लगाए थे। गाँव के बुजुर्गों ने, जो मेरे पिता को जानते रहे थे, मेरे सम्मान में दावत का इन्तज़ाम किया था। हडाली में ऐसा कुछ शेष नहीं रहा था, जिसे मैं पहचान पाता। रेत के वे ढूहे जिन पर बचपन में हम खेलते थे, वे भी समाप्त हो गए थे। एक नहर बन गई थी, जिससे रेगिस्तान में हरियाली हो गई थी। तालाब सूखने लगे थे और वहाँ कीचड़ के सिवा कुछ नहीं रहा था। संगमरमर की जिस पट्टी पर विश्वयुद्ध में गाँव के सिपाहियों की बड़ी संख्या होने की बात लिखी थी, उसे हटा दिया गया था। सूरज डूबने से पहले मैं वहाँ से यह सोचकर चल पड़ा कि अब यहाँ कभी आना नहीं होगा।

मैं भारतीय क्यों हूँ?

क्यों हूँ मैं भारतीय? क्योंकि यह मेरा चुनाव नहीं, है; मैं यहीं पैदा हुआ हूँ। अगर ऊपरवाला इस बारे में मुझसे पूछता, तो मैं किसी ऐसे मुल्क का चुनाव करता जो ज़्यादा धनवान होता, जहाँ भीड़ कम होती, खाने-पीने के बारे में ज़्यादा बन्धन न होते, व्यक्तिगत बातों पर ध्यान न दिया जाता, और जहाँ धार्मिक कट्टरता बिलकुल न होती।

क्या भारतीय होने पर मुझे गर्व है, सच कहूँ तो इस सवाल का जवाब मैं नहीं दे सकता। मेरे पुरखों ने जो कुछ किया, उसका श्रेय मैं नहीं लेना चाहूँगा। और आज हम जो कुछ कर रहे हैं, उससे भी मैं खुश नहीं हूँ। कुल मिलाकर कहूँ, तो मैं यही कहूँगा कि मुझे भारतीय होने पर गर्व नहीं है।

'तो तुम यह देश छोड़कर कहीं और जाकर क्यों नहीं बस जाते?' इसका जवाब यह है कि और कहीं मेरे लिए जगह नहीं है। मैं जिन देशों में जाकर रहना पसन्द करूँगा, उन सभी ने अपने यहाँ आने वालों का कोटा मुकर्रर कर दिया है। इसमें ज़्यादातर देश गोरों के हैं और वे रंगीनों को पसन्द नहीं करते। इसके अलावा मैं अपने ही देश में ज़्यादा आराम महसूस करता हूँ।

मुझे यहाँ की बहुत-सी बातें नापसन्द हैं, सबसे ज़्यादा यहाँ की सरकार। मैं जानता हूँ कि देश और सरकार एक ही चीज़ नहीं होते, लेकिन वह इसी रूप में सामने आते हैं। मैं इसी देश का निवासी हूँ और यहीं रहना और मरना चाहता हूँ। मुझे विदेश जाना पसन्द है। वहाँ ज़िन्दगी आसान है, शराब और खाना यहाँ से अच्छा है, और औरतें भी मिलती-जुलती हैं—वहाँ ज़्यादा मज़ा है। फिर भी मैं इन सब चीज़ों से बहुत जल्द थक जाता हूँ, और यहाँ के बड़बोले, पसीने से भीगे और बदबू छोड़ने वाले अपने देशवासियों के बीच लौट आना चाहता हूँ। अफ्रीका, इंग्लैण्ड और दूसरे मुल्कों में रहनेवाले अपने देशवासियों की तरह मैं भी अपने ही यहाँ लौट आना चाहता हूँ। मेरा दिमाग कहता है कि दूसरे मुल्कों में रहना ज़्यादा अच्छा है, पेट कहता है कि 'फोरेन', में खाने-पीने का मज़ा है, लेकिन दिल हमेशा यही कहता है, 'इण्डिया

लौट चलो।' हर दफ़ा जब मैं यहाँ वापस लौटता हूँ, और सांता क्रुज़ एयरपोर्ट से बम्बई आने वाली, दोनों तरफ नंगे बैठकर टट्टी करने वालों की सड़क पर गाड़ी चलाता हूँ, तो मैं अपने से हमेशा यह सवाल करता हूँ :

Breather these the man with soul so dead
Who never to himself hath said
This is my own, my native land?

यहाँ वही आदमी तो नहीं रहता,
जिसकी आत्मा इतनी मर चुकी है, जो अपने से पूछे,
क्या यही उसका अपना,
बिलकुल अपना ही जन्म देश है?

यहाँ मैं साँस तक नहीं ले पाता, लेकिन मैं कहता हूँ, हाँ, यही मेरा जन्म देश है; यह मुझे पसन्द नहीं, लेकिन मैं इसे प्यार करता हूँ।'

दूसरा सवाल : मैं पहले भारतीय हूँ, या पंजाबी या सिख? पहली बात सही है, या दूसरी? मुझे सवाल पूछने का यह ढंग सख़्त नापसन्द है; और अगर मुझसे मेरी पंजाबियत या समुदाय-परम्परा छीन ली जाए, तो मैं अपने को भारतीय भी नहीं कहना चाहूँगा। मैं भारतीय, पंजाबी और सिख हूँ, और इसके बावजूद मैं उस आदमी के साथ भी देशीय एकता महसूस करता हूँ, जो कहता है कि 'मैं भारतीय, हिन्दू और हरियाणवी हूँ' या यह कि 'मैं भारतीय मोपला मुसलमान और मलयाली हूँ।' मैं अपनी धार्मिक और भाषाई विशेषता बनाए रखना चाहता हूँ, और उसी के साथ दूसरों के समान बना रहता हूँ।

मेरा निश्चित विश्वास है कि हमारी विविधता राष्ट्र के रूप में हमारी शक्ति है। आप जैसे ही किसी एक राष्ट्रीय धर्म या भाषा की वकालत करके अन्य धर्मों या भाषाओं को अलग करते हैं—आप देश की एकता को नष्ट कर देते हैं। दो बार हमारी भारतीयता को चुनौती दी गई है—सन् 1962 में चीन द्वारा और 1965 में पाकिस्तान द्वारा, लेकिन इन दोनों अवसरों पर अनेक भाषाओं और धर्मों के बावजूद हम एक होकर देश के लिए उठ खड़े हुए। अन्तिम नियम यह है कि देश की सीमाओं की चेतना से राष्ट्र बनता है। हमने साबित कर दिया कि हम एक राष्ट्र हैं।

फिर बार-बार यह चर्चा क्यों उठाई जाती है, कि देश को भारतीय बनाया जाए? और किसी को यह अधिकार किसने दिया कि वह यह फैसला करे कि अच्छा भारतीय कौन है या कौन नहीं है?

सिम्बा

मैं दिल्ली लौट आया। एक बार फिर मेरे पास कोई काम-धन्धा नहीं था और न जेब में या बैंक खाते में कोई पैसा था। मेरे पक्ष में सिर्फ मेरा नवप्रकाशित कहानी-संग्रह था, जिससे मुझे कुछ ख्याति तो मिली थी, लेकिन पैसा नहीं के बराबर मिला था। दूसरी किताब थी *शॉर्ट हिस्ट्री ऑफ दि सिख्स* जिसकी पुराने विचार के लोगों ने भर्त्सना की थी। इसके अलावा एक उपन्यास की पाण्डुलिपि थी जिसके लिए प्रकाशक की तलाश करनी थी।

घर पहुँचने पर जिन्होंने मेरा स्वागत किया, उनमें एक महीने भर का अल्सेशियन कुत्ता था, जो मेरे पिता के एक मित्र ने मेरी बेटी माला को उपहार में दिया था। शुरू में तो उसने मेरा बहिष्कार किया क्योंकि वह मेरी पत्नी और दो बच्चों के एक-दूसरे से जुड़े परिवार से अलग कुछ और स्वीकार नहीं कर पा रहा था। वह ऊपर की मंज़िल पर पिताजी के कमरे में ही सोता था, और छज्जे का शौचालय की तरह इस्तेमाल करता था। अब तक उसे कोई नाम नहीं दिया गया था। मैंने उसे 'सिम्बा' नाम देने का फैसला किया, जो पेरिस में हमारी सुन्दर-सी बिल्ली का नाम था। दूसरे अल्सेशियन कुत्तों की तरह सिम्बा भी एक व्यक्ति से ही जुड़ाव रखनेवाला जानवर था। मेरी बेटी उसकी मालकिन थी, पत्नी उसे डॉक्टर के यहाँ टीके वगैरह लगवाने ले जाती थी, लेकिन उसने मुझे ही अपना स्वामी मान लिया था। मैंने उसे जितना मानवीय पाया, उतना अन्य कुत्तों में मुझे नहीं मिला, वह मेरे सुख और दुख—दोनों में बराबर का हिस्सेदार रहता था। जब तक हम मकान के निचले भाग में रहने पहुँचे, उसके बचपन की कोमलता समाप्त हो गई थी और वह लंबा-तगड़ा जर्मन शेपर्ड बन गया था। लेकिन अब भी वह हमारे कमरे में ही सोता था, जहाँ उसकी अलग खाट थी। और स्वयं अपने आराम के स्थान पर हमने उसके आराम के लिए कमरे में एयरकण्डीशनर लगाया था।

रात के समय अक्सर वह मेरे कानों में आकर आवाज़ मारता कि उसके सोने के लिए भी जगह की जाए। मैं जगह बना देता था, और वह कृतज्ञता-सी प्रदर्शित करते हुए बिस्तर की आधी से ज़्यादा जगह घेर लेता था।

हम उससे बातें करते थे। अगर हम रोने का अभिनय करते, तो वह जैसे हमें सन्तोष देने के लिए हमारे कानों में सूँघता था, फिर बू...ऊ...आवाज़ के साथ रोने भी लगता था। अगर वह शैतानी करता, तो हम उसे कोने में बिठा देते थे। वहाँ वह सिर झुकाकर बैठ जाता था, और जब हम कहते, 'ठीक है, अब तुम आ सकते हो' तो सिर उठा लेता था।

माला की 75 वर्षीया आया, माई के साथ अच्छी दोस्ती हो गई। 'वे शंबिया', वह सबेरे उसके लिए बगीचे का दरवाज़ा खोलकर आवाज़ देती। जब वह फारिग हो जाता, तो वह उसे लेकर गुरुद्वारे में प्रार्थना करने जाती। वह जानता था कि वह गुरुद्वारे में नहीं जा सकता, इसलिए बाहर माई की चप्पलों के पास बैठा उनकी हिफाज़त करता रहता। प्रार्थना समाप्त होने को होती तो वह एक चप्पल मुँह में दबाकर चुपचाप घर आता और उसे पलंग के नीचे छिपा देता। माई उसके पीछे दौड़ती चिल्लाती, 'वे शंबिया, मेरी चप्पल कहाँ छिपाई है?' वह माई के पीछे-पीछे पूँछ हिलाता हर कमरे में चक्कर लगाता और चप्पल मिल जाने तक उसके साथ लगा रहता।

सिम्बा अपनी शाम की सैर का बेसब्री से इन्तज़ार करता। मेरी गोद में सिर डालकर आँखों ही आँखों में जैसे पूछता, 'अभी वक्त नहीं हुआ क्या?'

'अभी नहीं,' मैं कहता तो वह अपनी संटी लाकर मेरे पैरों पर रख देता।

'अभी नहीं', मैं उससे कहता कि इतनी जल्दी न करे। फिर वह मेरी छड़ी उठाकर लाता और मेरी किताब पर जिसे मैं पढ़ रहा होता, उसमे डाल देता।

'तो फिर चलते हैं,' मैं उठकर तैयार होने लगता। यह देखकर वह खुशी से काँपने लगता। फिर गाड़ी की पिछली सीट पर कूदकर बैठते हुए उसकी खों-खों और बढ़ जाती। उसे खिड़की में से बाहर झाँकना और जो भी गाय, कुत्ता या बिल्ली सामने पड़ जाए, उसे भौंक-भौंक कर चुनौती देना बहुत अच्छा लगता था। लोदी गार्डन के फाटक पर मैं उसे खुला छोड़ देता। वह कार के पीछे दौड़ता, किसी किनारे रुककर पेट साफ करता, और फिर पार्किंग स्थल तक दौड़ लगाता। इन दिनों पार्क में कुछ खरगोश होते थे। वह उन्हें सूँघ-सूँघकर झाड़ियों से ढूँढ़ निकालता, और फिर तेज़ी से उनका पीछा करता। लेकिन खरगोश उससे ज़्यादा

तेज़ और चतुर साबित होते थे। इसलिए उसने गिलहरियों पर हमला बोलना शुरू कर दिया।

उसने देखा कि वे बचने के लिए पास के किसी पेड़ पर चढ़ जाती हैं। वह चुपचाप पेड़ के पास पहुँच जाता और उन पर हमला करता। खुले मैदान में तो उनकी खैर ही नहीं होती थी। मैं इसके लिए उसे डाँटता-फटकारता और मारता भी, लेकिन बेकसूर गिलहरियों को मारने से वह बाज़ नहीं आता था।

शनिवार की शाम को अगले दिन की पिकनिक के लिए सामान तैयार किया जाने लगता तो वह समझ जाता कि खूब मज़ा करने को मिलेगा। सवेरा होने से पहले ही वह चीख-पुकार शुरू कर देता और सबको जगा देता। गाड़ी में उस पर नियन्त्रण करना सम्भव नहीं होता था। जब हम खुले मैदान में सूरजकुण्ड या तिलपत पहुँच जाते तो उसे बाहर कर देते, जिससे वह गाड़ी से कूद न जाए। वह गायों के रेवड़ का पीछा करता और उन्हें तितर-बितर कर देता।

एक दफ़ा एक गाय की लात खाकर उसका चेहरा लहूलुहान हो गया। फिर एक दफ़ा उसने एक बकरी को करीब-करीब मार ही डाला।

खुले मैदानों में तीन-चार घण्टे खरगोश, हिरन इत्यादि का पीछा करके वह थकने लगता। शाम को जब हम घर लौटते तो उसकी आँखें अधमुँदी और नींद से भरी होती थीं। उस दिन वह शाम को सैर को नहीं जाता था।

रात को डिनर के बाद हम खान मार्केट पान खाने जाते तो वह भी साथ रहता। आइसक्रीम का ठेला आने पर उसके सामने रुक जाता और हमें देखता, कि मुझे खानी है। आइसक्रीम उसे बहुत पसन्द थी। वह हमारे ऊपर अपना अधिकार समझता था।

एक दफ़ा हमने बाज़ार में एक पेड़ के नीचे दो सुन्दर पिल्ले बिकते हुए देखे। हमें उनकी तरफ बढ़ता देखकर उसने ऐतराज़ किया। जब भी हम पेड़ की तरफ जाते, वह ज़ोर से उसके तने में दाँत मारता। सुजान सिंह पार्क में हर कोई उसे जानता था। मुहल्ले के बच्चे हमें उसके माँ-बाप मानने लगे थे।

सिम्बा से लोग डरते भी थे। एक दफ़ा अपनी पत्नी और बेटी के साथ हम लोदी गार्डन में घूम रहे थे, तो एक साइकिलवाले ने बेटी की पीठ पर थाप मारी और आगे बढ़ गया। मेरी बीवी चीख कर बोली, 'सिम्बा, पकड़ो इसे!' सिम्बा ने उसका पीछा किया, साइकिल से उसे गिरा दिया और उसके ऊपर फन निकालकर खड़ा हो गया। बेचारे ने हाथ जोड़कर माफी माँगी। एक दफ़ा जब मैं डिनर करके अपने फ्लैट से निकल रहा था, मैंने किसी लड़की की मदद के लिए आवाज़ सुनी।

दो लड़के उससे छेड़खानी कर रहे थे। मैं उनकी तरफ दौड़ा; सिम्बा मेरे पीछे था। लड़कों ने भागने की कोशिश की। मैंने सिम्बा को इन्हें पकड़ने का आदेश दिया। उसने एक को धक्के मारकर गिरा दिया। लड़का मुझसे काफी बड़ा और ताकतवर था लेकिन सिम्बा के साथ होते हुए मैंने उसकी परवाह नहीं की, कई थप्पड़ लगाए और बुरा-भला कहा। उसने माफी माँगी और प्रतिज्ञा की कि अब कभी किसी औरत को नहीं छेड़ेगा।

हम सिम्बा को साथ लेकर ही मशोबरा या कसौली जाते थे। पहाड़ों में उसे सबसे ज़्यादा खुशी मिलती थी। मैं अक्सर उसे रस्सी में बाँध देता और कहता कि हमें इन ढलानों पर खींचकर ले चले। उसे शिमला से कसौली ज़्यादा पसन्द थी क्योंकि यहाँ लाल शरीर वाले बन्दर और लंगूर थे। वह इनके साथ हर समय लड़ता रहता था, और जब दोपहर का खाना खाते समय उसके चारों तरफ कौए जमा हो जाते, तो वह उन्हें उन्हें भगाता रहता।

ज़्यादातर कुत्तों में एक छठी इन्द्रिय होती है। हमारे सिम्बा में सातवीं और आठवीं भी थी। इसे साबित करने के लिए मैं सिर्फ एक घटना बताऊँगा। मुझे पत्नी के साथ दो महीने के लिए विदेश जाना था। बच्चे बोर्डिंग स्कूलों में थे। हमने फैसला किया कि नौकरों को छुट्टी दे दें और फ्लैट में ताला डाल दें। सिम्बा को प्रेम किरपाल के यहाँ रहना था, क्योंकि उन्हें भी वह प्रिय था; वे हर इतवार को हमारे साथ पिकनिक पर जाते थे, और घर भी आते रहते थे। उच्च सरकारी अधिकारी होने के कारण केनिंग लेन में उनका बड़ा भारी खुला हुआ घर और बगीचा था। वे सिम्बा को अपने साथ रखने के लिए तैयार हो गए। सिम्बा भी उनके यहाँ कई दफ़ा आ-जा चुका था और उनके साथ रहने को तैयार लगता था।

मेरी पत्नी मेरे दिल्ली लौटने से कुछ दिन पहले आ गई। वह सिम्बा को लेने केनिंग लेन गई। उसने खुश होकर उसका स्वागत किया लेकिन गाड़ी में बैठने से इनकार कर दिया। प्रेम को यह देखकर बहुत अच्छा लगा कि वह उनसे इतना लगाव रखने लगा है। पत्नी बोली, 'अगर उसे यहाँ रहना पसन्द है तो यहीं रहे' बातचीत में उन्होंने उस तारीख का भी ज़िक्र किया जब मुझे वापस लौटना था। सिम्बा ने भी इसे सुन लिया। जिस दिन मुझे लौटना था, उससे पिछली शाम सिम्बा केनिंग लेन से पैदल चलकर सुजान सिंह पार्क आ पहुँचा और दरवाज़े पर पैर मार-मारकर अपने आने की खबर देने लगा। प्रेम को सिम्बा के इस तरह चले जाने से बड़ी निराशा हुई, जैसे मैंने उनकी प्रेमिका का हरण कर लिया हो।

सिम्बा पर बुढ़ापा चढ़ने लगा। मुँह के ऊपर-नीचे वाले बाल सफेद हुए। आँखों में रोहे पड़ने लगे। कभी-कभी बुखार भी आ जाता—मेरी पत्नी ने कई रातें उसका सिर अपनी गोद में लेकर थपथपाते गुज़ारी हैं। उसकी उम्र तेरह साल से ज़्यादा हो गई थी। जब मुझे स्वार्थमोर कॉलेज में तीन महीने पढ़ाने का काम मिला, तब हम उसे उसकी असली मालकिन, माला के पास छोड़ गए। उसे हर दिन डॉक्टर के यहाँ ले जाना पड़ता था। लेकिन वह ठीक नहीं हुआ। पैर जवाब दे गए। माला ने हमें तार दिया, 'सिम्बा बहुत बीमार है। तुरंत आइए।' दूसरे ही दिन माला का दूसरा तार मिला, 'सिम्बा शांति से गुज़र गया।'

हुआ यह कि डॉक्टर ने माला को बताया कि सिम्बा को बहुत तकलीफ है, वह बचेगा नहीं। उसने उसे गहरी नींद की गोलियाँ दे दीं।

अगर मुझे अपने घनिष्ठ मित्रों की सूची बनानी हो तो सिम्बा का स्थान सबसे ऊपर रहेगा। इसके बाद हमने कोई और कुत्ता नहीं पाला। मित्रों की जगह भरी नहीं जा सकती।

इलस्ट्रेटेड वीकली से विदाई

खुशवन्त सिंह अग्रणी अंग्रेजी साप्ताहिक द इलस्ट्रेटेड वीकली ऑफ इण्डिया के नौ वर्ष तक सम्पादक रहे, और तेज़ी से गिरती साख के कारण 65 हज़ार तक जा पहुँची इसकी बिक्री को चार लाख तक बढ़ाकर दिखा दिया। रिटायर होने के समय प्रकाशित होने के लिए उन्होंने यह विदाई सन्देश लिखा था—परन्तु इससे एक सप्ताह पहले, 25 जुलाई 1978 को, उन्हें एकदम अचानक दफ़्तर छोड़ देने के लिए कहा गया—वे चुपचाप उठे, अपना छाता उठाया और सहयोगियों से बिना कुछ बात किए वे बाहर निकल गए।

इसलिए उनका यह विदाई सन्देश कभी प्रकाशित नहीं हो सका। मालिकों ने उसी दिन पत्रिका का नया संस्करण प्रकाशित कर दिया और यह लेख भी नष्ट कर दिया।

जून 1969 में मैंने *इलस्ट्रेटेड वीकली ऑफ इण्डिया* का सम्पादन-कार्य सँभाला था। तब यहाँ दो वर्ष से अधिक कार्य करने का मेरा कोई इरादा नहीं था। मुझे बम्बई शहर बहुत बड़ा, भीड़-भाड़ वाला और गंदा लगता था। मैं यहाँ दोस्त बनाने से बचता रहा, जिससे वापस लौटते समय परेशानी न हो। लेकिन यहाँ मैं नौ साल रहा; और कहूँ कि अपने निश्चय के बावजूद मुझे अपना काम बहुत अच्छा लगा, यहाँ मैंने मित्र भी बनाए, और पत्रिका की अपने बच्चे की तरह परवरिश और देखभाल की। और अब जब मुझे यह सब छोड़ने का समय आ गया है, मैं चेहरे पर झूठी मुस्कान लगाकर गलत बात कहना नहीं चाहूँगा।

मुझे इस पत्रिका का 'प्रतिष्ठित' सम्पादक होने का कोई भ्रम नहीं है, यह विशेषण हर सम्पादक के नाम के साथ कर्तव्य की तरह चिपका दिया जाता है।

मैं ही नहीं, मेरे पूर्ववर्तियों ने भी पूरी योग्यता के साथ अपने दायित्व का निर्वाह किया है। इसके अलावा, हर व्यक्ति पत्रिका पर अपनी मोहर छोड़कर भी जाता है, गया है। जब इसके सम्पादक अंग्रेज़ होते थे, तब यह ऊँचे तबके की पत्रिका मानी जाती थी, जिसमें कॉकटेल पार्टियों के विवरण और ब्राउन साहबों के कामकाज की रिपोर्टें छपती थीं। फिर जब भारतीय सम्पादक बने, तो पहले दो ने इसमें भारतीय संस्कृति को जगह दी, और कला, मूर्तियाँ, नृत्य और फूल-पत्तियों, पक्षियों और नृत्य करती बालाओं के चित्र इसमें छापना शुरू किया। इसमें विवादास्पद विषयों से बचा जाता था, और राजनीति तथा सेक्स को हाथ भी नहीं लगाया जाता था—हाँ, कभी-कभी खजुराहो और कोणार्क की धुँधली तस्वीरें ज़रूर छाप दी जाती थीं। इसे इज़्ज़तदार और शान्त पत्रिका माना जाता था। मैंने यह सब बदल दिया। जो पत्रिका पहले चार पहियों वाली विक्टोरिया गाड़ी में पूरे कपड़े पहने ढकी-मुँदी औरतों को भारतीय हवा खिलाने ले जाती थी, उसे अब मैंने सूचना, बहस और मनोरंजन का शोर-शराबे से भरा, जेट-संचालित वाहन बना दिया। मैंने सदाचार के लिखित और अलिखित—सभी नियम-कानूनों को ताक पर रख दिया। इसकी पहली प्रतिक्रिया तो यही हुई, जैसे किसी कुँवारी कन्या का शीलभंग किया गया है। कई प्रतिनिधिमण्डलों ने मालिकों से मिलकर कहा कि मुझे निकाल दिया जाए, बहुत-सी संस्थाओं ने इसे खरीदना बंद कर दिया, और लड़के-लड़कियों के माता-पिता मुझसे शिकायत करने आए, कि अब वे इसे कहीं खुली नहीं छोड़ सकते, जिससे उनके बच्चे इसे पढ़कर बिगड़ने न लग जाएँ। लेकिन अच्छी बात यह रही कि इसके आलोचकों की संख्या उन लोगों से बहुत कम रही जिन्होंने इस परिवर्तन का स्वागत किया। परिस्थितियाँ भी कुछ ऐसी बदलीं, कि पहले जो लोग मुझे निकाल सकते थे, वे कोई अब नहीं रहे। इसके अलावा मैं इस बीच अपने निन्दकों के साथ भी मित्रता कर पाने में सफल हुआ। वे मेरी जो भी कठोर से-कठोर आलोचना करते, वह सब मैं पत्रिका में छाप देता। धीरे-धीरे उसकी बिक्री बढ़ने लगी, और कुछ समय बाद देश-भर के अंग्रेज़ीदाँ छद्म ढंग के सभ्य समाज का वह नियमित साप्ताहिक भोजन बन गई। जापान को छोड़ दें, तो वह एशिया-भर की सबसे लोकप्रिय पत्रिका बन गई, जिसमें राजनीति से लेकर अर्थनीति, धर्म और कलाओं आदि सभी विषयों पर सामग्री उन्हें प्राप्त होने लगी। पत्रिका का एक पन्ना मैं अपने लिए रखता था, जिसमें मैं अपने विचार लिखता था। इसमें मैं ऐसी कोई बात नहीं लिखता था, जो दुनिया को हिलाने का काम करे। कुछ लोगों को इसे पढ़कर मज़ा आता था, कुछ को गुस्सा आता

था। ज़्यादातर इसकी उपेक्षा करते थे। मेरी महत्त्वाकांक्षा थी, कि इसे मैं राष्ट्रीय संस्था बना दूँ जिसके पाठकों की संख्या लाखों-करोड़ों में पहुँच जाए। और आश्चर्य की बात यह है कि मुझे इसका विश्वास भी था, और मैं यह कर गुज़रना चाहता था। लेकिन अफसोस, यह होना नहीं था।

विदाई के भाषण में और क्या कहा जाना चाहिए? अरे हाँ, मैं बम्बई की कमी महसूस करूँगा—एलीफेंटा के ऊपर से चढ़ता हुआ सूरज, जो समुद्र में खड़े जहाज़ों और नावों को रोशनी से जगमगाता है, मलाबार हिल से नरीमन पाइण्ट और उसके भी आगे तक आसमान में चमकती बिजली के बल्बों की कतारें; मानसून के दिनों में मेरीन ड्राइव के किनारों से गुस्से से पछाड़ खाती समुद्र की लहरें; गणपति-विसर्जन के अवसर पर नाचते लोगों के घुँघरुओं की आवाज़ें, सफेद कपड़ों में बल्ले लिए दौड़ते-भागते आज़ाद और क्रॉस मैदानों में क्रिकेट खिलाड़ियों का ज़बरदस्त शोर-शराबा। शान्त, स्थिर समुद्र पर फैली चन्द्रमा की रोशनी। यह सब और वे सब बहुत-से लोग जो मुझे रोज़ दफ़्तर जाते हुए दिखाई देते। हम एक-दूसरे को जानते भी नहीं थे, न पहचानते थे, लेकिन अब वे दिखाई नहीं देंगे तो लगेगा कि कुछ गलत हो रहा है। यही बात उन मियाँ भाइयों के लिए जिनसे मैं फल और पान खरीदता था, जिस बंदे से मैं पाव और अण्डे लेता था, वह बाबाजी जो मेरे लिए फलों से ताज़ा जूस निकालता था, और वह बूढ़ा सरदार जो फुटपाथ पर मछली तलता है। और कोलाबा की गलियों में ग्राहक पटाने वाली वे लड़कियाँ जिनसे मैंने नए शब्द सीखे, और वे कुत्ते जो मुझे देखकर पूँछ हिलाने लगते थे।

इसके अलावा अपने वे साथी जिनके साथ मैं दिन का बहुत-सा वक्त गुज़ारता था। हम सब उस साप्ताहिक संयुक्त परिवार के सदस्य थे, जिसका मैं इन वर्षों में कर्ता था। मैं उन समर्पित और परिश्रमी लोगों की कमी सबसे ज़्यादा महसूस करूँगा, क्योंकि उन्होंने ही *इलस्ट्रेटड वीकली* को डॉक्टरों और नाइयों के वेटिंग रूम की पत्रिका से उठाकर उन लोगों के घरों की पत्रिका बना दिया था, जिनका देश में महत्त्व है। मैं चाहता था कि 1980 में जब पत्रिका अपनी सौंवी सालगिरह मनाएगी, तब मैं उनके साथ होता।

मैं अपने पाठकों की कमी भी महसूस करूँगा। उनके गाली-गलौज, आलोचना और प्रशंसा के पत्र मेरी रोज़ाना की खुराक थे। यह आश्चर्य की बात है कि यद्यपि इनमें से बहुत कम लोगों से मेरा मिलना होता था, लेकिन मैं हर समय अपने इर्द-गिर्द इनकी उपस्थिति महसूस करता था। पत्रिका को जो सफलता प्राप्त हुई, उसका सारा श्रेय इन तारीफ़ या निंदा करने वाले लोगों को ही जाता है,

जो इसे अपनी ही पत्रिका समझते थे और मानते थे कि वे जो भी कहेंगे, इसमें छप जाएगा।

पुराना समय बदलता है, नया उसकी जगह लेता है, और ईश्वर अपनी इच्छा तरह-तरह से व्यक्त करता है, कि कहीं एक सम्पादक अपने लिए निश्चित समय की सीमा तोड़कर उस पर हावी न हो जाए। मुझे इसका सन्तोष है कि मैंने अपनी बाज़ी अच्छी खेली, और इसके लिए मैं उन लोगों को धन्यवाद देता हूँ जिन्होंने मुझे यह अवसर दिया। मैंने अपने काम की शुरुआत 'श्रीगणेशाय नमः' कहकर की थी, इसका पटाक्षेप मैं महाभारत के इस कथन से करता हूँ :

'जिस तरह समुद्र की सतह पर तैरते लकड़ी के दो टुकड़े एक-दूसरे से मिलकर फिर अलग हो जाते हैं, उसी तरह दुनिया के लोग भी मिलकर अलग होते रहते हैं।'

विदाई! अब मैं अपना बल्ब बुझाता हूँ, जिसमें स्कॉच हाथ में लिए मैं कागज़ के पैड पर कलम चलाता रहता था!

मैंने इमरजेंसी का समर्थन क्यों किया?

इमरजेंसी या आपातकाल, बुराई का पर्याय हो गया है। जो लोग इमरजेंसी के ज़माने में उसके स्तम्भ थे, और जिन्होंने अपनी व्यक्तिगत शिकायतों का बदला लेने के लिए उसका खुलेआम दुरुपयोग किया, अब उससे अपने सम्बन्धों को यह सोचकर नकारने में लगे हैं, कि लोग अब तक ये बातें भूल-भाल गए होंगे। लेकिन हमें उनको इससे छुटकारा नहीं लेने देना चाहिए। उनके कारण वे बहुत-सी गलतियाँ हुईं, जिन्हें, यदि अब कभी शान्ति और व्यवस्था बनाए रखने के लिए लोकतन्त्र को कुछ समय के लिए स्थगित करना पड़े, तो दोहराने की स्थिति उत्पन्न न हो।

कुछ सन्देहों के साथ मैंने 25 जून, 1975 के दिन इन्दिरा गाँधी द्वारा घोषित इमरजेंसी का समर्थन किया था। क्यों, इसे स्पष्ट करता हूँ। मैं मानता हूँ कि लोकतन्त्र में विरोध का अधिकार मौलिक और उसका अभिन्न अंग है। शासकीय कार्यों की आलोचना और विरोध करने के लिए आप सार्वजनिक सभाएँ कर सकते हैं। आप जुलूस निकाल सकते हैं, हड़ताल करवा सकते हैं, व्यापार बन्द करा सकते हैं। लेकिन इसके लिए कोई दबाव नहीं डाला जाना चाहिए और न हिंसा की जानी चाहिए। अगर ये होते हैं तो सरकार का कर्तव्य है कि, ज़रूरत पड़े तो शक्ति का इस्तेमाल करके भी इसे दबा दे। मई 1975 तक देश-भर में इन्दिरा गाँधी की सरकार के विरुद्ध प्रदर्शन होने लगे थे, और वे उग्र भी हो जाते थे। मैंने स्वयं अपनी आँखों से बम्बई के प्रमुख मार्गों पर नारेबाज़ी करते जुलूसों को फुटपाथ पर खड़ी गाड़ियों को जलाते और दुकानों में तोड़-फोड़ करते देखा है। स्थानीय पुलिस उन पर नियन्त्रण करने में असफल हो रही थी, क्योंकि नारे लगाने वालों की संख्या कहीं अधिक थी और उनकी बहुत कम। विरोधी दलों के नेता देश में निरन्तर बिगड़ती जा रही यह स्थिति मूक दर्शक बनकर देख रहे थे, इस आशा में कि इस दबाव में इन्दिरा गाँधी इस्तीफा दे देंगी।

इन्दिरा गाँधी विरोधी इस आन्दोलन के सर्वमान्य नेता जयप्रकाश नारायण

थे, जिनके लिए मेरे मन में बड़ा सम्मान था। वे राष्ट्र की आत्मा के रखवाले माने जाने लगे थे। उन्हें 'लोकनायक' की उपाधि प्राप्त थी, और उन्होंने लोकतन्त्री विरोध की लक्ष्मण रेखा तोड़ दी थी। उन्होंने 'सम्पूर्ण क्रान्ति' का नारा दिया था, जिसके अंतर्गत विधानसभा के निर्वाचित सदस्यों को भी मीटिंगों में भाग लेने से रोक दिया गया था। उन्होंने संसद का घेराव करने की घोषणा की और पुलिस तथा सेना को भी सरकार के खिलाफ विद्रोह करने का आह्वान किया था। मैंने जयप्रकाश जी को पत्र लिखकर कहा कि उनका यह कार्य लोकतन्त्र विरोधी है। उन्होंने पत्र का उत्तर दिया जिसमें उन्होंने अपने कार्य को सही ठहराया। मैंने अपना पत्र और उनका काफी लम्बा उत्तर *इलस्ट्रेटेड वीकली ऑफ इण्डिया* में छापा—जिसका उन दिनों मैं सम्पादन कर रहा था। मेरा उस समय भी विश्वास था और आज भी है, कि अपनी बात को निर्भय होकर कहना लोकतन्त्र का मूलभूत सिद्धान्त है।

जून के आरम्भ में मैं एक सम्मेलन में भाग लेने मेक्सिको गया था। उस दिन वापस लौटा, जिस दिन इमरजेंसी की घोषणा हुई। इससे एक रात पहले देश-भर में सब विरोधी नेताओं को गिरफ्तार करके जेलों में डाल दिया गया था। *टाइम्स ऑफ इण्डिया* के दफ्तर में ज़बरदस्त हलचल थी। हमसे कहा गया कि सेन्सर लागू हो गया है, हमें उसका पालन करना होगा, नहीं तो कार्य छोड़ दें। मैं इसके विरोध में था और सोचता था कि यदि बेनेट कोलमैन एण्ड कम्पनी द्वारा प्रकाशित सब पत्रों के सम्पादक संगठित होकर इसका विरोध करें तो शायद प्रेस के विरुद्ध सरकार का रवैया बदला जा सकता है। मुझे आशा थी कि *टाइम्स ऑफ इण्डिया* के सम्पादक शाम लाल इसका नेतृत्व सँभाल लेंगे। लेकिन उन्होंने एकदम मना कर दिया। उनके बाद नम्बर दो, दिल्ली संस्करण के सम्पादक गिरिलाल जैन इससे भी एक कदम आगे बढ़ गए—उन्होंने संजय गाँधी को देश का नया नेता घोषित कर दिया। एक भी सम्पादक अपनी नौकरी छोड़ने को तैयार नहीं था। *नवभारत टाइम्स, महाराष्ट्र टाइम्स, धर्मयुग, फिल्मफेयर, फेमिना* और *सारिका*— सभी के सम्पादक उस मीटिंग से अलग रहे, जो हमने विरोध-प्रदर्शन के लिए आयोजित की थी। इन्दर मलहोत्रा का व्यवहार अद्भुत था। वे सीढ़ियों पर चढ़ते और उतरते हरेक से 'जय हो' कहते आगे बढ़ जाते थे। किसी की आँखों में सीधे नहीं देखते थे। आज तक मैं यह समझ नहीं सका हूँ कि वे इमरजेंसी के पक्ष में थे या विरोध में। मैं तीन सप्ताह तक *इलस्ट्रेटेड वीकली* का प्रकाशन करने से इनकार करता रहा। इंग्लैण्ड में कॉलेज के दिनों से मेरे मित्र रजनी पटेल ने, जो इस समय बोर्ड ऑफ डायरेक्टर्स में प्रमुख आवाज़ थे, मुझसे सीधे ही कहा, 'मित्र, अगर तुम शहीद ही होना चाहते हो, तो हम तुम्हें होने देंगे।' बोर्ड के अध्यक्ष,

रिटायर्ड जस्टिस के. टी. देसाई ज़्यादा कुशल थे; उन्होंने कहा, 'तुम नहीं समझ रहे कि सरकार प्रेस की सेंसराशिप के लिए कितनी गम्भीर है। अगर तुम पत्रिका प्रकाशित नहीं होने दोगे, तो हमें दूसरा सम्पादक देखना पड़ेगा। इसलिए तुम इस तरह से अपना काम करके क्यों नहीं देखते?' मैंने इस तरह करना स्वीकार कर लिया। आखिरकार, मैंने पहले ही जयप्रकाश नारायण के 'सम्पूर्ण क्रान्ति' का विरोध किया था। इलाहाबाद हाईकोर्ट द्वारा इन्दिरा गाँधी की संसद की सदस्यता को खारिज कर दिया जाने से उनका पलड़ा कमज़ोर पड़ गया था, इसलिए उनके नज़दीकी सलाहकारों ने उन्हें यह कदम उठाने के लिए तैयार किया था।

इमरजेंसी जब लागू की गई, तब पहले उसका लोगों के द्वारा स्वागत किया गया। कोई हड़ताल वगैरह कहीं नहीं हुई, स्कूल-कॉलेज खुल गए, व्यापार को गति प्राप्त हुई, बसें और रेलें सही समय पर चलने लगीं। लोगों को लगता था कि इसे लागू करनेवाले कुशल प्रबन्धक हैं। लेकिन ऐसा नहीं था। घोषणा के कुछ दिन बाद एच.वाई. शारदा प्रसाद ने मुझे फोन किया कि प्रधानमन्त्री से आकर मिलो। मुझसे कहा गया कि इस भेंट की मैं किसी से चर्चा न करूँ। दूसरे दिन मैं उनसे साउथ ब्लॉक के दफ़्तर में मिला। मैंने उनसे आग्रह किया कि प्रेस से सेंसरशिप हटा लें। 'मेरे जैसे सम्पादक, जो आपका समर्थन करते हैं, उन पर विश्वास कम हो गया है।' मैंने तर्क दिया, 'कि कोई यह नहीं मानेगा कि हम अपनी इच्छा से यह कर रहे हैं, सब इसे आपके दबाव में मानेंगे।' लेकिन उन्होंने कहा कि 'प्रेस सेंसरशिप के बिना इमरजेंसी संभव ही नहीं है।' मैं निराश होकर बम्बई लौट आया। दफ़्तर पहुँचा तो डाक में जॉर्ज का खत था, 'मैडम डिक्टेटर के साथ आपकी मीटिंग कैसी रही?' जॉर्ज फर्नान्डीज़ अंडरग्राउंड हो गए थे, लेकिन ज़ाहिर है कि प्रधानमन्त्री कार्यालय के किसी व्यक्ति ने उनको इसकी खबर दे दी थी। उसी शाम आर.एस.एस. के चार बड़े नेता, जिनके खिलाफ गिरफ्तारी के वारण्ट थे, सीना ताने मेरे दफ़्तर में आए और आधा घण्टे तक इस मीटिंग के बारे में पूछताछ करते रहे, फिर उसी तरह बाहर निकल गए।

सेंसरशिप भी अलग किस्म की और चुनिन्दा अखबारों के ही खिलाफ थी। मिसेज़ गाँधी का विरोध करने वाले *इण्डियन एक्सप्रेस* ग्रुप को सबसे बड़ा शिकार बनाया गया। *टाइम्स ऑफ इण्डिया* और *हिन्दुस्तान टाइम्स* को मुक्त छोड़ दिया गया। उस समय के सबसे ज़्यादा सिद्धान्तविहीन सम्पादक रूसी करंजिया द्वारा सम्पादित साप्ताहिक *ब्लिट्ज़* को भी, जो उत्साह से इन्दिरा गाँधी का समर्थन कर रहा था, छोड़ दिया गया था। कुलदीप नैयर को गिरफ्तार कर लिया गया था। उनके 82 साल के वृद्ध श्वसुर, पंजाब के एक पूर्व मुख्यमंत्री, भीमसेन सच्चर,

को भी बिना किसी कारण धर लिया गया था। एक समय मिसेज़ गाँधी के बहुत करीबी रमेश थापर ने अपना सेमिनार बंद कर दिया था। उनकी बहन, डॉ. रोमिला थापर को जो राजनीति से बहुत दूर रहती थीं, इनकम टैक्स के मामलों में कई दिन तक परेशान किया गया। मिसेज़ गाँधी जिन लोगों के बहुत करीब रही होती थीं, उनके प्रति भी वे बहुत कठोर हो सकती थीं।

बम्बई में सेंसरशिप का हलका-फुलका जश्न भी सामने आया। विनोद मेहता, जो लड़कियों की तस्वीरों से भरी चटपटी पत्रिका *डेबोनेयर* निकालते थे, उनसे कहा गया कि वे भी प्रेस में जाने से पहले अपने लेख और फोटो सेंसर से पास कराएँ। सेंसर ने इन्हें देखा और कहा, 'पोर्न? यह ठीक है। पॉलिटिक्स नहीं चलेगी।' इसे तुरन्त अनुमति दे दी गई। मुझे खुद यह परेशानी कुछ घण्टे से ज़्यादा नहीं झेलनी पड़ी। मैं राज्यपाल अली यावर जंग द्वारा राष्ट्रपति फखरुद्दीन अली अहमद को दिए जाने वाले सम्मान में लंच कर रहा था। अचानक राष्ट्रपति महोदय मेरी तरफ देखकर ज़ोर से बोले, 'आप अपनी पत्रिका में यह क्या प्रकाशित करते रहते हैं? इमरजेंसी लागू है, आपको पता है?' मैं समझ नहीं पाया कि उनका मतलब क्या है? महाराष्ट्र के मुख्यमन्त्री एस.बी. चण्हाण, जिन्होंने यह बात सुन ली थी, जब मैं दफ़्तर लौटा तो मुझे मुख्यमन्त्री के अधिकार से एक पत्र मिला जिसमें *इलस्ट्रेटेड वीकली* को लपेट लिया गया था। लेकिन जिस लेख के खिलाफ यह सेंसर था, वह *फेमिना* में छपा था, *वीकली* में नहीं। मैंने शारदा प्रसाद को फोन किया, इन्दिरा गाँधी दूसरे दिन विदेश जा रही थीं। चण्हाण से कहा गया कि ऑर्डर वापस ले लें। जिस बहादुरी से उन्होंने यह ऑर्डर निकलवाया था, उतनी ही विनम्रता से उसे वापस ले लिया।

इमरजेंसी के ज़माने में मैं अक्सर दिल्ली आया-जाया करता था, मेनका गाँधी और उनकी माँ अमतेश की, उनकी पत्रिका *सूर्या* में मदद करने के लिए। यहाँ मुझे उस गिरोह का कुछ अन्दाज़ा हुआ जो इस समय सरकार चला रहा था। सिद्धार्थ शंकर राय ने नियम लिखे थे, संजय केन्द्र में था। उसकी इस किचेन कैबिनेट में पत्नी और सास के अलावा उनके पुराने परिवार-मित्र—मुहम्मद यूनुस (चचा) भी थे। इनके अलावा सिविल सर्वेण्ट नवीन चावला, दिल्ली के लेफ्टिनेण्ट गवर्नर किशन चन्द—जिन्होंने बाद में कुएँ में गिरकर आत्महत्या कर ली; और जगमोहन जिन्होंने ज़बरदस्त उत्साह से झुग्गी बस्तियों की सफाई का काम सँभाला। शाही घराने के स्वामी जी, धीरेन्द्र ब्रह्मचारी, जो रूस के कुख्यात रासपुटिन की तरह थे; और दो सुन्दर लड़कियाँ—अम्बिका सोनी और रुख्साना सुलताना—संजय की नज़र सुन्दर लड़कियों पर रहती थी। उसका एक और उत्साही समर्थक हरियाणा

का मुख्यमन्त्री बंसीलाल था—जिसका यह मुहावरा कि 'बछड़ा पकड़ लो, तो माँ पीछे-पीछे चली आएगी', बड़ा मशहूर हुआ। उसने सूचना और प्रसारण मन्त्री इन्द्र कुमार गुजराल को मॉस्को रवाना कर दिया और उनकी जगह ज़्यादा आज्ञाकारी विद्याचरण शुक्ल की नियुक्ति कर दी।

सूर्या के सिलसिले में दिल्ली की यात्रा करते रहने के कारण मेरा गाँधी परिवार से भी कुछ सम्पर्क हुआ, विशेषकर संजय और उसके ससुरालवालों से। वह अपने परिवार की तुलना में इन लोगों से ज़्यादा सहज था। बोलता बहुत कम था लेकिन काम बड़ी तेज़ी से करता था। शराब वगैरह से एकदम दूर रहता था, यहाँ तक कि चाय, कॉफी, कोका कोला और ठण्डे पानी से भी परहेज़ करता था। उसने जो नारा दिया था, 'काम ज़ियादा बातें कम', उसका खुद भी पूरा प्रतीक था। वह चाहता था कि काम जल्द से जल्द होता चला जाए। लोकतन्त्री लम्बी प्रक्रियाओं, लालफीताशाही वगैरह उसे पसन्द नहीं थे, और बातों में वक्त गुज़ार देने वाले राजनीतिज्ञों और सरकारी कर्मचारियों से भी उसे चिढ़ थी। यह तथ्य कि प्रधानमन्त्री का बेटा होने के अलावा उसे कुछ भी करने का कोई अधिकार नहीं प्राप्त था, उसके लिए कोई महत्त्व नहीं रखता था। मेनका के ठीक विपरीत वह कभी कड़े शब्द नहीं बोलता था, और मुझ जैसे ज़्यादा उम्रवालों के प्रति बहुत आदर से पेश आता था। जवानी में वह कारें चुराने के लिए मशहूर था—गाड़ियाँ उसे बहुत प्रिय थीं। वह झगड़े भी करता रहता था—कद-काठी मामूली होते हुए भी अपने पुट्ठों को घुमाता रहता था। मुझे वह प्यार करने लायक गुण्डा लगता था।

कई महीने तक इस गिरोह ने देश पर शासन किया। जो भी उनके रास्ते में आता, जेल में डाल दिया जाता था। किसी की हिम्मत नहीं होती थी कि विरोध में एक भी शब्द कहे। एक ही पार्टी, अकाली दल इस पूरे समय में शान्तिपूर्वक असहयोग करती रही। इमरजेंसी उठाए जाने से काफी समय पहले ही उसका समर्थन समाप्त हो गया था। ज़बरदस्त धर-पकड़ और जिस तरह जगमोहन ने दिल्ली की झुग्गी बस्तियों को उजाड़ा, उससे लोगों ने ऐसी अफवाहों पर भी विश्वास करना शुरू कर दिया, कि बसों और सिनेमाघरों से उठा-उठाकर जनता को बधिया बनाया जा रहा है। ये सब आरोप संजय के नाम जमा होते गए, किसी ने इनकी जाँच-पड़ताल करने की मेहनत नहीं गवारा की। लागू की जाते समय जो इमरजेंसी लोगों को पसन्द आई थी, और जिसका विनोबा भावे जैसे संत ने भी समर्थन किया था, वह अब राक्षस का रूप लेकर जनता को परेशान कर रही थी, इसलिए उसे समाप्त कर देना पड़ा। देश में ऐसी इमरजेंसी लागू करने के और भी अवसर आ सकते हैं। अगर हम 1975-1977 में की गई गलतियों का ध्यान रखें, तो इसे सही ढंग से चलाया जा सकेगा।

पैसे की माया

मैं नहीं जानता था कि पैसे को माया क्यों कहा जाता है। नए कड़कड़ाते रुपये के नोटों में माया क्या है, न चाँदी के एक या पाँच रुपये के चमकते सिक्कों में। लेकिन अब मैं यह जान गया हूँ। चण्डीगढ़ में हुए प्रथम विश्व पंजाबी सम्मेलन में मुझे भी अग्रणी पंजाबियों में चुना गया, और मुझे मानपत्र के अलावा चाँदी की एक तश्तरी में सर्वप्रथम सिख शासन में चलाए गए दो सिक्के भेंट किए गए जिनके दोनों ओर फारसी में लिखा हुआ था। साथ में सिल्क की थैली थी, सोने की डोरी से बंधी—भीतर इनाम के एक लाख रुपये। मेरा खयाल था कि चेक दिया जाएगा लेकिन यह पाँच सौ रुपये के नोटों की गड्डी थी।

बस, यहाँ से मेरी परेशानी शुरू हो गई। मैं होटल शिवालिक की तरफ लपक लिया, जहाँ मैंने ए.एस. दीपक और वन्दना शुक्ल को लंच के लिए बुलाया था। खाना खाते समय मैंने सिल्क की थैली मेज़ पर सामने ही रख ली, जिससे उस पर मेरी नज़र बनी रहे।

दीपक बोला, 'क्या इन्हें गिनना है? एक लाख से ज़्यादा भी हो सकते हैं।'

मैंने मना कर दिया। 'गिनने में बहुत वक़्त लग जाएगा। लाख से कम भी तो हो सकते हैं।'

लंच के बाद मैं कमरे में गया, कि ज़रा आराम कर लूँ। कमरा मैंने भीतर से बंद कर लिया, अपना सारा सामान बैग में भर लिया, लेकिन थैली तकिए के नीचे सावधानी से दबाकर सो गया। नींद टूटी तो पहला काम यह किया कि थैली अपनी जगह पर है या नहीं, इसकी पड़ताल कर ली।

कमरे की घण्टी बजी। मैंने दरवाज़ा खोला तो दो लोग यह कहकर भीतर घुस आए, कि बल्बों की जाँच करने आए हैं। लेकिन मैंने तो फ्यूज़ वगैरह की शिकायत नहीं की थी। उन्होंने एक बल्ब बदल दिया। मुझे सन्देह ने घेर लिया।

मुझे कौशिक के साथ डिनर करना था—अनिल, जो पुलिस में अफसर था, और उसकी पत्नी शारदा। पैसा मैं अपने साथ ले गया। सारा पैसा मेरी जेब में समा नहीं रहा था, इसलिए बचा हुआ मैंने दीपक को अपनी जेब में रखने के लिए दे दिया—जो मुझे लेने आया था।

कौशिक के घर पहुँचकर उससे मैंने अपनी परेशानी कही कि इतना पैसा साथ में लेकर चलना मुश्किल होता है। उसने कहा, 'ज़रा मुझे तो दिखाओ।' उसने गड्डी को हाथ लगाकर पूछा, 'गिन लिए हैं?'

'नहीं।' मैं बोला, 'दिल्ली जाकर गिनूँगा।'

होटल लौटकर मैंने दरवाज़ा बन्द किया और फिर तकिए के नीचे गड्डी रखकर बत्ती बुझा दी। सोने की कोशिश की पर नींद ज़रा-ज़रा देर बाद खुल जाती। कोई भी आवाज़ होती, मैं उठकर रोशनी जलाता और देखता कि कोई कहीं से घुस तो नहीं आया है। रात में चार-पाँच बार उठा होऊँगा—इतनी लम्बी रात पहले कभी नहीं देखी थी।

आखिरकार ऑपरेटर की आवाज़ पर मैं उठा, कि सवेरे के छह बज रहे हैं—और बैरा मेरे लिए संतरे के जूस का गिलास और कॉफी लेकर अन्दर आया। मेरा गला जकड़ गया था। ठण्ड लग गई थी। इसका कारण था—कैश में दिए गए एक लाख रुपये।

दिल्ली की गाड़ी में बैठा तो थैली को छाती से चिपकाए रहा। नाक बह रही थी, आँखों से पानी निकल रहा था, लेकिन हाथ वहीं थे। खैर, पैसे सँभाले घर से आ गया। सुरक्षित थे। थैली अपनी पोती की गोद में डालकर बोला, 'यह नए साल की भेंट है, तुम्हारे लिए!' तभी मेरी नाक टपकनी बन्द हो गई और आँखों का पानी भी सूख लिया। साबित हो गया कि पैसा माया है।

ये कुछ लोग

अमृता शेरगिल

मेरा यह कहना ठीक नहीं होगा कि अमृता शेरगिल को मैं जानता था। उससे मेरी मुलाकात सिर्फ दो दफ़ा हुई। लेकिन ये दोनों मेरे दिमाग में गहरी अंकित हैं। कलाकार के रूप में उसकी ख्याति, अत्यन्त सुन्दर स्त्री के रूप में उनकी इज़्ज़त—जिसका कुछ दर्शन उनके आत्मचित्रों में भी होता है, और बहुत-से लोगों से अपने प्रेम-सम्बन्ध होने के कारण एक ऐसी चर्चा का सैलाब बहना शुरू हुआ, जो आज तक नहीं थमा है, और जिन सब कारणों से मैं उन्हें अपनी इस सूची में शामिल कर रहा हूँ।

गर्मियों में एक दिन, जो यहाँ उसकी आखिरी गर्मियाँ थीं, मैंने सुना कि, लाहौर में हम जिस सड़क पर रहते थे, उसके दूसरी तरफ उसने अपने हंगरेयिन कज़िन-पति के साथ एक घर ले लिया है, जहाँ उसका डॉक्टर पति अपनी क्लिनिक खोलना चाहता है। इसी में अमृता भी अपना स्टुडियो बनाएगी। लेकिन वे लाहौर में क्यों रहने जा रहे हैं, इसके बारे में मुझे कुछ अन्दाज़ा नहीं था। शहर में उसके दोस्त और प्रशंसक बहुत सारे थे। सिख पिता की ओर उसके बहुत-से धनी रिश्तेदार भी थे, जिनकी अपनी ज़मीनें भी थीं और जो यहाँ अक्सर आया करते थे। देश के दूसरे शहरों की तरह यहाँ भी उसके काम के लिए अच्छी सम्भावनाएँ थीं।

जून 1941 की बात है। मेरी पत्नी सात महीने के हमारे बेटे राहुल को लेकर शिमला से सात मील दूर मशोबरा में मेरे पिता के घर 'सुन्दरवन' गई हुई थी। मैं सवेरे हाई कोर्ट चला जाता था और वहाँ साथी वकीलों के साथ कॉफी पीते हुए गपशप करता या जजों के सामने होनेवाली बहस सुनता था। खुद मेरे पास लड़ने के लिए कोई केस नहीं था। फिर भी मैं वकील की पूरी ड्रेस पहनकर हाथ में फाइल लेकर घूमता था, जिससे लोग समझें कि मैं बहुत व्यस्त वकील हूँ। लंच करने मैं घर आता, आराम करता और फिर कॉस्मोपॉलिटन क्लब में टेनिस खेलने चला जाता।

एक दिन मैं दोपहर बाद घर आया तो देखा कि घर में फ्रेंच परफ्यूम की खुशबू उड़ रही है। बैठने के कमरे में, जहाँ मेरी किताबें भी रहती थीं, मेज़ पर चाँदी के बर्तन में ठण्डी बियर की बोतल रखी है। मैं चुपचाप किचेन में गया और रसोइये से पूछा कि यह क्या माजरा है। उसने कहा कि साड़ी पहने एक मेम साहब आई हैं। उसने उन्हें बताया था कि मैं लंच के लिए आऊँगा। उसने मेरे फ्रिज से बोतल निकालकर मेज़ पर रख दी थी और तरोताज़ा होने बाथरूम में घुस गई थी। मुझे अन्दाज़ा हो गया कि यह मेम साहब अमृता शेरगिल ही हैं।

उसके लाहौर आने के कई हफ्ते पहले से शहर में उसके द्वारा दूसरों का उपयोग करने की चर्चा होने लगती थी—तब तक उसने अपने कज़िन से शादी नहीं की थी। वह ज़्यादातर शहर के मशहूर होटल 'फालेटी' में ठहरती थी। कहा जाता था कि यहाँ वह अपने प्रेमियों को बुलाती थी, दो-दो घण्टे का समय देकर और कई दफ़ा दिन में छह-सात से मिलती थी, फिर सोने चली जाती थी। अगर यह बात सच हो—'स्त्रियों की तुलना में पुरुषों की खबरें कम विश्वसनीय होती हैं, अमृता के जीवन में प्रेम का कोई स्थान नहीं था। उसकी रुचि सेक्स में ही थी। वह 'निम्फोमैनिया'—सेक्स में ज़रूरत से ज़्यादा रुचि—की ज़बरदस्त मिसाल थी, और उसके भतीजे विवियन सुन्दरम् के अनुसार जिसने उसके जीवन के बारे में काफी-कुछ लिखा है, वह लेस्बियन यानी समलिंग प्रेमी भी थी। बदरुद्दीन तैयबजी ने भी अपने संस्मरणों में इस बारे में उसकी व्यवहार-शैली को भी स्पष्ट किया है। जब वे शिमला में थे, सर्दी के मौसम में एक दिन उन्होंने अमृता को डिनर का निमन्त्रण दिया। कमरे में ठण्ड से बचने के लिए आग जल रही थी और ग्रामोफोन पर क्लैसिकल यूरोपीय संगीत बज रहा था। पहली शाम में वे साहित्य और संगीत की बातें करते रहे। फिर दोबारा बुलाया, तब भी कमरे में आग जल रही थी और संगीत बज रहा था। इस बार यह हुआ कि आते ही अमृता ने अपने कपड़े उतारे और एकदम नंगी होकर दरी पर लेट गई। वह वक्त बर्बाद करनेवालों में नहीं थी। बदरुद्दीन जैसे सही आदमी को भी सन्देश मिल गया।

कई साल बाद प्रसिद्ध लेखक माल्कम मगरिज ने मुझे बताया कि एक दफ़ा वे अमृता के पिता के शिमला स्थित मकान में हफ्ते-भर के लिए ठहरे थे। इस समय वे बीस के आरम्भिक वर्षों में चल रहे थे और बहुत स्वस्थ थे। हफ्ते-भर में अमृता ने उनकी जान निकाल दी। उन्होंने मुझे बताया, 'मैं उसे सन्तुष्ट नहीं कर सका। मैंने वापस कलकत्ता लौट आना ही सही समझा।'

इस तरह अमृता की जो शोहरत थी, उसके कारण लोग उसकी तरफ यूँ आकर्षित होते थे, जैसे लोहे के कण चुम्बक की तरफ होते हैं। लेकिन मैं बच

गया। वह कमरे में दाखिल हुई तो मैंने उठकर उसका स्वागत किया। कहा, 'मेरा खयाल है, आप अमृता शेरगिल हैं?' उसने सिर हिलाकर 'हाँ' कहा। उसने बियर की बोतल निकालने के बारे में कुछ न कहकर अपनी ज़रूरतों के बारे में बातें करना शुरू कर दिया। उसने रोमांस की बात नहीं की, और बढ़ई, धोबी, रसोइया और नौकर-चाकरों के बारे में मुझसे पूछना-ताछना शुरू कर दिया, कि कहाँ से कौन-कौन उसे प्राप्त हो सकता है। मैंने उसे ध्यान से देखा—छोटे कद की, गेहुँआ रंग, काले बाल जो सिर के बीच कसकर बंधे थे, मोटे, काम-भावना व्यक्त करते ओठ जिनपर गहरी लाल लिपस्टिक लगी थी, दबी हुई नाक और गालों पर साफ दिखाई देते मुँहासे। वह सामान्य आकर्षक स्त्री थी, सुन्दरी तो बिलकुल ही नहीं।

उसने अपने भी कई चित्र बनाए, जो उसकी ज़बरदस्त आत्मप्रियता के उदाहरण हैं। नग्न चित्रों में उसने जैसा बदन दिखाया है, शायद उसका भी वैसा ही हो, लेकिन मुझे यह कभी जानने का अवसर नहीं मिला कि साड़ी के पीछे क्या और कैसा है। उसकी जो बात मैं भूल नहीं सकता, वह था उसका बददिमाग। अपनी बातें पूरी करके, उसने कमरे में चारों तरफ नज़र डाली। मैंने वहाँ लगी कुछ पेंटिंग्स की तरफ इशारा करके उसे बताया कि ये मेरी पत्नी ने बनाई हैं, वह अभी नौसिखिया है। उसने चित्रों को देखकर मुँह बनाया और बोली, 'यह तो ज़ाहिर है!' मैं उसकी यह प्रतिक्रिया देखकर दंग रह गया, पर समझ नहीं पाया कि इसका क्या जवाब दूँ? लेकिन इसके बाद कुछ और भी होना था।

कुछ हफ्ते बाद मैं अपने परिवार के साथ मशोबरा में था। अमृता चमनलाल के परिवार में ठहरी थी, जो हमारे घर के ऊपर ही उन्होंने किराए पर लिया था। मैंने सबको लंच के लिए निमंत्रित किया। दोपहर के वक्त चमनलाल, उनकी पत्नी हेलेन और अमृता—तीनों आए। घर के बाहर हरे मैदान में एक बड़े से पेड़ के नीचे मेज़ रखी गई थी—सामने घाटी फैली हुई थी। मेरा सात महीने का बच्चा लकड़ी की गाड़ी को पकड़े उस पर खड़ा होने की कोशिश कर रहा था।

बच्चा देखने में सुन्दर था—लम्बे, घुँघराले बाल और बड़ी-बड़ी आँखें। सबने एक-एक करके उसे प्यार किया और उसे पैदा करने के लिए मेरी पत्नी को बधाई दी। लेकिन अमृता बियर का मग हाथ में लिए उसे ही पीती रही। जब सब बच्चे की तारीफ़ कर चुके, तब अमृता ने उस पर लम्बी नज़र डाली और बोली, 'कैसा बदसूरत बच्चा है!' यह सुनकर सब जैसे बर्फ की तरह जम गए। कुछ ने उसकी इस टिप्पणी का विरोध भी किया, लेकिन वह बियर पीती रही। जब मेहमान विदा हो गए, मेरी पत्नी ने दृढ़ता से कहा, 'मैं इस सूअर की बच्ची को फिर कभी नहीं बुलाऊँगी।'

अमृता के दुर्व्यवहार के चर्चे शिमला के उच्चवर्गीय समाज में होने लगे थे। अब मेरी पत्नी की टिप्पणी भी इसका अंग बन गई। अमृता को यह बात भी पता चली तो वह बोली, 'मैं उस हरामज़ादी को ऐसा सबक सिखाऊँगी, जिसे वह ज़िन्दगी भर याद रखेगी। मैं उसके शौहर को लूटूँगी।'

मैं इस अवसर का इन्तज़ार करने लगा। लेकिन यह कभी नहीं हुआ। मौसम बदला तो हम लाहौर वापस आ गए। अमृता और उसका पति भी लौट आए। एक रात उसका कज़िन गुरचरण सिंह (चन्नी), जिसका गुजराँवाला में फलों का एक बड़ा-सा बाग था, मेरे यहाँ आया और कहने लगा कि अमृता बहुत बीमार है, इसलिए मैं वहाँ नहीं सो सकूँगा, क्या मैं आपके यहाँ रात गुज़ार सकता हूँ। उन्होंने बताया कि अमृता 'कोमा' में है और उसके माँ-बाप समर हिल से उसे देखने आ रहे हैं। वह ब्रिज की खिलाड़ी थी और खेल के बारे में ही बड़बड़ा रही थी। दूसरे दिन सवेरे पता चला कि उसकी मौत हो गई है।

मैं घबराकर उसके यहाँ पहुँचा। उसके पिता सरदार उमराव सिंह शेरगिल दरवाज़े पर सकते में खड़े कुछ प्रार्थना कर रहे थे। उसकी हंगेरियन माँ कमरे से बाहर और भीतर आ-जा रही थी, जैसे समझ ही न पा रही हो कि यह क्या हुआ है। शाम को उसकी अरथी के साथ दस-बारह लोग गए। जब हम घर वापस लौटे, पुलिस उसके पति का इन्तज़ार कर रही थी। ब्रिटेन ने हंगरी के खिलाफ युद्ध छेड़ दिया था, क्योंकि वह नाज़ी जर्मनी का साथ दे रहा था। इसलिए अमृता के पति को भी शत्रु मानकर उसे जेल में रखना ज़रूरी हो गया था।

यह उसके लिए अच्छा साबित हुआ। कुछ दिन बाद उसकी सास, अमृता की माँ ने उस पर आरोप लगाया कि उसी ने अमृता को मारा है। उसने अपने हर परिचित को पत्र लिखे कि इस घटना की पूरी तरह जाँच कराएँ, कि अमृता की इस तरह अचानक मृत्यु का कारण क्या है। मुझे भी उसका पत्र प्राप्त हुआ। मेरी दृष्टि में यह हत्या तो हरगिज़ नहीं थी, इसका कारण लापरवाही ही था। हमारे फैमिली डॉक्टर रघुवीर सिंह से ये तथ्य प्राप्त हुए—वे अमृता से मिलने वाले आखिरी आदमी थे। उन्होंने बताया कि आधी रात के समय उन्हें बुलाया गया था। अमृता को 'पेरीटोनाइटिस' थी, जो गर्भ गिराने की घरेलू कोशिश से होती है। उसके शरीर से रक्त बहुत ज़्यादा बह गया था। उसके पति ने डॉक्टर से कहा कि इसके शरीर में खून डाला जाए। डॉक्टर ने कहा कि मरीज़ की पूरी तरह जाँच किए बिना वह यह नहीं कर सकता। दोनों डॉक्टर इस बहस में लगे थे, और इस बीच अमृता ने शरीर छोड़ दिया। लेकिन उसकी ख्याति बनी रही।

मदर टेरेसा

आज से करीब बीस साल पहले *न्यूयॉर्क टाइम्स* ने अपनी पत्रिका के लिए मुझसे मदर टेरेसा पर एक लेख लिखने को कहा था। मैंने मदर टेरेसा को पत्र लिखकर मिलने का समय माँगा। समय मिल गया और सवेरे से लेकर देर रात तक तीन पूरे दिन मैंने उनके साथ बिताए। मेरे अपने पूरे पत्रकारिता के काल में कलकत्ता में बिताए इन तीन दिनों से ज़्यादा महत्त्वपूर्ण और कोई समय नहीं रहा है। कसौली स्थित हमारे निवास के अपने छोटे-से अध्ययन-कक्ष में मैंने दो ही महापुरुषों के चित्र लगाए हैं—महात्मा गाँधी और मदर टेरेसा के।

उन्हें मिलने जाने से पहले मैंने मालकम मगरिज की उनके बारे में लिखी प्रसिद्ध रचना *समथिंग ब्यूटीफुल फॉर गॉड* पढ़ी। मालकम मगरिज उन दिनों कैथोलिक धर्म में विश्वास रखने लगे थे और चमत्कार इत्यादि की घटनाएँ उन्हें बहुत प्रभावित करती थीं। वे उन पर बी.बी.सी. टेलीविज़न के लिए फिल्म बनाने कलकत्ता गए थे। पहले वह कालीघाट मन्दिर के पास स्थित मर रहे गरीबों के लिए निर्मित 'निर्मल-हृदय भवन' पहुँचे। उनकी टीम ने पहले बाहर से भवन के खुले आँगन के कुछ चित्र लिए। कैमरा चलाने वालों का कहना था कि भीतर बहुत अँधेरा है और उनके पास रोशनियाँ नहीं हैं, इसलिए वे वहाँ के चित्र नहीं ले सकेंगे लेकिन कुछ रील बाकी रह गई थी, इसलिए उन्होंने उसका उपयोग करके भीतर के भी कुछ चित्र ले लिए। जब फिल्म साफ की गई, तो बाहर लिए चित्रों की तुलना में भीतर लिए चित्र ज़्यादा स्पष्ट नज़र आए। मिलने पर टेरेसा से मैंने पहला सवाल यही पूछा, 'क्या यह बात सच है?' उन्होंने छूटते ही कहा, 'अरे हाँ, सच क्यों नहीं है? ऐसी बातें तो होती ही रहती हैं।' इसके बाद उन्होंने अपनी आवाज़ तेज़ करके उसमें जोड़ा 'हर रोज़, हर घण्टे, हर मिनट भगवान किसी न किसी चमत्कार के ज़रिये अभिव्यक्त होता रहता है।'

उन्होंने अन्य कई चमत्कारों का ज़िक्र किया जो संस्था शुरू करने के दिनों में, जब उन्हें कोई नहीं जानता था और पैसे ही हर वक्त कमी बनी रहती थी, उनके यहाँ होते रहते थे। उन्होंने कहा, 'पैसे की ज़्यादा समस्या कभी नहीं हुई, भगवान अपने लोगों के द्वारा देता है।'

उन्होंने बताया कि जब उन्होंने झुग्गी बस्ती में अपना पहला स्कूल शुरू किया, तब उनके पास पाँच रुपये से ज़्यादा नहीं थे। लेकिन जैसे-जैसे लोगों को पता चलने लगा कि मैं क्या कर रही हूँ, पैसा और चीज़ें आने लगीं।

'यह सब भगवान की महिमा थी।' एक सर्दियों के मौसम में उनके पास रजाइयाँ नहीं थीं। उनकी साध्वियों को कपड़ा तो मिल गया लेकिन रूई के लिए पैसे नहीं थे। मदर ने सोचा कि तकिया फाड़कर रूई निकाली जाए, कि तभी घण्टी बजी। एक अफसर जो विदेश के लिए नियुक्ति पर जाने लगा तो वह अपनी रजाइयाँ और गद्दे मदर को देने आया था। एक दफ़ा जब अन्न की कमी हुई तो एक स्त्री, जिसे उन्होंने पहले कभी नहीं देखा था, आई और उन्हें चावल का एक थैला दे गई।

'हमने कटोरा लेकर चावल को नापा, तो वह उतना ही निकला, जितने की हमें उस दिन ज़रूरत थी। स्त्री को हमने यह बात बताई तो वह रोकर कहने लगी कि भगवान ने उसे अपना ज़रिया बनाया है।'

वे मुझे भी सबसे पहले 'निर्मल हृदय' ही ले गईं। कलकत्ता कॉर्पोरेशन ने उन्हें यह इमारत 1952 में सौंपी थी। पुरातनवादी हिन्दू इससे बहुत नाराज़ हुए। काली मन्दिर के चार सौ पुजारियों ने भवन के सामने प्रदर्शन किया। एक दिन मैं उनसे बात करने गई। मैंने कहा, 'तुम लोग मुझे मारना चाहते हो तो मार डालो। लेकिन ये तो मर ही रहे हैं, इन्हें तो शान्ति से मरने दो।' यह सुनकर वे चुप हो गए। फिर उनमें से एक पुजारी लड़खड़ाता हुआ आगे आया। वह सख्त थाइसिस का शिकार था। ननों ने उसे अपना लिया और मरते समय तक उसका इलाज किया। इस घटना से मदर टेरेसा के प्रति सबके विचार बदल गए। कुछ दिन बाद एक और पुजारी वहाँ आया और उनके सामने ज़मीन पर लेट गया। पैर छूकर बोला, 'तीस साल से मैं काली माँ की पूजा कर रहा हूँ। अब माँ साक्षात् मेरे सामने है।'

मदर टेरेसा के साथ मैंने 'निर्मल हृदय' भीतर से देखा। उस समय वहाँ दो कतारों में 170 स्त्री-पुरुष पड़े थे, जिनमें से दो मेरे सामने ही मर गए। उनके बिस्तर खाली हुए तो बाहर बरामदे में पड़े दो लोग वहाँ लिटा दिए गए। मदर

टेरेसा खुद हर मरीज़ के पास गईं और सबसे पूछा कि कैसे हो। यहाँ हर उस दूसरी दुनिया में जा रहे आदमी के लिए उनका यही सन्देश था, 'भगोबान आछेन—भगवान हैं।'

उनका व्यक्तित्व प्रभावशाली नहीं था—मुश्किल से पाँच फीट कद, दुबली-पतली, गालों की ऊँची-ऊँची हड्डियाँ और पतले-से ओठ। पूरे चेहरे पर झुर्रियाँ। बिलकुल घरेलू किस्म का चेहरा-मोहरा और आकर्षण का अभाव। मगरिज ने उनका ठीक ही वर्णन किया था—सबसे अलग व्यक्तित्व, मशहूर लोगों के चमकते चेहरों वाला बिल्कुल नहीं, बल्कि इसके एकदम विपरीत—ऐसा व्यक्तित्व जो आम आदमी का एक जैसा चेहरा है। खुद अपने लिए नन की जो वेशभूषा उन्होंने अपनाई है, वह उन्हें और भी ज़्यादा आम औरत बना देती है।

उनके बात करने के लहज़े में हिन्दुस्तानीपन था। और उस समय के कॉन्वेन्ट में पढ़े लोगों की तरह वे भी हर वाक्य के बाद में लगाती थीं, 'नो?'—यानी क्या यह सही नहीं है? उन्होंने मुझे बताया कि बारह साल की उम्र में उन्होंने नन बनने का फैसला कैसे किया और किस तरह स्कोप्ये (यूगोस्लाविया) का अपना घर छोड़ दिया। फिर कैसे डबलिन के कॉन्वेन्ट में अंग्रेज़ी सीखी और 1929 में कलकत्ता के सेंट मेरी हाई स्कूल में भूगोल की अध्यापिका बनकर आ गईं। कई साल तक वे स्कूल की प्रिन्सिपल रहीं। फिर अचानक उनके ऊपर एक अजीब किस्म की भावना सवार हुई, जिसे वे 'ईसामसीह की तरफ से आई पुकार' कहती हैं। 10 सितम्बर, 1946 को वह अपना 'निर्णय का दिवस' और 'प्रेरणा का दिवस'— दोनों मानती हैं। यह बात उन्होंने इस ढंग से कही : 'मैं रिट्रीट के लिए दार्जिलिंग जा रही थी। ट्रेन में मुझे यह आवाज़ सुनाई दी कि सब कुछ छोड़कर झुग्गी बस्तियों में चली जाओ और वहाँ सबसे ज़्यादा गरीबों के लिए काम करके भगवान की सेवा करो।' उन्होंने इस मिशन के लिए अपने को तैयार किया, और पटना में रहकर नर्सिंग का कोर्स किया। 1948 में उन्होंने कलकत्ता की झुग्गी बस्तियों के लिए किसी व्यक्ति द्वारा दान दिए गए एक घर में अपना पहला स्कूल खोला। उस समय उनकी एक ही सहायिका थी—सुहासिनी दास। 'सिस्टर एग्नेसा मिशनरीज़ ऑफ चेरिटी' के नाम से एक नई संस्था आरम्भ की गई। कुछ वर्ष बाद 'ब्रदर्स ऑफ चैरिटी' के नाम से इसकी पुरुष शाखा स्थापित की गई। इनके सदस्यों को चार व्रत लेने होते थे—गरीबी, पवित्रता, आज्ञापालन और गरीबों की दिल लगाकर सेवा।

मदर टेरेसा ने काम करने के लिए बांग्ला सीखी, और इसमें उन्होंने बहुत

जल्दी कुशलता प्राप्त कर ली। जब भारत आज़ाद हुआ तो उन्होंने देश की राष्ट्रीयता स्वीकार कर ली। उन्हें अपने सरल विश्वासों से शक्ति प्राप्त होती है। मगरिज ने लिखा है, 'उन्हें निश्चय का वरदान प्राप्त है।' मैंने उनसे प्रश्न किया, 'आपके जीवन में सबसे महत्त्वपूर्ण प्रभाव किस व्यक्ति का रहा है—गाँधी, नेहरू, एलबर्ट श्वाइत्ज़र का?' तो उन्होंने तुरन्त उत्तर दिया, 'जीसस क्राइस्ट का।' जब मैंने इसी सवाल को आगे बढ़ाते हुए किताबों के बारे में पूछा कि किस किताब से आपको सबसे ज़्यादा प्रेरणा मिलती है, तो उन्होंने उसी तरह तुरन्त कहा, 'बाइबिल से।'

फिर उनके साथ मैं 'भिक्षा' के कार्यक्रम में गया। एक भीड़-भरी ट्राम में हम चढ़े। उन्हें देखकर एक आदमी एकदम उठ खड़ा हुआ और अपनी सीट पर बैठने को कहा, दूसरे ने अपनी धोती की गाँठ खोलकर पैसे निकाले और टिकट खरीदने लगा। कण्डक्टर ने पैसे नहीं लिए और खुद अपने पैसों से उनका टिकट काट कर उन्हें पकड़ा दिया। हम एक बड़ी बिस्कुट फैक्टरी में पहुँचे। उसका मैनेजर मुखर्जी बहाने बनाने लगा। कहने लगा, धन्धा ठीक नहीं चल रहा है, यूनियन की समस्याएँ हैं, वगैरह। मदर टेरेसा ने उसे धीरज बँधाया और कहा, 'हमें तुम्हारे वे टूटे-फूटे बिस्कुट ही चाहिएँ, जिन्हें तुम रद्द कर देते हो। हम भगवान के सेवक हैं, हमारे यहाँ यूनियन वगैरह नहीं है।' मैनेजर यह सुनकर खुश हो गया और अपने कर्मचारियों को फोन करने लगा। हम वहाँ से टूटे बिस्कुटों के चालीस बड़े-बड़े टिन लेकर बिदा हुए।

शीघ्र ही उन्हें सम्मान प्राप्त होने लगे। 1962 में उन्हें 'पद्मश्री' प्रदान किया गया। इस अवसर पर पण्डित नेहरू और विजयलक्ष्मी पण्डित—दोनों उपस्थित थे और भावनाओं के कारण उनकी आँखों में आँसू निकल आए। इसके कुछ महीने बाद उन्हें मैग्सेसे पुरस्कार प्राप्त हुआ। पोप पॉल छठे ने उन्हें एक कार भेंट की—जिसे नीलामी में बेचकर उन्होंने साढ़े चार लाख रुपये प्राप्त किए। सन् 1971 में उन्हें साढ़े इक्कीस हज़ार डॉलर का पोप जॉन तेईसवें का प्रसिद्ध पुरस्कार दिया गया। इसके बाद गुड सेमेरिटन्स, जोज़ेफ कैनेडी और टेम्पिल फाउण्डेशन के पुरस्कार प्राप्त हुए। यह अन्तिम सम्मान प्रदान करते हुए प्रिन्स फिलिप ने कहा 'मदर टेरेसा के जीवन और कार्य से जो शुद्ध श्रेष्ठता की चमक प्रसारित होती है—जिससे नम्रता, आश्चर्य और प्रशंसा जाग्रत होते हैं', का उल्लेख करके उन्हें सम्मानित किया।

इसके बाद उन्हें नोबेल पुरस्कार दिए जाने के समय तक एक ही महीना ऐसा नहीं गुज़रा, जब उन्हें कोई न कोई पुरस्कार या धन न प्राप्त हुआ हो।

इन सबसे मिलने वाला एक-एक पैसा उनके द्वारा भारत और विदेशों में खोले जाने वाले अस्पतालों, अनाथालयों और कोढ़-चिकित्सा गृहों में खर्च किया जाता रहा।

एक शाम जब हम सियालदाह से घर लौट रहे थे, सामने से आ रही एक अरथी के साथ जुटी भारी भीड़ के कारण हमें कार से उतर कर पैदल चलना पड़ा। यह अरथी मुज़फ़्फ़र अहमद की थी, जो भारत में साम्यवाद के संस्थापकों में एक थे। हम अपने रास्ते चले तो जुलूस में लाल झंडे लेकर चल रहे बहुत-से लोग उससे बाहर निकल कर मदर टेरेसा के पैर छूते, उनसे आशीर्वाद लेते और फिर वापस उसमें शामिल हो जाते थे।

मेरे लौटते समय मदर टेरेसा ने मुझे डमडम हवाई अड्डे पर छोड़ा। जब मैं उनसे अलग हो रहा था, उन्होंने कहा 'सो?'—यानी कुछ और पूछना है? मैंने भी पूछ ही लिया, 'मुझे बताइए कि कोढ़ और गैंगरीन जैसे घिनौने शरीर वाले मरीज़ों को आप छू कैसे लेती हैं? चारों तरफ उल्टी और टट्टियाँ कर रहे लोगों से आपको घिन नहीं होती?'

उन्होंने उत्तर दिया, 'मैं हर मनुष्य में ईसा को देखती हूँ। अपने से कहती हूँ, 'ये भूखे ईसा हैं। इन्हें खाना खिलाना है। ये बीमार ईसा हैं। इन्हें गैंगरीन, डिसेन्टरी या हैज़ा हुआ है। मुझे इन्हें साफ करके इनका उपचार करना है। मैं उनकी सेवा इसलिए करती हूँ क्योंकि मैं ईसा को प्यार करती हूँ।'

अन्तिम बार मैं मदर टेरेसा से दो वर्ष पूर्व तब मिला जब वे मेरे मित्र एच.एन. सिकन्द द्वारा उन्हें दो मारुति वैन भेंट किए जाने पर उन्हें लेने दिल्ली आई थीं। उनके घर के सामने भारी भीड़ जमा थी। मदर टेरेसा मुझे पहचाने बिना मेरे सामने से निकल गईं। पहचान भी कैसे सकती थीं क्योंकि उन्हें तो लाखों लोगों से मिलना पड़ता है। उन्होंने अपनी हमेशा की सपाट आवाज़ में बहुत कम शब्दों में धन्यवाद दिया। मेरी आँखों में आँसू भर आए थे और मैं उनके ही बीच से देख रहा था कि हर व्यक्ति की आँखों में आँसू हैं।

फूलन देवी

यह लेख लिखे जाने के दो वर्ष बाद तक फूलन देवी गिरफ्तारी से बचती रहीं। फरवरी 1983 में उन्होंने आत्मसमर्पण कर दिया। 25 जुलाई, 2001 को किसी ने उसे मार दिया।

14 फरवरी, 1981 की शाम थी। शनिवार का दिन। सर्दी खत्म होकर मौसम सुहाना होने लगा था। पकते हुए गेहूँ और दाल के पौधों की कतारों के बीच सरसों के पीले-पीले फूल लहरा रहे थे। पक्षी आसमान में उड़ रहे थे। आसमान में अल्लाह और धरती पर बेहमई गाँव के वातावरण में शान्ति छाई हुई थी।

बेहमई जमुना नदी के किनारे पचास परिवारों का एक छोटा-सा गाँव है, जहाँ ज़्यादातर ठाकुर रहते हैं, कुछ थोड़े-से गड़रिये और लोहार हैं। हालाँकि यह गाँव काफी बड़े उद्योगों के नगर कानपुर से सिर्फ 80 मील दूर है, यहाँ से कोई भी सड़क किसी भी शहर को नहीं जाती। बेहमई पहुँचने के लिए पहले ऊँचे-नीचे पगडण्डीनुमा रास्तों से जाना पड़ता है, फिर साँप-बिच्छुओं से भरे नदी-नालों और ऊँची-ऊँची घास के बीहड़ों से होकर गुज़रना पड़ता है। इसलिए यह ताज्जुब की बात नहीं है कि फरवरी से पहले बहुत कम लोगों ने इस गाँव का नाम सुना था, पर 14 तारीख के इस शनिवार की घटना के बाद यह नाम सबके ओठों पर आकर सवार हो गया।

खेतों में करने लायक कुछ नहीं था और लोग जंगली सुअरों और हिरनों को भगाने में लगे थे; कई लड़के गुलेलें हाथ में लिए और शोर मचाते हुए यह काम कर रहे थे। उनके बैल कीचड़-मिट्टी में सने इधर-उधर डोल रहे थे। पुरुष अपनी चारपाइयों पर बैठे आपस में गपशप कर रहे थे और उनकी औरतें एक-दूसरे के बालों से जुएँ निकाल रही थीं।

उसी समय पुलिस की वर्दियाँ पहने कुछ लोगों ने नदी पार की, लेकिन किसी ने उन पर ध्यान नहीं दिया। इसका नेतृत्व एक लड़की कर रही थी, जिसके बाल छोटे-छोटे कटे थे, जो डिप्टी सुपरिटेण्डेण्ट ऑफ पुलिस का खाकी कोट पहने थी, जिसके कॉलर पर तीन सितारे टंके थे, नीली जीन्स और बड़े बाले बूट। उसकी पेटी पर गोलियाँ लटकी थीं और उन्हीं के साथ गुरखों की खुखरी। कंधे से स्टेनगन झूल रही थी और हाथ में आदेश देने के लिए मेगाफोन था। ये सब लोग गाँव के मन्दिर के चबूतरे पर जा बैठे, जिसके ऊपर विनाश के देवता शिवजी का त्रिशूल लगा था।

दल का सबसे ज़्यादा उम्र का आदमी, जिसका नाम बाबा मुस्तकीम था, खड़ा होकर अपने साथियों को बताने लगा कि उन्हें किस तरह काम करना है। दर्जन भर आदमियों को गाँव घेर लेना था, जिससे कोई बाहर न भाग सके। बाकी लोग उस औरत के नेतृत्व में घरों में घुस-घुसकर जो भी उन्हें अच्छा लगे, उसे लूट लेंगे। लेकिन किसी औरत के साथ बलात्कार नहीं किया जाएगा, और न उन दो आदमियों के अलावा, जिसे वे यहाँ ढूँढ़ने आए हैं, और किसी आदमी की हत्या की जाएगी। सब शान्ति से सुनते रहे और बात खत्म होने पर 'ठीक है' में सिर हिलाया। इसके बाद सबने त्रिशूल को हाथ लगाया और उठ खड़े हुए।

अफसर की पोशाक पहने लड़की गाँव के कुएँ पर पहुँची और मेगाफोन चालू करके उसमें ज़ोर-ज़ोर से बोलने लगी, 'सुनो भोसड़ीवालो, अगर तुम अपनी ज़िन्दगी बचाना चाहते हो, तो अपना सब सोना-चाँदी और पैसा हमें सौंप दो ...और सुनो, मादरचोद लाल राम सिंह और सिरीराम सिंह—दोनों इसी गाँव में छिपे हैं। अगर इन्हें मेरे हवाले नहीं करोगे, तो मैं यह बन्दूक तुम्हारे चूतड़ों में घुसेड़ दूँगी और उन्हें फाड़ डालूँगी। सुन रहे हो, मैं क्या कह रही हूँ? मेरा नाम फूलन देवी है। अगर तुम मेरा कहा नहीं करोगे तो जान लेना, फूलन देवी तुम्हारे साथ क्या करेगी! जय दुर्गा माई!' यह कहकर उसने बन्दूक हवा में ऊपर उठाई और धाँय से एक गोली दाग दी—यह बताने के लिए कि वह क्या करने आई है।

फूलन देवी कुएँ के चतूबरे पर खड़ी रही और उसके आदमी ठाकुरों के घरों में लूटमार करते रहे। औरतें नाक, कान और गले में जो ज़ेवर पहने थीं, वे सब उतार लिए गए। पुरुषों ने खुद आगे बढ़कर उनके पास जो भी माल-मत्ता था, वह सब उन्हें सौंप दिया। घण्टे भर तक यह सब चलता रहा। लेकिन लाल राम सिंह और सिरीराम सिंह का कोई निशान नहीं मिला। गाँव वालों ने इनकार

किया कि उन्होंने इन्हें देखा ही नहीं है। फूलन देवी चीखकर बोली, 'तुम सब झूठ बोल रहे हो। मैं तुम्हें सच बोलना सिखाऊँगी।' उसने हुक्म दिया कि गाँव के सब जवान लड़कों को उसके सामने लाया जाए। इसके बाद वह फिर चीखी, 'मादरचोदो, अगर तुम इन सुअर की औलादों के बारे में नहीं बताओगे, तो मैं तुम सबको भूनकर रख दूँगी।' लेकिन लोग उससे यही कहते रहे कि उन्होंने इन्हें देखा तक नहीं है।

फूलन ने अपने आदमियों को हुक्म दिया, 'इन सबको ले चलो। मैं इन्हें ज़िन्दगी भर का सबक सिखाऊँगी।' दल के आदमी गाँव के तीस लोगों को पकड़कर नदी के किनारे-किनारे ले चले। कुछ दूर पहुँच कर उसने सबको रुकने का हुक्म दिया और कहा कि इन्हें लाइनों में खड़ा किया जाए। फिर उनके सामने बन्दूक तान कर बोली, 'आखिरी दफ़ा पूछ रही हूँ, ये दोनों सुअर कहाँ हैं! नहीं बताओगे तो एक-एक को मार दूँगी...' गाँव वालों ने फिर भी यही कहा, 'अगर हम जानते होते, तो ज़रूर बता देते!'

'पीछे मुड़ो', फूलन देवी ने चीख कर आदेश दिया। लोग धीरे-धीरे पीछे की तरफ मुड़ने लगे। 'भोसड़ीवालो, अब तुम पुलिस को बताने भी नहीं जाओगे।' उसने अपने साथियों को हुक्म दिया, 'इन सबको भून कर रख दो। जय दुर्गा माई!'

गोलियाँ चलना शुरू हो गईं। एक-एक करके तीस आदमी ज़मीन पर आ गिरे। इनमें से बीस मर गए, बाकी के हाथ-पैरों से खून बहकर इधर-उधर बहने लगा।

इसके बाद फूलन देवी और उसके गिरोह के लोग 'जय दुर्गा माँ!' 'जय बाबा मुस्तकीम!' 'जय बिक्रम सिंह!' और 'जय फूलन देवी!' के नारे लगाते हुए वापस चले गए।

दूसरे दिन देश-भर के सब अखबारों में बेहमई का यह कत्लेआम सबसे बड़ी खबर बन कर फैल गया।

भारत में डकैती का इतिहास बहुत पुराना है। कई क्षेत्रों में तो यह आज भी जारी है, और एक गिरोह खत्म किया जाता है, तो उसकी जगह दूसरा आकर खड़ा हो जाता है। इनमें सबसे ज़्यादा बदनाम इलाका बेहमई से करीब दो सौ मील दूर मध्य प्रदेश की चंबल नदी के इर्द-गिर्द दूर-दूर तक फैला है। उत्तर प्रदेश के बुन्देलखण्ड प्रदेश में, जहाँ बेहमई गाँव स्थित है, यह काम काफी कुछ बाद में

शुरू हुआ, जिसका कारण यह बताया जाता है कि चम्बल घाटी के इलाकों में जब डाकुओं का सफाया किया जाने लगा, तब वहाँ के लोग भागकर यहाँ आ गए, और यहाँ की ज़मीन भी मोटे तौर पर वहाँ जैसी ही ऊबड़-खाबड़ होने के कारण उन्हें यहाँ अपना काम चलाने में सुविधा भी हुई। यहाँ जमुना नदी बहती है, जो हिमालय पहाड़ों से निकल कर दिल्ली और आगरा तक तो आराम से बहती है, लेकिन इसके आगे बुन्देलखण्ड में ज़मीन का नक्शा बदल जाने के कारण वह साँप की तरह घूमती-बल खाती आगे बढ़ती है—यहाँ ऊँची-नीची पहाड़ियाँ, खाई-खण्डहर और घने जंगल हैं, जहाँ इस तरह के कामों को अंजाम देने में सहायता मिलती है। यहाँ जमुना नदी में मानसून के जल से बननेवाली बहुत-सी छोटी-छोटी नदियाँ भी आ मिलती हैं। यह सारा इलाका जंगली सुन्दरता से भरा-पूरा है, दिन में नीलगाय, भेड़िये, हिरन और दूसरे जानवर घूमते-फिरते हैं, और रात को तरह-तरह के जुगनू चमकते-रोशनी बिखेरते इधर-उधर उड़ते दिखाई देते हैं। साँपों की तो भरमार होती है। खेती बहुत कम है क्योंकि वर्षा के अलावा जल का कोई साधन नहीं है। गेहूँ और दालों के अलावा कुछ पैदा नहीं किया जाता। इसलिए यहाँ के किसान देश में सबसे गरीब हैं। यहाँ मुख्यतः दो ही जातियों के लोग बसते हैं, नदियों के किनारे रहने वाले मल्लाह और ठाकुर। हिन्दू जाति-व्यवस्था में मल्लाह बहुत नीचे आते हैं जो नावें चला कर, मछलियाँ पकड़ कर और शराबें बना कर अपनी गुज़र-बसर करते हैं। इनके पास ज़मीन भी बहुत कम है। कुछ समय पहले तक डाकुओं में मिले-जुले लोग होते थे—ठाकुर, मल्लाह, यादव, गूजर और मुसलमान। लेकिन अब अलग-अलग जातियों के गिरोह अलग हो गए हैं। ठाकुर और मल्लाहों में ज़बरदस्त दुश्मनी है। बेहमई ठाकुरों का गाँव है, और फूलनदेवी मल्लाहिन है।

यहाँ डाकू होना बुरा नहीं समझा जाता, ऐसे लोगों को 'बागी' कहा जाता है। हिन्दी फिल्मों में इनको बढ़ा-चढ़ाकर दिखाया जाता है, और पिछले दिनों की बहुत मशहूर फिल्म *शोले* में जो बॉक्स ऑफिस पर ज़बरदस्त हिट साबित हुई—हीरो एक डाकू ही है। इससे भी डकैती के रोमांस को बढ़ावा मिला है। यह कहा जाता है कि एक और फिल्मी गाना *मार दिया जाए या छोड़ दिया जाए* फूलन देवी का प्रिय गाना है।

ये डाकुओं के गिरोह सब तरह के हथियारों से लैस होते हैं, जिनमें ज़्यादातर इन्हें हमलों में ही प्राप्त हो जाते हैं। पुलिस द्वारा प्रकाशित एक रिपोर्ट के अनुसार जालौन ज़िले में, जहाँ बेहमई गाँव है, करीब पन्द्रह डाकुओं के गिरोह काम कर

रहे हैं जिनमें से हर एक में दस से तीस लोग तक शामिल हैं। फूलन देवी के साथ उसके प्रेमी मानसिंह यादव के अतिरिक्त पन्द्रह और लोग हैं। रिपोर्ट में बताया गया है कि छह महीनों में डाकुओं के साथ उनकी 93 मुठभेड़ें हुईं जिनमें 159 डाकू मारे गए, 137 पकड़े गए, और 47 ने खुद समर्पण कर दिया। इसके अलावा बीहड़ों और जंगलों में 439 अब तक घूम रहे हैं।

डेढ़ साल पहले कुएँ के जिस चबूतरे पर फूलन देवी ने इस हत्याकाण्ड को अंजाम दिया था, वहीं आज मैं बैठा हूँ। मेरे सामने आदमी, औरत, बच्चे और वे पुलिसवाले जो मेरी सुरक्षा के लिए तैनात किए गए हैं, खड़े-बैठे हैं। एक बुढ़िया रोकर कहती है, 'उस मल्लाहन ने मेरे पति और दो बेटों को मार डाला। ईश्वर उसे कुत्ते की मौत दे।' एक आदमी खड़े होकर पेट पर लगे अपने घाव दिखाता है, दूसरा पीछे पीठ और टाँगों को खोल कर दिखाता है।

मैंने पूछा, 'क्या आप में से कोई मुझे यह बताएगा कि फूलन देवी ने इसी गाँव में आकर यह वारदात क्यों की?'

सब चुप रहे।

'क्या यह सच है कि लालराम सिंह और श्रीरामसिंह बेहमई में थे?'

कई आवाज़ें एक साथ उठीं, 'नहीं, हमने उन्हें कभी नहीं देखा।'

'क्या यह सच है कि इस घटना से कुछ महीने पहले ये लोग फूलनदेवी को लेकर यहाँ आए थे और कई हफ्ते तक उसके साथ बलात्कार करके यहाँ से भाग गए थे?'

'राम! राम!' एक आदमी बोला, 'हमने गाँव में इस मल्लाहिन को इससे पहले कभी नहीं देखा।'

'तो फिर उसने इनके बारे में पूछताछ क्यों की? उसे गाँव के रास्ते कैसे पता थे?'

कोई नहीं बोला।

पुलिस इन्सपेक्टर ने अंग्रेज़ी में मुझसे कहा, 'आपको ये कुछ नहीं बताएँगे। ये लोग कैसे होते हैं, आप नहीं जानते...इनसे सच उगलवाना आसान नहीं होता।'

मैंने सवाल करना बन्द कर दिया और गाँव देखने चला। मन्दिर से शुरुआत की, जिस पर शिवजी का त्रिशूल लगा था, फिर कुएँ पर आया और अन्त में उस जगह गया जहाँ से फूलन देवी ने वारदात को अंजाम दिया था। और एकसाथ

बीस लोग मार दिए थे। फिर मैं उस टीले पर जा चढ़ा जिस पर पुलिस ने चौकी स्थापित की थी; वहाँ से बगल में बहती जमुना और गाँव का पूरा नज़ारा दिखाई देता था। वहाँ से गाँव की निगरानी कर रहे पुलिस वालों ने खुद आकर मुझे बताना शुरू किया, 'साब, हम आपको बता सकते हैं कि फूलन देवी ने ऐसा क्यों किया। जमुना के उस पार पहाड़ी पर आपको वह गाँव दिखाई देता है? पाल नाम है उसका, मल्लाहों का गाँव है। ये लोग नावों तक पहुँचने के लिए बेहमई होकर जाते हैं। ठाकुर लड़के उनकी लड़कियों को छेड़ते हैं और मरदों को मारते-पीटते हैं। कई दफ़ा लड़कियों को नंगा करके उन्हें नचाते-वचाते हैं। मल्लाहों ने फूलन देवी से कहा कि इन ठाकुरों को सबक सिखाना चाहिए। उसे भी इनसे शिकायत थी। उसके प्रेमी बिक्रम सिंह को ठाकुर लालराम सिंह और उसके भाई श्रीराम सिंह ने मार दिया था। उसे गाँव में कई हफ्ते कैदी बनाकर भी रखा था, उसके साथ बलात्कार और मारपीट की थी। लेकिन वह किसी तरह छूटकर निकल गई और अपने लोगों से जा मिली। उसे यह भी सन्देह था कि ये लोग पुलिस को खबरें भी देते रहते हैं। उसने बदला लेने के लिए यह काम किया।'

'फूलन देवी अभियान' के इंचार्ज पुलिस अधिकारी ने कहा, 'इस लड़की ने जितने लोग मारे हैं उससे दुगनों के साथ यह सोई है।' पुलिस का अनुमान है कि इसने पिछले डेढ़ साल में करीब तीस लोगों को मारा है। अगर यह बात सच है तो फूलन देवी का नाम *गिनीज़ बुक ऑफ रिकार्ड्स* में शामिल किया जाना चाहिए—बिना पैसा लिए कितने लोगों के साथ वह सोई है। हालाँकि इन लोगों की सही संख्या का पता लगाना सम्भव नहीं है, पर यह ज़रूर कहा जा सकता है कि हत्या और सोने की सब घटनाओं के लिए वह खुद ज़िम्मेदार नहीं हो सकती। कई दफ़ा वह डाकुओं के साथ होती होगी तो उसकी बन्दूक खुद ही चलने लगती होगी, और बहुत-से लोगों के गिरोह में अकेली औरत होने के कारण सब लोग उस पर अपना अधिकार समझते होंगे। उसे इस खेल के नियमों को स्वीकार करना पड़ा होगा और एक-एक करके हरेक भी सेवा करनी होती होगी। इसे अपनी इच्छा से किसी के साथ सोना नहीं कहा जाएगा, बल्कि बलात्कार को स्वीकार करना उसकी मजबूरी होगी।

मैं फूलन देवी की कहानी उसके माता-पिता, बहनों और प्रेमियों के साथ बातें करके इकट्ठी कर सका, और उसका उस वक्तव्य से भी मिलान किया जो

फूलन ने 6 जनवरी, 1979 को पुलिस के सामने दिया था, जब वह पहली बार और अकेली गिरफ़्तार हुई थी। यह उसके कज़िन के घर में हुई उस डकैती के कारण था जिसके साथ ज़मीन के मसले पर उसके पिता की अनबन थी। उसके पास से चोरी की कुछ चीज़ें बरामद की गई थीं। उसे पन्द्रह दिन पुलिस की निगरानी में बिताने पड़े थे। उसके वक्तव्य के साथ अफसर की टिप्पणी लगी हुई है। इसमें उसकी उम्र करीब बीस साल, रंग गेहुँआ, कद छोटा, चेहरा अण्डे की तरह और शरीर गठीला बताया गया है। फूलन देवी ने कहा है, 'मैं छह सन्तानों के परिवार की दूसरी लड़की हूँ, जिसमें पाँच लड़कियाँ हैं। सबसे छोटा लड़का है—शिव नारायण सिंह। हमारी जात मल्लाह है और गाँव का नाम है—गढ़-का-पुरवा। बारह साल की उम्र में 45 साल के एक विधुर से मेरी शादी कर दी गई—नाम था पुत्तीलाल।' इसके बाद वह अपनी दूसरी 'शादी' की बात करती है, कानपुर के कैलाश नामक आदमी से। उसकी ज़िन्दगी की बाकी कहानी उसकी माँ, मूली ने मुझे बताई। 'पहली शादी के वक्त फूलन देवी बहुत छोटी और बच्चा पैदा करने लायक नहीं थी, इसलिए कुछ दिन बाद वह घर लौट आई। एक या दो साल बाद वह फिर पति के पास चली गई। कुछ महीने उसके साथ रही, लेकिन वह खुश नहीं थी। इसलिए वह पति से पूछे बिना फिर वापस आ गई और लौट कर नहीं गई।' लगता है कि वह कुमारी नहीं रही थी, और उसे सेक्स का चस्का भी लग गया था, जिसे उसका बड़ी उम्र का पति सन्तुष्ट नहीं कर पाता होगा। इससे उसके माँ-बाप दुखी थे, क्योंकि परिवार की इज़्ज़त जाती रही थी। माँ ने उससे कहा, 'इससे अच्छा है कि तू मर जाती।...मैंने कहा कि किसी कुएँ में डूब कर मर या जुमना में डूब जा; शादीशुदा लड़की मेरे घर में नहीं रहेगी। पुत्तीलाल हमारे यहाँ आया और चाँदी के ज़ेवर वगैरह जो उसने उसे दिए थे, वापस ले गया, और किसी और औरत से शादी कर ली। हम भी क्या करते? हम उसके लिए दूसरा लड़का देखने लगे लेकिन ऐसी लड़की के लिए कोई मिलना आसान तो नहीं है। है न?' उसने मुझसे सवाल किया। फूलन घर के पशु वगैरह चराने बाहर ले जाती और परिवार से दूर रहने का प्रयत्न करती। इस बीच गाँव के मुखिया के लड़के से उसका सम्बन्ध हुआ। इस प्रदेश के गाँवों में गन्ने या दाल के खेतों में ऐसे सम्बन्ध पक्के भी कर दिए जाते हैं। मुखिया के लड़के ने अपने यार-दोस्तों को बुलाकर उनकी दावत कर दी, और फूलन ने भी इसे स्वीकार कर लिया। सारे गाँव में अफवाहें फैलने लगीं कि फूलन हर किसी के साथ सोने के लिए तैयार है। उसकी माँ ने स्वीकार किया, 'हमारी तो नाक ही कट गई, हमारी 'पुजीसन'

एकदम खराब हो गई। हमने उसे उसकी बहन के पास भेजने का फैसला कर लिया, जो नदी के पार तियोंगा गाँव में रहती है।'

फूलन को तियोंगा में एक दूसरा प्रेमी मिलने में देर नहीं लगी। यह उसका दूर का भाई लगता था, कैलाश, जो शादीशुदा था और चार बच्चों का बाप था। उसका एक डाकुओं के गिरोह से सम्बन्ध भी था। उसने भी विस्तार से बताया कि फूलन ने उसे कैसे आकृष्ट किया। 'एक दिन मैं जमुना के किनारे अपने कपड़े धो रहा था। यह लड़की अपनी बहिन के बैल वहाँ नहलाने के लिए लेकर आई। हमारी बातें होने लगीं। उसने कहा कि अगर मैं उसे अपना साबुन दे दूँ, तो वह भी नहा लेगी। मैंने उसे बचा-खुचा टुकड़ा पकड़ा दिया। वह मेरे सामने कपड़े उतार कर खड़ी हो गई। वह साबुन बदन में लगा कर पानी से नहाती जाती भी, और मुझसे बातें भी करती रही। उसका खुला शरीर देख कर मैं उत्तेजित हो रहा था। जब उसने कपड़े पहन लिए, मैंने खेत में उसका पीछा किया। उसे ज़मीन पर लिटा कर उस पर सवार हो गया। मैं बहुत उत्तेजित था, इसलिए बहुत जल्दी खत्म हो गया। मैंने उससे फिर मिलने की प्रार्थना की। वह मान गई कि कल फिर इसी समय यहाँ आकर मुझसे मिलेगी।

'हम प्यार करते रहे, लेकिन कभी सन्तोष नहीं होता था। उसने मुझे परेशान करना शुरू कर दिया, 'मुझे चाहते हो तो शादी करनी पड़ेगी। तब जो चाहोगे, करूँगी।' मैंने कहा कि मेरी बीवी और बच्चे हैं, और उसे रखैल की ही तरह अपने साथ रख सकता हूँ। लेकिन अब उसने कह दिया कि वह शादी के बिना मुझे छूने भी नहीं देगी। मैं उसे कानपुर ले आया। एक वकील ने पचास रुपये लेकर कागज़ पर कुछ लिखा और कहा कि अब हमारी शादी हो गई। वहाँ हमने दो दिन बिताए। दिन में सिनेमा देखने चले जाते, रात को एक-दूसरे की बाँहों में होते। जब हम तियोंगा लौटे तो हमारे माँ-बाप ने हमें घर आने देने से इन्कार कर दिया। हमने एक रात खेतों में बिताई। दूसरे दिन मैंने फूलन से कहा कि अपने माँ-बाप के घर लौट जाए, क्योंकि मैंने अपनी बीवी और बच्चों के साथ रहने का फैसला कर लिया है। उसने कसम खाई कि मुझे मार डालेगी। इसके बाद मैंने उसे नहीं देखा है। लेकिन मुझे डर है कि वह मुझे पकड़ लेगी।'

'तुम्हारी फूलनिया देखने में कैसी लगती है?' मैंने कैलाश से पूछा। 'मैंने सुना है कि रामकली की ही तरह है?'

'फूलन उससे ज़रा छोटी है, रंग भी साफ है, और अच्छी लगती है। देखने में रामकली से कहीं अच्छी है।'

'मैंने सुना है, ज़बान की खराब है?'

'मेरे साथ तो कभी सख्त नहीं बोली, हमेशा प्यार की ही बातें करती रही।'

फूलन से इसके बाद की कहानी भी पता चली।

कैलाश से अलग होने के बाद एक दिन वह गाँव के मेले में उसकी पत्नी शान्ति से टकरा गई। शान्ति उसे देखते ही उस पर टूट पड़ी, उसके बाल नोंच डाले, चेहरा लहूलुहान कर दिया और भीड़ के सामने उसे कस-कसकर गालियाँ दीं, 'रण्डी, कुतिया, घर बरबाद करने वाली!' और जो बात अब तक कुछ लोगों को ही पता थी, अब सबको पता चल गई। उसकी बदनामी होने लगी। फिर जैसे यह काफी नहीं था। गाँव के मुखिया के लड़के को भी, जो उसे अब तक अपनी ही समझता था, उसकी इस बदचलनी से बड़ा सदमा पहुँचा। उसने फूलन को अपने घर बुलाया और जूते से पीटा। इस तरह अठारह साल की उम्र तक पहुँचते-पहुँचते फूलन सबसे अलग पड़ गई; माता-पिता उसे नहीं चाहते थे, पहले पति ने उसे तलाक दे दिया था, दूसरी 'शादी' का कोई अंजाम नहीं निकला था, और हर कोई उससे शादी किए बिना उसके साथ सोने का दम भरने लगा था। उसे लगने लगा कि पूरी दुनिया में उसे कोई भी नहीं चाहता। अब उसके सामने दो ही रास्ते थे : किसी और शहर में जाकर रण्डी का पेशा करने लगे, या आत्महत्या कर ले। कई दफ़ा उसने कुएँ में कूद जाने की बात भी सोची।

लेकिन एक आदमी ऐसा था जिसे वह जानती भी नहीं थी, पर वह उसे चाहने लगा था। यह था कैलाश का एक दोस्त बिक्रम सिंह, जो जवान था और बाबू गूजर नाम के डाकू के गिरोह का सदस्य भी था। उसने फूलन के बारे में काफी कुछ सुना था, कि वह किस तरह खेतों में लोगों से मिलती है। एक दिन वह उसके गाँव गढ़-का-पुरवा अपने साथियों के साथ आया और फूलन के माँ-बाप का बोला कि वह उनकी लड़की को ले जाने आया है। फूलन ने उसका विरोध किया, और कहा, 'मैं तुम्हें चप्पल से पीटूँगी।' यह कहकर उसने ज़मीन पर थूक दिया। बिक्रम सिंह ने छड़ी से उसे मारा। फूलन गाँव छोड़कर भाग गई और अपनी दूसरी बहन रुक्मिणी के साथ उरई गाँव में रहने लगी। यहाँ उसे पता चला कि उसके और कैलाश के खिलाफ अपने कज़िन के यहाँ की डकैती के लिए पुलिस का वारण्ट है। जो आदमी उसे पकड़कर थाने ले गया, उसने पहले उस पर बलात्कार किया, फिर उन्हें सौंप दिया। उसने पन्द्रह दिन जेल में बिताए। जब घर लौटी तो बिक्रम फिर उसे लेने आ धमका। उसने कहा, 'मेरे साथ नहीं चलोगी तो तुम्हारे भाई शिवनारायण को उठा ले जाऊँगा।' भाई उसे बहुत प्रिय था; वह ग्यारह

साल का था और गाँव के शिविर में पढ़ रहा था। कुछ नोंक-झोंक के बाद वह बिक्रम सिंह के साथ जाने को तैयार हो गई।

कैलाश ने बताया कि बिक्रम सिंह गोरा, लम्बा और तेज़-तर्रार जवान है। वह फूलन के प्रति बहुत आकर्षित था। उसने उसके बाल कटवाकर छोटे कर दिए। उसने उसे एक ट्रांजिस्टर रेडियो और कैसेट रिकार्डर भी दिया क्योंकि फूलन को फिल्मी गाने सुनने का बड़ा शौक था। उसके लिए खाकी कमीज़ और जीन्स खरीद दीं। फिर उसे बन्दूक चलाना सिखाया। बहुत जल्दी वह अच्छा निशाना लगाना सीख गई।

ज़िन्दगी में पहली दफ़ा फूलन ने महसूस किया कि कोई उसे इतना चाहता है। वह भी बिक्रम के प्यार का जवाब देने लगी और दूसरों को बताने लगी कि वह उसकी प्रेमिका है। उसने एक रबड़ की मोहर भी बनवाई जिसे वह अपनी चिट्ठियों के ऊपर लगाती थी; इसमें लिखा था :

दस्यु सुन्दरी,

दस्यु-सम्राट बिक्रम सिंह की प्रेमिका

लेकिन बिक्रम की प्रेमिका बनकर फूलन को कोई विशेष लाभ नहीं हुआ। वह चाहे या न चाहे, उसे पूरे गिरोह की सेवा करनी पड़ती थी। उस समय गिरोह का नेता बाबू गूजर था, जो बहुत जंगली किस्म का आदमी था। उसका अपने गिरोह पर सिक्का जमाने का ढंग भी अलग था। उसे सबके सामने खुले मैदान में औरत की लेना अच्छा लगता था। फूलन को भी उसका यह व्यवहार सहना पड़ता था। उसने बिक्रम से कई दफ़ा शिकायत की कि उसे बाबू का यह व्यवहार नापसन्द है। बिक्रम ऊपर से चुप बना रहा, क्योंकि गिरोह के नेता का विरोध करने की उसमें हिम्मत नहीं थी, लेकिन एक रात उसने बाबू को सोता हुआ पाकर उसे गोली मार दी। इसके बाद वह खुद गिरोह का नेता बन गया, और फूलन के दबाव में उसने नियम बना दिया कि कोई और उसे हाथ न लगाए। इसका ज़्यादा विरोध नहीं हुआ। क्योंकि इसी समय गिरोह में कुसुम नायन नाम की एक और औरत आ गई, जो देखने में भी फूलन से ज़्यादा आकर्षक थी। कुसुम ठाकुर थी और लालाराम सिंह और उसके जुड़वाँ भाई श्रीराम के साथ भी जुड़ी हुई थी। अब दोनों औरतों के बीच जलन-हसद पनपने लगी।

पुरुषों के साथ अच्छे-बुरे सब तरह के अनुभव होने के बाद भी फूलन को अपनी उभरी हुई छातियों और गठी हुई जाँघों का गुमान था, और वह दूसरों को अपनी तरफ खींचने से बाज़ नहीं आती थी। वह गिरोह के लोगों के सामने

खुलकर नहाती-धोती थी। एक डाकू ने जो इस समय पुलिस की हिरासत में है, और जो फूलन और कुसुम नायन को, और इनके अलावा मीरा ठाकुर को भी, जो बाद में डाकू बनी और मारी गई, जानता था, इसकी गवाही दी है। दूसरी लड़कियाँ भी फूलन की ही तरह सख़्त थीं लेकिन वे कुछ नियमों का पालन करती थीं, खास तौर पर दूसरे मर्दों के सामने। वे किसी पेड़ के पीछे या झाड़ियों के बीच जाकर नहाती थीं, लेकिन फूलन सबके सामने कपड़े इस तरह उतारकर फेंक देती थी जैसे वहाँ और कोई न हो। दूसरी लड़कियों की बोलचाल भी अच्छी थी, लेकिन फूलन जो भाषा बोलती थी, वैसी मैंने अब तक किसी और औरत से नहीं सुनी। वह जब भी मुँह खोलती है—भोसड़ी के, गाँडू, मादरचोद, बहनचोद वगैरह लगाए बिना बात ही नहीं करती।

पुलिस इंसपेक्टर की फाइल में ऐसे कई पत्र हैं जो फूलन देवी की ओर से उसे लिखे गए हैं। इनमें शुद्ध-पवित्र और घटिया-अश्लील दोनों तरह की बातों का अनूठा सम्मिश्रण है। भाषा भी कहीं शुद्ध हिन्दी है तो कहीं बिल्कुल न समझ में आने वाली गाँव-देहात की भाषा। मुझे जो पत्र पढ़कर सुनाया गया, उसके लेटर हेड पर दुर्गा माता का चित्र छपा था। 'जय दुर्गा माता, दस्यु सुन्दरी, दस्यु-सम्राट बिक्रम सिंह की प्रेमिका'—आगे जो लिखा था, वह संक्षेप में यूँ है :

'महान् आदरणीय और पूजनीय इंसपेक्टर साहब, मुझे कई हिन्दी के अख़बारों से पता चला है कि आप भाषण देकर कह रहे हैं कि आम हम डाकुओं को गली के कुत्तों की तरह मार देंगे। मैं इस पत्र के द्वारा आपको चेतावनी देती हूँ कि अगर आपने अपनी यह बकवास बंद नहीं की, तो मैं आपकी पूज्य माता जी को अपने गिरोह से पकड़ मँगवाऊँगी और उन पर इतना बलात्कार करवाऊँगी कि उसे डॉक्टरी इलाज की ज़रूरत पड़ेगी। इसलिए ध्यान दीजिएगा।'

यह सम्भव लगता है कि बिक्रम सिंह फूलन देवी के ऊपर अपना पूरा अधिकार रखने के साथ-साथ दूसरी औरत कुसुम नायन के साथ भी सम्बन्ध बनाना चाहता होगा। इससे ठाकुर भाइयों को ऐतराज़ हुआ होगा, और उन्होंने बिक्रम सिंह का गिरोह छोड़ दिया होगा और उसे मार डालने का विचार किया होगा। 13 अगस्त, 1980 की रात उन्होंने बिक्रम सिंह को घेर लिया और उसे मार डाला। माना जाता है कि यह काम बेहमई में हुआ होगा और ठाकुरों ने बिक्रम सिंह की लाश को नदी में बहाने से पहले जूते मारकर अपमानित किया होगा।

लालराम सिंह और श्रीराम सिंह ने फूलन देवी को बेहमई में रखा होगा। उन्होंने सारे गाँव के सामने उससे बलात्कार और उसका अपमान भी किया होगा। एक रात टट्टी-पेशाब के लिए जाने के बहाने फूलन देवी वहाँ से निकली और गाँव छोड़कर भाग गई। मल्लाहों के गाँव पाल में उसने नदी पार की। यहाँ पहुँचकर उसने मुस्लिम गिरोह के नेता बाबा मुस्तकीम से सम्पर्क किया और उससे बिक्रम सिंह की मौत का बदला लेने की प्रार्थना की। मुस्तकीम इसके लिए तैयार हो गया। इस तरह 14 फरवरी, 1981 की शाम वह बेहमई पहुँची।

गढ़-का-पुरवा पहाड़ियों के ढाल पर ऐसी सुन्दर जगह स्थित है जहाँ उसके एक तरफ नोन नदी बहती है और दूसरी तरफ जमुना की बालू में वह जाकर मिल जाती है। मुखिया का दोमंज़िला मकान नोन नदी की बगल में खड़ा है। इसके बगल में मिट्टी की झोपड़ियों और एकमंज़िला मकानों की कतार है जो जमुना तक चली जाती है। इनमें सबसे साधारण घर देवीदीन और मूली, फूलन की माँ के हैं। इनमें खाने के बर्तनों और चारपाइयों के अलावा पिंजड़े में बैठा तीतर है। जब मैं इन लोगों से मिलने गया, तब उनकी शादीशुदा लड़की रामकली और दो अनब्याही बेटियाँ भी थीं। अकेला बेटा शिवनारायण स्कूल गया हुआ था। परिवार के लोग, फूलन के कारण मिली लोकप्रियता के कारण वहाँ आने-जाने वाले लोगों से मिलने के अभ्यस्त हो गए हैं। उनके लिए शानदार ज़िन्दगी का बिताया एक घण्टा लम्बे परन्तु बेनाम पूरे युग के बराबर है। यहाँ पत्रकार और फोटोग्राफरों के अलावा उत्सुकता के कारण उन्हें देखने-मिलने वाले लोग आते ही रहते हैं। बुढ़िया मूली अब अपनी उँगलियों के नाखून तराशती है और जो भी चाँदी के ज़ेवर उसके पास हैं, उन्हें पहनकर दूसरों से मिलती है। रामकली भी लिपस्टिक और रूज़ लगाती है और फोटो खिंचवाते हुए फिल्म स्टार की तरह खड़ी हो जाती है। वह सचमुच बहुत सुन्दर लगती है और बातचीत करते समय अपनी बादाम की तरह बड़ी-बड़ी आँखें इधर-उधर घुमाती है, कमर पतली और छातियाँ बड़ी और काफी आकर्षक हैं। अगर फूलन देवी उससे मिलती-जुलती हो—और जिन लोगों ने दोनों को देखा है उनका कहना है कि वह अपनी बहन से बीस ही है, उन्नीस नहीं—यानी वह सचमुच बहुत आकर्षक होगी।

मैंने उनकी झोपड़ी में जो घंटा-भर समय बिताया, मैं रामकली से आँखें नहीं हटा सका। वह भी हमारी पार्टी के लोगों की प्रशंसा-भरी नज़रों के प्रति

पूरी तरह सचेत थी। उसने मुस्कराकर हमारे फोटोग्राफर से कहा, 'जो भी हमसे मिलने आता है, मेरा फोटो ज़रूर खींचता है।' वह मेरी तरफ देख कर बोला, 'इसके लिए क्राइम क्यों नहीं किया जा सकता? अगर फूलन इससे ज़रा भी मिलती हो, तो मैं उसके गिरोह में शामिल होने के लिए तैयार हूँ।'

जब हम गाँव से चले, दोपहर का सूरज चमक रहा था। हम गलियों से इधर-उधर चारों तरफ फैली गन्दगी और बदबू से अपने को बचाते हुए बाहर निकले। किसी छेद से एक बड़ा-सा काला कोबरा साँप निकला और लहराता हुआ दीवार के साथ आगे बढ़ने लगा। सामने से कई बैल आ रहे थे, जो उसे देखकर एकदम रुक गए। साँप ने फन उठाया और गुस्से में भर कर चारों तरफ नज़र डाली। यह देखकर कि हम आदमियों और बैलों से उसे कोई खतरा नहीं है, वह शान्त हो गया और आगे बढ़कर गोबर से पाथे गए कण्डों की एक छोटी-सी पहाड़ी के भीतर घुस कर अपने बिल में चला गया।

फूलन देवी और उसके वर्तमान प्रेमी मानसिंह यादव के इर्द-गिर्द पुलिस का घेरा कसता जा रहा है। जमुना के इलाके में चौदह वर्गमील के एक इलाके में उनके छिपे होने का सन्देह है। पुलिस ने यहाँ खड़ी सभी नावों और मछलियाँ पकड़ने वालों को घेर लिया है जिससे कोई नदी पार न कर सके। उन्होंने ऐलान किया है कि जो भी उसे ज़िन्दा या मुर्दा पकड़ कर लाएगा, उसे दस हजार रुपये इनाम दिया जाएगा। कहा जा रहा है कि फूलन बीमार है और उसे अस्पताल ले जाने की ज़रूरत है। पुलिस ने कुछ ऐसे लोगों को गिरफ्तार भी किया है जिनपर उसके लिए दवाएँ लाने का शक है। अब पुलिस उसके भाई शिवनारायण पर नज़र रख रही है जो रक्षाबन्धन के दिन उससे राखी बँधवाने गया था। लेकिन फूलन किसी तरह बच निकली। बेहमई की घटना के कुछ ही हफ्ते बाद 31 मार्च, 1981 को, वह जैसे खुद उनके जाल में जा फँसी और गोलियों की बौछार करके ही भाग पाने में सफल हुई। जैसे उसके भाग्य ने ही उसे बचा लिया। इसके बाद से वह अपने साथ चाँदी की बनी दुर्गा की एक छोटी-सी मूर्ति रखने लगी है। माता कब तक उसकी रक्षा करेगी, यह देखने की बात है।

एक पुलिस अफसर मुझे बताने लगा, 'किसी भी डाकू के काम के औसत साल तीस होते हैं। ये लोग सत्रह-अठारह की उम्र में किसी गिरोह में शामिल होते हैं। फिर दस-बारह साल में या तो पकड़े जाते हैं या गोली के शिकार हो

जाते हैं। अब फूलन की उम्र तीस की है। उसका कैरियर खत्म होने का वक्त आ गया है।'

पुलिस के डी.आई.जी. ने मुझसे कहा, 'ये आप जैसे पत्रकार लोग बेगुनाहों के इन हत्यारों को हीरो बना देते हैं।' उसने बहुत सारे दैनिक अखबारों, ज़्यादातर हिन्दी के, की मिसालें देकर मुझे बताया कि किस तरह ये लोग उसके बारे में रोमाण्टिक कहानियाँ छापते रहे हैं, कि उसे यह या वह फिल्मी गाने बहुत पसन्द हैं, और उसने कितनी बहादुरी से गोलियाँ चलाई हैं। उसके सुपरिण्टेंडेण्ट विजय शंकर ने, जो इस सारे अभियान के सबसे बड़े अधिकारी हैं, इसमें जोड़ा : 'डाकुओं के इन गिरोहों के कारण इलाके में पुलिस का सारा काम एकदम ठप हो गया है। हमें पहले इनका नाश करना होगा, उसके बाद ही हम कुछ और कर सकेंगे। इसमें जितना ज़्यादा वक्त लगेगा, उतना ही दूसरे कामों का नुकसान होगा। और मज़े की बात यह है कि पुलिस इनको खत्म करने में जो बहादुरी दिखाती है और इनके द्वारा पीड़ित लोगों के लिए जो कुछ भी करती है, उसकी ये लोग चर्चा भी नहीं करते।'

मेरे पास इनका कोई उत्तर नहीं था। इसी के साथ, वातावरण में फूलन देवी की बिजली फैली हुई थी। हम जमुना नदी के किनारे एक मकान की बाल्कनी में बैठे थे। आसमान में पूरा चाँद खिला हुआ था, नीचे नदी की धारा झर-झर करती बह रही थी। जुगनू चमक रहे थे। कैसी भयंकर जगह है! ऊपर चाँद की रोशनी है! नीचे दानव प्रेमी का इन्तज़ार करती किसी स्त्री की करुण पुकार है।

इसमें किसी को भी बिक्रम सिंह के लिए फूलन देवी की आवाज़ सुनाई दे सकती है। पत्रकारों के खिलाफ कही गई बात का मेरा उत्तर बहुत साधारण था : 'यह आदमी का स्वभाव है। फूलन देवी—यह कितना सुन्दर नाम है—खूबसूरत फूलों से जुड़ा। फूलों की देवी! और अब उसकी मृत्यु हो जाएगी।'

विजय शंकर ने कहा, 'मैं उसे मारना नहीं चाहता। मैं उसे डाकू के रूप में नहीं देखता, बल्कि एक बच्ची के रूप में देखता हूँ जो रास्ते से भटक गई है। हम उसे ढूँढ़ निकालेंगे और सही रास्ते पर डाल देंगे।'

मैं नहीं जानता कि ऐसी किसी स्त्री के लिए जिसने अनेकों की जान ली है, फाँसी के अलावा 'सही रास्ता' और क्या हो सकता है!

आर. के. नारायण

करीब चालीस साल पहले आर.के नारायण से मेरी पहली मुलाकात उनके अपने शहर मैसूर में हुई थी। मैंने उनकी कुछ कहानियाँ और उपन्यास पढ़े थे। मुझे आश्चर्य होता था कि आधुनिक युग का कोई कहानीकार अपनी रचनाओं में सेक्स और हिंसा के वर्णन किए बिना इतना लोकप्रिय क्यों हो गया है। मुझे उनकी कहानियाँ बहुत धीरे-धीरे आगे बढ़ने वाली लगती थीं, जिनका न तो कोई वाक्य चमत्कारी होता था और न कोई चरित्र निखरकर सामने आ पाता था। लेकिन एक घोड़े की गाड़ी वाले उनकी कल्पना द्वारा बनाए मालगुड़ी नामक कस्बे ने बड़ा नाम पैदा कर लिया था। मेरे दिमाग पर भी यह अंकित थी। मेरे दक्षिण भारतीय मित्र नारायण की तारीफ़ के पुल बाँधते नहीं थकते थे, और कहते थे कि आज अंग्रेज़ी में लिखनेवाले वे सर्वश्रेष्ठ लेखक है—वैसे यह सच था या नहीं, इस बारे में लोगों के मत भिन्न-भिन्न हो सकते हैं।

उस शाम उनके साथ घूमने का अपना अनुभव था। वे पार्क नहीं गए बल्कि बाज़ार में ही टहल-टहल कर बातें करते रहे। वे बहुत धीरे-धीरे चलते थे, और कुछ कदम चलने के बाद एकदम रुककर वाक्य पूरा करने लगते थे। फिर वे बीच-बीच में किसी दुकान पर रुककर उसके मालिक से नमस्कार करते, उस दिन की बातें करते, मेरा परिचय कराते—यह सब बातचीत कन्नड़ या तमिल में होती थी जो मेरी समझ में बिलकुल नहीं आती थी। मेरी समझ में आया कि आम लोगों से इस तरह की बातचीत से ही उन्हें अपनी कहानियों की सामग्री प्राप्त होती है। अपनी प्रसिद्धि और उपलब्धियों को देखते वे बहुत सरल और हँसमुख थे और मुझे भी वे बहुत पसन्द आए।

ईस्ट-वेस्ट सेंटर ने हवाई द्वीप में एक साहित्यिक सेमिनार का आयोजन किया, जिसमें मैंने उनको ज़्यादा निकट से देखा और जाना। अपने पेपर वगैरह

पढ़ने और चर्चाओं में भाग लेने के बाद शाम के समय हम दोनों टहलने निकल जाते थे और खाने-पीने की कोई अच्छी जगह तलाश करते थे। हमारी यह सैर भी मैसूर की ही तरह होती थी, जिसमें वे बीच में रुक-रुककर लोगों से बातचीत और हँसी-मज़ाक करते और धीरे-धीरे आगे बढ़ते थे। खाने की कोई अच्छी जगह प्राप्त करना सचमुच बड़ी समस्या थी। नारायण न माँस-मछली खाते थे, न पीते थे; लेकिन मैं उनके एकदम विपरीत था। हम रोज़मर्रा के उपयोग की चीज़ें बेचने वाली एक दुकान से दही का एक डिब्बा खरीद लेते थे और थाली में रखे उबले चावल की ढेरी पर उसे उँड़ेल कर खा लेते थे। बस, यहाँ खाने के उनके ढंग में एक अन्तर आ जाता था, कि वे उँगलियों से न खाकर चम्मच से खाते थे। इन जगहों का खाना दूसरे दर्जे का होता था और शराब तो होती ही नहीं थी, जिससे मैं वंचित रह जाता। उनके साथ बाहर खाना मेरे लिए मुसीबत था।

एक शाम मैंने सोचा कि नारायण से छुटकारा पाकर अपने लिए कुछ करूँ। मैंने उनसे कहा, 'आज मैं एक ब्लू फिल्म देखने जा रहा हूँ, जो आपको पसन्द नहीं आएगी।' लेकिन उन्होंने तत्काल कहा, 'तुम्हें ऐतराज़ न हो तो मैं भी चलूँगा।' इस तरह हम दोनों होनोलूलू की एक बहुत गन्दी बस्ती में जाकर एक बहुत ही गन्दी फिल्म देखने बैठ गए, जिसमें सेक्स के सारे कारनामे बड़े विस्तार से दिखाए गए थे। मेरा खयाल था कि वे यह सब बरदाश्त नहीं कर सकेंगे और बीच में ही भाग लेंगे। लेकिन वे चुप बैठे ध्यान से फिल्म देखते रहे, कहीं कोई प्रतिक्रिया ज़ाहिर नहीं की। मैंने ही अन्त में कहा, 'तो अब चलें?' तो वे मेरी तरफ मुड़कर बोले, 'काफी हो गया न?'

हमें नारायण का सही आकलन करना चाहिए। अगर उन्हें ग्राहम ग्रीन का संरक्षण न मिला होता, जो एक तरह से उनके लिटरेरी एजेंट ही बन गए थे, तो वे ज़्यादा दूर तक नहीं जाते। इसके अलावा उन्हें मद्रास के प्रसिद्ध दैनिक 'हिन्दू' का ज़बरदस्त समर्थन भी प्राप्त हो गया। उसके मालिक एन. राय और उनकी पूर्व पत्नी सूज़न ने नारायण की बढ़िया जीवनी लिखी। ग्रीन ने नारायण का परिचय विदेशों के अंग्रेज़ी जगत में कराया, एन. राय ने उन्हें देश में मशहूर कर दिया।

नारायण का व्यक्तित्व बहुत प्रिय किस्म का था, लेकिन उनकी नम्रता बनावटी थी। एक दफ़ा जब ऑल इण्डिया रेडियो ने कई भारतीय लेखकों को एक विशेष कार्यक्रम के लिए निमन्त्रित किया और उन्हें सामान्य से कहीं ज़्यादा फीसें दीं, तो नारायण इस शर्त पर भाग लेने के लिए तैयार हुए कि दूसरों को

जो भी पैसा दिया जाए, उससे उन्हें एक रुपया ज़्यादा दिया जाना चाहिए। अपने यात्रा-विवरण *माई डेटलैस डायरी* में उन्होंने एक लंच-वार्ता का ज़िक्र किया है, जो उनके सम्मान में दिया गया था। मुझे यह बताते शर्म आ रही है, लेकिन मैं रिकार्ड के उद्देश्य से कह रहा हूँ। दो प्रकाशकों के बीच बहस हुई कि नारायण का कौन-सा उपन्यास उन्हें प्रिय है, कोई ऐसा जो उन्हें हेमिंग्वे और फॉकनर के साथ दुनिया के तीन सर्वश्रेष्ठ लेखकों की श्रेणी में खड़ा कर सके। कुछ देर यह बात हुई, तो मैंने सोचा कि मैं दृढ़ता से अपनी नम्रता का प्रदर्शन करूँ। मैंने उन्हें टोककर कहा, 'इसके लिए मेरा धन्यवाद...लेकिन अभी यह स्थिति नहीं आई है।' लेकिन प्रकाशकों ने मुझे ठेलकर अलग कर दिया और कहा, 'क्यों नहीं, हेमिंग्वे, फॉकनर और नारायण दुनिया के तीन सर्वश्रेष्ठ लेखक...।'

नारायण ने ज़रा विस्तार से ही इस चर्चा का उल्लेख किया है कि फॉकनर और नारायण के साथ तीसरा कौन लिया जाए—ग्रीन या हेमिंग्वे?

मैंने बेवकूफी यह की कि ये बातें मैंने अपने कॉलम में लिख दीं। इसके बाद नारायण मुझसे नहीं बोले।

आर. के. लक्ष्मण

लक्ष्मण से परिचित होने से पहले ही मुझे आभास हो गया था कि इस आदमी में 'जीनियस' का स्पर्श है। जब सी.आर. मेंडी *इलस्ट्रेटेड वीकली ऑफ इण्डिया* के सम्पादक थे, मैंने उन्हें एक कहानी भेजी—*मैन, हाऊ डज़ दि गवर्नमेण्ट ऑफ इण्डिया रन?* जो उन्होंने चित्र बनाने के लिए लक्ष्मण के पास भेज दी। उनसे मेरी कभी मुलाकात नहीं हुई थी, न उन्होंने मेरा कोई चित्र देखा था, लेकिन कहानी पढ़कर उन्होंने उसके मुख्य पात्र सरदारजी का जो स्केच बनाया, वह आश्चर्यजनक रूप से मुझसे मिलता था।

उस समय तक उन्होंने भारत के सर्वश्रेष्ठ कार्टूनिस्ट की प्रतिष्ठा प्राप्त कर ली थी, और बहुत-से लोग *टाइम्स ऑफ इण्डिया* इसीलिए खरीदते थे कि सामने के पेज पर उनका कार्टून देखें, आखिरी पेज पर दी जाने वाली क्रॉसवर्ड पज़िल भरें। बाकी अखबार दूसरे अखबारों की तरह ही होता था। और उसके सम्पादक चाहे जितने मशहूर क्यों न हों, बहुत कम लोग उनके लिखे सम्पादकीय पढ़ते थे।

मैं जानता था कि लक्ष्मण, आर.के. नारायण के छह भाइयों में सबसे छोटे हैं। वे बड़े भाई की कहानियों के चित्र बनाते थे जिससे उनमें जान पड़ जाती थी, और यह भी साफ हो जाता था कि वे मैसूर में जाकर बस गए तमिल ब्राह्मण हैं। मैंने जब *इलस्ट्रेटेड वीकली* का सम्पादन-कार्य सँभाला, तब पहले दिन से ही उनसे गहरी दोस्ती हो गई। मैंने उनसे कहा कि मैं उन्हें दुनिया का सबसे श्रेष्ठ कार्टूनिस्ट मानता हूँ। मैं इसे मानता भी था, क्योंकि मैं इंग्लैण्ड, अमेरिका और फ्रांस में कई वर्ष तक रह चुका था और वहाँ के सभी कार्टूनिस्टों का काम मैंने देखा था। लक्ष्मण ने इसका विरोध नहीं किया; ज़ाहिर है कि वे मेरे विचार से सहमत थे। प्रायः हर दिन सवेरे वे मेरे कमरे में आ जाते और मुझसे अपने लिए

काफी मँगवाने को कहते। वे कभी मुझसे यह नहीं पूछते कि मैं व्यस्त तो नहीं हूँ। मुझे भी उनके इस प्रकार आने पर ऐतराज़ नहीं था और मुझे उनसे होने वाली गपशप बहुत पसन्द थी। लेकिन यद्यपि वे खुद दूसरे से पूछे बिना अन्दर आ जाते थे; अपने कमरे में, जब वे काम में लगे हों, किसी को घुसने नहीं देते थे।

लक्ष्मण दूसरों के जैसे मनोरंजक कार्टून बनाते थे, उतनी ही उनके बारे में मनोरंजक बातचीत भी करते थे। मैंने महसूस किया कि उनमें थोड़ा-सा घमण्ड भी है, क्योंकि वे छोटे दर्जे के कर्मचारियों से बातचीत नहीं करते थे। मेरे बेटे राहुल ने एक बार मुझे बताया कि सिनेमा में उनसे मुलाकात हो गई। जब उन्होंने देखा कि राहुल ने सबसे ऊँचे दर्जे का टिकट नहीं खरीदा है, तब वे उससे अलग हो गए।

ऊँची सोसाइटी और एम्बैसी वगैरह की पार्टियों में उन्हें अक्सर देखा जा सकता था। उन्हें घनी बस्तियों में गाड़ी चलाने का शौक था, और पीने-पिलाने के मेरे निमन्त्रण हमेशा स्वीकार कर लेते थे, और अपने मलाबार हिल्स स्थित निवास से पाँच मील दूर मेरे कोलाबा के फ्लैट पर आराम से पहुँच जाते थे। अपने भाई की तरह वे शराब से दूर नहीं भागते थे, बल्कि स्कॉच उन्हें काफी प्रिय थी। वे सर्वोत्तम श्रेणी की स्कॉच ही पसन्द करते थे लेकिन उन्होंने मुझे खुद कभी नहीं बुलाया। उनमें मैंने एक दूसरी विशेषता यह देखी कि बड़े भाई की तरह उन्हें भी पैसे से बहुत लगाव था। आर.के. नारायण भारतीय लेखकों में बहुत आगे थे, और सौदा करने में बहुत सख्त थे। एक दफे जब ऑल इण्डिया रेडियो ने देश के दस प्रमुख लेखकों को एक विशेष कार्यक्रम के लिए निमन्त्रित किया और फीस भी तगड़ी अदा की, तब नारायण उनसे एक रुपया ज़्यादा दिया जाने पर ही भाग लेने के लिए तैयार हुए। इसी तरह जब बी. के. बिड़ला परिवार की मंजुश्री खेतान ने मुझे और लक्ष्मण के कलकत्ता शहर की 300वीं जयन्ती पर स्मारक ग्रन्थ तैयार करने का न्यौता दिया, तो मैंने लिखने के लिए जो भी उन्होंने दिया, स्वीकार कर लिया, लेकिन लक्ष्मण ने उसकी दुगनी रकम वसूल की। उनके कार्टूनों की किताब ज़्यादा बिकी, मेरी लेखों वाली धरी रह गई।

नम्रता के अपने आवरण के भीतर नारायण और लक्ष्मण—दोनों ज़बरदस्त आत्मविश्वास और अहं छिपाकर रखते हैं। एक बार फिर मैं यह बात कहूँ कि दोनों में कोई भी सामान्य नहीं है। अपने-अपने क्षेत्रों में तो दोनों सबसे ऊपर हैं ही।

भुट्टो को फाँसी

4 अप्रैल, 1979 के दिन जब ज़ुल्फिकार अली भुट्टो को रावलपिण्डी में सूली पर चढ़ाया गया, खुशवन्त सिंह इस्लामाबाद में थे। प्रेसीडेन्ट ज़िया-उल-हक़ ने उसी शाम उन्हें मिलने का समय दिया था, लेकिन इस कारण उस दिन इसे रद्द कर दिया गया। इस लेख के पहले भाग में उन दिनों लाहौर, रावलपिण्डी और कराची में उनके अनुभवों का विवरण है; दूसरे भाग में भुट्टो के आखिरी घण्टों का चित्र खींचा गया है जो इण्टरव्यूज़ पर आधारित है—जिनमें दो ऐसे लोग भी शामिल हैं जिन्होंने अपनी आँखों से फाँसी को देखा।

मेरे पाकिस्तान पहुँचने पर सबसे पहला काम उन्होंने यह किया कि मैं अपने साथ जो स्कॉच की बोतल लाया था, उसे ज़ब्त कर लिया; फिर दूसरा यह कि मुझे गले से लगा लिया और कहा, 'खुशआमदीद—पाकिस्तान में आपका स्वागत है।' कस्टम के अधिकारी ने ठेठ पंजाबी तर्क का सहारा लेते हुए कहा, 'जनाब, कानून कानून है, और दोस्ती दोस्ती है।'

लाहौर एयरपोर्ट का मेरा अनुभव उस वातावरण का प्रतिनिधित्व करता था, जो भुट्टो को फाँसी दिए जाने के एक सप्ताह पूर्व पाकिस्तान में फैला हुआ था। उसने जो कुछ भी किया हो—और इस पर लोगों में मतभेद है—और उसे सूली पर चढ़ाने के नतीजे जो भी क्यों न हों, लेकिन उसे फाँसी पर चढ़ाया जाना ही चाहिए था, क्योंकि कानून, कानून है और कानून ने उसे हत्या का दोषी पाया था।

पाकिस्तान के बारे में एक तीसरी बात और भी है, जो मेरे उसकी ज़मीन पर कदम रखने के पहले से ही हो रही थी, यानी हिन्दुस्तान की तुलना में उसकी

भिन्नता। जब 'अपनी पेटी बाँध लीजिए' की सूचना सामने आई, और फॉकर फ्रेंडशिप विमान नीले आसमान से मटमैले कुहासे के बीच से नीचे उतरने लगा और पेड़-पौधे साफ नज़र आने लगे, तो मैंने महसूस किया कि यहाँ तो बहुत कम बदला है। हम कुछ गाँवों के ऊपर से उड़ते रहे। वे वैसे ही नज़र आए जैसे 1947 में थे : सपाट छतों से बनी मिट्टी की झोपड़ियों का सिलसिला, जिनके बीच में कहीं-कहीं ईंट-पत्थर से बनी एकाध इमारत नज़र आ जाती जिसमें सफेद या हरे रंग का का पेंट किया होता। और पहले की तरह आज भी यह इमारत ज़्यादातर उस इलाके की मस्जिद ही होती थी। विमान ज़मीन से लगा तो एयर होस्टेस ने बाहर का तापमान बताया और कहा कि अपनी घड़ी भी ठीक कर लें। मुझे विचार आया कि पाकिस्तान की घड़ियाँ भारत से तीस मिनट पीछे चलती हैं, और उसी तरह विकास के हर क्षेत्र में यह देश भारत से तीस साल पीछे चल रहा है—कृषि में, उद्योग में, शिक्षा में और समाज कार्य में। यह बात मेरी समझ में नहीं आती, क्योंकि हम दोनों एक ही लोग थे; अलग-अलग करके देखा जाए तो वे हमसे ज़्यादा तन्दुरुस्त थे, और एक ही भाषा बोलने तथा एक ही धर्म मानने के कारण उनकी समस्याएँ हमसे कहीं कम थीं। शुरुआत में वे हमसे कहीं ज़्यादा तेज़ी से आगे बढ़े, लेकिन फिर उनकी गाड़ी अटक गई और वे प्रगति नहीं कर पा रहे हैं।

यह भी सच है कि पहले जवाहरलाल नेहरू और उनके बाद इन्दिरा गाँधी के युग ने हमें लम्बे समय तक स्थिरता प्रदान की, लेकिन उनके यहाँ हर दूसरे साल शासक बदलते रहे हैं। नेहरू ने हमें सही रास्ते पर डाल दिया और एक ओर उद्योगों के विकास का कार्यक्रम बनाया, वहीं उसी के साथ सड़कों का निर्माण करके, ट्यूब वैल खोदकर और बिजली पैदा करके गाँवों और कृषि की उन्नति का मार्ग भी प्रशस्त किया। पाकिस्तानियों ने शहरों के विकास पर ज़्यादा ध्यान दिया जहाँ उसके उच्चवर्गीय लोग रहते हैं। लाहौर इन उलटी प्राथमिकताओं का अच्छा उदाहरण है। जहाँ उसके इर्द-गिर्द बसे गाँवों को उनके अपने भाग्य पर छोड़ दिया गया, वहाँ शहरों की सड़कें इतनी चौड़ी और शानदार बना दी गईं जिनमें रथों के आकार-प्रकार की उनकी विदेशों से आयातित गाड़ियाँ—मर्सिडीज़ बेंज़, वॉल्वो, टॉयोटा वगैरह—तेज़ी से दौड़ लगा सकें—एक आदमी के बारे में कहा जाता है कि उसने एक सेकिंडहैंड इटालियन गाड़ी के लिए आठ लाख से ज़्यादा रुपये खर्च किए। ब्राउन साहबों के बाबा लोगों के लिए खूबसूरत पार्क बनाए गए, और उन पैसे वाले तथा भ्रष्ट भारतीयों के समान शानदार बंगले बनाए जैसे

उन्होंने भारत में पहले देखे थे। वहाँ के बाज़ारों में हमारे यहाँ जैसी चीज़ें ही बिकती हैं, सिर्फ कपड़े को छोड़ कर जो यहाँ से ज़्यादा अच्छा है। म्यूज़िक की बहुत ज़्यादा दुकानें हैं जहाँ दुनिया-भर में चल रहे संगीत के टेप मिलते हैं। किताबों की जिस दुकान पर मैं गया, फीरोज़सन्स की मशहूर दुकान, उतनी बड़ी दुकान हिन्दुस्तान में एक भी नहीं है। भारत में बिकने वाली हर चीज़ से यहाँ की चीज़ें ज़्यादा कीमती हैं। और निज़ामे-मुस्तफा के काफी सख्त कानूनों के बावजूद शराब आसानी से मिलती है, हालाँकि कीमतें बहुत ज़्यादा हैं। एक बात जिसमें हम दोनों एक समान हैं, वह है—भ्रष्टाचार, जो भारत की तरह वहाँ भी तेज़ी से बढ़ता जा रहा है।

मेरे लिए यह जानने से, कि ज़िया भुट्टो को सूली पर चढ़ाएगा या नहीं, यह जानना ज़्यादा ज़रूरी था कि वह हत्या के अपराध का दोषी है या नहीं। लाहौर और इस्लामाबाद में मेरे जो चार दिन बीते, उसमें लोगों से बातचीत करके मैं इस नतीजे पर पहुँचा कि भुट्टो नवाब कसूरी को मरवाने का जिम्मेदार तो है ही, उसने और भी बहुत-से घृणित कार्य किए हैं, जिनके लिए भी उसे सज़ा दी जाना चाहिए। ये हैं—राजनीतिक विरोधियों की हत्या करवाना, उन्हें टॉर्चर करवाना, अपमान करना—जैसे, पिता के सामने बेटे के साथ दुष्कर्म करवाना, कम उम्र की लड़कियों को उठवा लेना वगैरह। लेकिन, ज़्यादातर लोगों का यह भी मानना था कि यद्यपि उसके शासन-काल में हर तरह का अनाचार-अत्याचार किया गया, पर यह शासन कसूरी की हत्या में उसका हाथ साबित करने में सफल नहीं हुआ; अगर यह मुकद्दमा इस्लामी कानून के अनुसार चलाया जाता, तो नतीजा एकदम उलटा होता। फिर भी, जैसे ही भुट्टो को फाँसी पर लटका दिया गया, जनमत उसके पक्ष में हो गया।

लाहौर में मेरा निवास अच्छा नहीं रहा, क्योंकि मेरे ज़्यादातर दोस्त भुट्टो के अत्याचार के शिकार हुए थे, और उनके परिवार बहुत परेशान थे। मेरे सब से गहरे दोस्त मंज़ूर कादिर को प्रेसीडेन्ट अय्यूब के मन्त्रिमण्डल से इस कारण निकाल दिया गया था कि भुट्टो ने इस शुद्ध-पवित्र, अल्लाह से डरनेवाले आदमी के खिलाफ उसे धर्म विरोधी बताने वाले पर्चे छपवाकर इसलिए बँटवाए थे क्योंकि उसने भुट्टो द्वारा अपने विरोधियों के खिलाफ दायर मुकदमों में वकालत की थी—हालाँकि भुट्टो खुद ज़बरदस्त शराबी और मशहूर समलैंगिक भी था। मंज़ूर के मर जाने के बाद मुहम्मद अनवर ने भुट्टो के शिकारों की वकालत का ज़िम्मा सँभाला। उसने भुट्टो की ज़्यादतियों का विरोध करने के लिए लाहौर हाईकोर्ट

एसोसिएशन का आन्दोलन संगठित किया। उसे पुलिस ने मारा और पन्द्रह दिन के लिए जेल में डाल दिया। इसके बाद उसकी भी मृत्यु हो गई। मैं सबसे पहले उसकी क़ब्र पर माथा झुकाने गया। मैंने फूल इकट्ठे करके उस पर बिखेरे और इकबाल के 'शिकवे' से पाठ किया :

अनवर के चरित्र की यह सही तस्वीर थी। वह अत्याचार-विरोधी था, भुट्टो विरोधी नहीं।

अनवर के मरने के बाद उसके काम की ज़िम्मेदारी एम.ए. रहमान को सौंपी गई, जिसने भुट्टो और फेडरल सिक्योरिटी के चार लोगों—यह भुट्टो की प्राइवेट आर्मी थी—के खिलाफ 1974 में 10-11 नवम्बर की रात को नवाब कसूरी की हत्या करने का आरोप था, अदालत में मोर्चा सँभाला। रहमान के घर में नवाब के बेटे अहमद रज़ा से मेरी मुलाकात हुई—दरअसल भुट्टो इसी को मरवाना चाहता था। लेकिन इस लड़के को जैसे ऊपर वाले का वरदान प्राप्त था, उसे मारने के अठारह प्रयत्न विफल रहे थे। भुट्टो ने बड़प्पन दिखाते हुए इस आरोप को खारिज किया कि वह अहमद को मरवाना चाहता है—उसने कहा कि यह लड़का उसके लिए 'कुछ भी नहीं' है। अहमद रज़ा महत्त्वपूर्ण व्यक्ति था, वह छात्र-नेता तो था ही, भुट्टो की 'पाकिस्तान पीपुल्स पार्टी' के संस्थापकों में भी वह एक था, नेशनल एसेम्बली का सदस्य था, और पार्टी के भुट्टो विरोधी गुट का नेता भी था। 'वह कुछ भी नहीं' तो बिलकुल नहीं था, 'कुछ न कुछ' ज़रूर था, एक काँटे की तरह, भले ही अभी यह काँटा ज़्यादा बड़ा न भी हो। पीठ पीछे अहमद को 'भौंका'—भौंकता रहने वाला कहा जाता था; कुछ लोग उसे 'छोटा भुट्टो' भी कहते थे। आठ दिन तक लगातार वह गवाह के कठघरे में रहा, हर रोज़ पाँच घण्टे के हिसाब से। बचाव पक्ष उसके आरोपों का खण्डन करने में सफल नहीं हो सका।

भुट्टो के पक्ष में खड़े लोग भी दमदार और वाचाल थे, लेकिन वे हमेश अपने नेता के खिलाफ दिए जाने वाले तर्कों की काट करने से बचते ही रहे। इसकी जगह वे उसे मुल्क का सबसे बड़ा ऐसा नेता ही बताते रहे जिसने दुनिया में पाकिस्तान का सिर ऊँचा किया था—उनका कहना था कि जिन्ना साहब को जिस तरह 'क़ायदे आज़म' कहा गया, उसी तरह भुट्टो को अब 'क़ायदे अवाम'

कहा जाता है। जहाँ भुट्टो के विरोधी उसे पाकिस्तान के दो टुकड़े करवाने के लिए—पूर्व पाकिस्तान को अलग करने के लिए—ज़िम्मेदार मानते थे और बलोचिस्तान और फ्रण्टियर में हो रही अफरा-तफरी के लिए भी ज़िम्मेदार ठहराते थे, उसी तरह उसके समर्थक दिसम्बर 1971 में हुए भारत के साथ युद्ध के बाद देश की जो स्थिति हो गई थी, उसे फिर से काबू में लाने और बचे-खुचे को राह पर चलाने का श्रेय भी देते थे—जैसे शिमला सम्मेलन के बाद वे किस तरह 93 हज़ार युद्धबन्दियों को छुड़ाकर कर लाए थे वगैरह वगैरह।

इन दोनों विरोधी पक्षों के बीच सहमति का कोई बिन्दु नहीं था। एक के लिए भुट्टो पूरा शैतान था और दूसरे के लिए हीरो। बस, जो एक बात दोनों स्वीकार करते थे, यह थी कि भुट्टो 'प्लेबॉय' किस्म का आदमी था—रहन-सहन और वेशभूषा में शानदार, जनता का पैसा खर्च करने में उदार और औरतों के साथ खिलंदड़ा (उसकी तीन बीवियाँ थीं : बेगम अमीर, उसकी एक कज़िन, पन्द्रह साल बड़ी; दूसरी एक ईरानी तलाकशुदा, नुसरत, जिससे चार बच्चे पैदा हुए; और तीसरी एक बिहारी सेक्सबम जिसने अपने बंगाली पति को तलाक देकर उसका बिस्तर गरमाया था, और अब लन्दन में रह रही है।) इनके अलावा भी वह इधर-उधर हाथ मारने का शौकीन था। जनरल अय्यूब के मन्त्रिमण्डल का सदस्य होते समय वह एक अतिथि विदेशी राष्ट्रपति की पत्नी के साथ पकड़ा गया था, लेकिन जनरल ने, अच्छे पिता की तरह, उसे डाँटकर छोड़ दिया, बरखास्त नहीं किया। यह भी आम चर्चा थी कि भुट्टो 'सैडिस्ट' है—वह नुसरत को अक्सर बुरी तरह मारता-पीटता था, और बदन पर पड़े घाव छिपाने के लिए उसे लम्बी-लम्बी ब्लाउज़ें पहननी पड़ती थीं—एक दफ़ा तो उसकी हालत इतनी खराब हो गई कि उसे नींद की गोलियों का सहारा लेना पड़ा। वह एकसाथ ही रईस वढ़ेरा (ज़मींदार) था, यूरोपियन सभ्यता में पला-बढ़ा जेन्टिलमैन था, और गुण्डे-बदमाशों की तरह गाली-गलौज करने वाला सड़क का आदमी था। कई लोगों ने मुझे बताया कि जब भी उसे गुस्सा आता—जो अक्सर होता था—वह 'हरामज़ादा', 'सुअर का बच्चा', और 'मादरचोद' जैसे विशेषणों का बेधड़क प्रयोग करता था।

जिस एक और बात पर दोनों पक्ष सहमत थे, यह थी कि अगर उसे छोड़ दिया जाता, तो वह चुनाव भी ज़रूर लड़ता और जीतकर भी ज़रूर आता। ऐसे आदमी का कोई बाहर का आदमी लेखा-जोखा कैसे ले सकता है?

जनरल ज़िया ने मुझे 4 अप्रैल की शाम को मिलने का समय दिया था। मैं दो दिन पहले ही रावलपिण्डी पहुँच गया। हमारा प्रेस कौंसिलर ओ.पी. खन्ना

सेंट्रल जेल का चक्कर लगाते हुए मुझे ले गया, जहाँ भुट्टो बंद था। यह एयरपोर्ट और प्रेसीडेण्ट्स हाउस के बीच—जहाँ पहले कभी भुट्टो भी रहता था—एक किलेनुमा चौखूंटी इमारत थी। इसके चारों तरफ तार लगे थे और रक्षा के लिए सिपाही और फौजी जवान तैनात थे। काफी ठण्ड थी, और भुट्टो के बारे में यह विचार कि वह दाढ़ी बढ़ाए, जेल के कपड़े पहने ठण्डी ज़मीन पर बैठा अपनी फाँसी का इन्तज़ार कर रहा होगा, मेरी रीढ़ की हड्डियों में तीखी झुरझुरी पैदा कर गया। उसने पहले कभी कहा था कि जब मैं मरूँगा, तो हिमालय भी रोएगा। अब यही होता लग रहा था। जब तक हम इस्लामाबाद पहुँचे—पन्द्रह मील का सफर तय करके—तब तक बारिश शुरू हो गई थी।

उस समय 'हॉलिडे इन' में सौ के करीब विदेशी पत्रकार और फोटोग्राफर इकट्ठा थे। ये सब कसाईखाने की दीवारों पर ताक में बैठे माँसभक्षी बाज़ों की तरह कॉफी के प्यालों से ओठ तर कर रहे थे। इनका मुखिया बी.बी.सी. का प्रसिद्ध मार्क टली था। भुट्टो इस वक्त अपने सेल में क्या कर रहा है, उससे कौन कब मिलने गया और क्या बात की वगैरह खबरें उसे कहाँ से प्राप्त होती थीं, यह रहस्य बना हुआ है। लेकिन हर कोई एक-दूसरे से 'गुड मॉर्निंग' या 'हैलो' कहने के बाद पहला प्रश्न यही करता कि 'बी.बी.सी पर मार्क टली को सुना?' जनरल ज़िया के अफसर उससे नफरत करते थे, 'हॉलिडे इन' के लोग प्यार करते थे, और हम पत्रकार ईर्ष्या करते थे।

मुझे करने के लिए ज़्यादा कुछ नहीं था। इसलिए मैं और खन्ना विभाजन की त्रासदी पर वहाँ की मशहूर फिल्म *खाक और खून* देखने चले गए, जिसे एक सरकारी एजेन्सी ने बनाया था। मुझे इस फिल्म का प्रचारवादी रुख बिलकुल पसन्द नहीं आया। सब अच्छी-अच्छी बातें खुदा का खौफ खानेवाले मुसलमानों के पक्ष में कही गई थीं, और शैतान की बुरी बातें हिन्दू और सिख औलादों के सिर मंढ़ दी गई थीं। इसमें हिन्दुओं को बनिया और आर.एस.एस. को हर बात के लिए ज़िम्मेदार बताकर, और सरल दिमाग वाले सिखों को मुसलमानों से बदला लेनेवाला दिखाया गया था। मैंने फिल्म आधी ही देखी लेकिन यह भी मेरे लिए काफी थी। मुझे बताया गया कि दूसरा हिस्सा इससे भी बुरा है। इसके विरुद्ध भारतीय दूतावास ने सही ही सरकार से अपना विरोध दर्ज कराया था, कि इस तरह सच्चाई को नकारने वाली फिल्में बनाकर दोनों देशों के बीच सौहार्द उत्पन्न करने के स्थान पर शत्रुता पैदा की जा रही है। मुझे फिल्म देखकर बड़ी निराशा और घुटन महसूस हुई।

दूतावास के एक कर्मचारी लांबा के परिवार में शाम बिताकर मुझे कुछ राहत महसूस हुई। यहाँ कई पाकिस्तानी पत्रकार अपनी बीवियों और स्त्रियों के साथ मौजूद थे। देखने-बातचीत करने में सुदर्शन और कुशल, बातों का मुद्दा इस समय एक ही था—क्या ज़िया भुट्टो को फाँसी पर चढ़ा देगा? एक प्रश्न, पर जवाब दो थे; हाँ, चढ़ा देगा; या, नहीं, छोड़ देगा। सब इससे भी सहमत थे कि ज़िया को इस संकट से बचना चाहिए था—कमरे में न हिलने की जगह थी, न खड़े होने की—'ना जाए रफ्तन, ना पाए मंदन!'

फाँसी से एक दिन पहले

सवेरे ठण्डी हवा चलती रही और पानी बरसता रहा। दोपहर के बाद मैं अब्दुल हफीज पीरज़ादा से मिलने पिराचा हाउस गया, जहाँ नुसरत और बेनज़ीर भुट्टो कभी रहते थे। दीवार पर उनकी तस्वीरें लगी थीं। पीरज़ादा, जो भुट्टो के मन्त्रिमण्डल में मन्त्री रहे थे, मानते थे कि उन्हें फाँसी नहीं दी जाएगी। जुल्फी के कज़िन मुमताज़ भुट्टो परेशान हाल वहाँ दाखिल हुए, उन्हें जेल के फाटक पर बरसात में आधा घण्टा इन्तज़ार करना पड़ा। लेकिन फिर भी भीतर नहीं जाने दिया गया।

इस्लामाबाद में भारत के राजदूत शंकर वाजपेयी भी दिल्ली में पाकिस्तान के हालात का ब्यौरा देने के बाद वापस लौटे थे। मुझे याद आया कि साल-भर पहले उन्होंने मुझसे कहा था कि ज़िया भुट्टो को फाँसी पर ज़रूर चढ़ा देगा। अब भी वे यही कहते थे। यह जानकर अच्छा लगता था कि इस्लामाबाद के दूतावास पाकिस्तान की स्थिति के बारे में वाजपेयी के मत को सबसे ज़्यादा महत्त्व देते हैं। जब मैंने उन्हें बताया कि पीरज़ादा इस बारे में क्या कह रहे हैं, तो उन्होंने ज़ोर से हाथ हिलाकर इसका प्रतिवाद किया और कहा, 'फाँसी तो मिलेगी ही, कब, यह कहना कठिन है...।' मैंने इस बारे में लेडी विकी नून, मियाँदाद औरंगज़ेब, स्वात के वली और उनकी बीवी बेगम नसीम, स्वर्गीय जनरल अय्यूबा खाँ की बेटी, से भी उनकी राय माँगी, लेकिन अच्छे राजनीतिज्ञों की तरह वे बात को टाल गए।

4 अप्रैल, 1979

मैं 5 बजे उठा। आसमान नीला, साफ था, मरगला पहाड़ियाँ हरी-भरी चमक रही थीं। कितनी खूबसूरत सुबह थी! मैं सोचने लगा, 'आसमान में अल्लाह और नीचे

पाकिस्तान में सब कुछ ठीक-ठाक है। पर क्या यह बात सच थी? मुझे मोटरसाइकिलों की फटर-फटर सुनाई देने लगी। एयरफोर्स के पचास जवानों ने अपनी वार्दियों में होटल के सामने ड्यूटी सँभाल ली। इनके पीछे जीपों में भरकर सैनिक आने लगे। होटल चारों तरफ से घिर गया। मैंने कॉफी मँगवाई। वेटर से पूछा, 'कोई खबर है?' उसने बताया कि जेल और एयरपोर्ट रात को बंद कर दिए गए थे, और काम हो गया है। उसने कहा, 'बहुत ज्यादती हुई। जुलुम हुआ।' अंग्रेज़ी या उर्दू के किसी भी अखबार में इस बारे में कुछ नहीं छपा था। क्या जुल्फी को इसके लिए लाहौर ले जाया गया था? मैंने वाजपेयी को फोन किया। हमेशा की तरह वे जानते थे। उन्होंने *वायस ऑफ अमेरिका* पर सुना था—इस बार उसने *बी.बी.सी.* को पीछे छोड़ दिया—कि रात को दो बजे रावलपिण्डी जेल में भुट्टो को फाँसी दे दी गई। लेकिन उन्हें इसका निश्चय नहीं था। मेरी हड्डियाँ जमने लगीं।

मैं डायनिंग रूम गया, कि बाज़ों के क्लब में जा मिलूँ। खबर सही थी। जुल्फी मर चुका था। उसका शरीर लरकाना के पास उसके गाँव नौ डेरो में पैतृक कब्रगाह में दफनाने के लिए भेजा जा चुका था। तब तक एक नई कहानी सुनाई देने लगी कि चीनी हवाई सेना के कुछ लोग जनरल ज़िया से यह बात करने आए थे, कि भुट्टो को उन्हें सौंप दिया जाए, वे उसे अपनी जेल में रख देंगे, लेकिन जनरल ने इससे पहले ही उसे सूली पर लटका दिया। होटल के सामने तैनात एयरफोर्स के लोग चीनियों को वापस एयरपोर्ट पहुँचाने के लिए ही आए थे।

खन्ना और मैं यह देखने रावलपिण्डी के लिए रवाना हुए कि वहाँ क्या हो रहा है। सब कुछ सामान्य ही लग रहा था—अगर सड़कों पर घूमते और गश्त लगाते सैनिकों और पुलिस की उपस्थिति को सामान्य कहा जाए! दुकानें खुली थीं, लोग खरीद-फरोख्त कर रहे थे। लेकिन माहौल में डर और चुप शिकायत की भावना नज़र आ रही थी; *जंग* के नए संस्करण इस खबर से भरे घड़ाधड़ बिक रहे थे; लोग धीमी आवाज़ में बातें कर रहे थे; ठेलेवाले भी आवाज़ देकर चीज़ें नहीं बेच रहे थे। मैंने देखा, चार आदमी हथकड़ियों में बँधे ले जाए जा रहे हैं, ये चोर रहे होंगे।

दोपहर बाद कुछ गतिविधि नज़र आई। नमाज़ खत्म हुई तो लोग जुलूस बनाकर चले; आगे बुरका पहने औरतें थीं, उनके पीछे आदमी। वे नारे लगा रहे थे; 'ज़िया कुत्ता! हाय! हाय!' और 'जुल्फिकार अली भुट्टो, ज़िन्दाबाद!' चार

स्त्री सिपाही औरतों को रोकने लगीं, तो उन्हें ढकेल कर अलग कर दिया गया; पुलिस वाले जुलूस से बचने लगे थे। पाकिस्तानी लोगों में बुरका पहने औरतों की बहुत ज़्यादा इज़्ज़त की जाती है, खुले कपड़ों वाली औरतों की नहीं। जुलूस उग्र होने लगा तो अश्रुबम छोड़े जाने लगे, लोग तितर-बितर होकर भागने लगे। कुछ लोगों को गिरफ़्तार भी किया गया—मुमताज़ और पीरज़ादा को नहीं—*जंग* अखबार के दफ़्तर में आग लगा दी गई। एक अमेरिकी फोटोग्राफर की टाँग उड़ गई। मोटरसाइकिल पर सवार एक फौजी को पीट-पीट कर मौत के करीब तक पहुँचा दिया गया। इससे ज़्यादा कुछ नहीं हुआ।

मेरे दोस्त रहमान ने मुझे लाहौर से फोन किया। उसने बताया कि शहर शान्त है। लेकिन बी.बी.सी. की खबर कुछ और ही थी। सुनीत अय्यर ने कराची से फोन पर बताया कि वहाँ भी कुछ नहीं हुआ है। लेकिन यहाँ भी बी.बी.सी. की खबर कुछ और थी।

उस शाम जनरल ज़िया के साथ मेरी मुलाकात रद्द कर दी गई। यह बात समझ में आनेवाली थी। लेकिन यह आज्ञा, कि पत्रकार इस्लामाबाद से बाहर न जाएँ, मानने लायक नहीं थी। *नवाए-वक्त* ने यह लिखकर सबको चौंका दिया कि बी.बी.सी. और ऑल इण्डिया रेडियो—दोनों मिलकर पाकिस्तान में अफवाहें फैला रहे हैं।

दूसरे दिन

दूसरे दिन *पाकिस्तान टाइम्स* ने मेरे लिए लंच दिया जिसमें चालीस के करीब पत्रकार शामिल हुए। यह मज़े की बात थी कि जो लोग कई महीने से इसके अलावा कोई और बात नहीं कर रहे थे ज़िया क्या करने जा रहा है, वे अब मौसम की बातें कर रहे थे। मेरा वक्तव्य था कि भुट्टो को फाँसी पर चढ़ाकर बहुत बड़ी राजनीतिक भूल की है, और पाकिस्तान को वर्षों तक इसका खामियाज़ा भुगताना पड़ेगा—लेकिन इस पर भी किसी ने कोई प्रतिक्रिया व्यक्त नहीं की।

लेकिन मुझे इस्लामाबाद छोड़ने से नहीं रोका गया। पाक एयरवेज़ का विमान पूरा भरा था। मैं 8 अप्रैल, शुक्रवार को कराची पहुँचा। जुम्मे की नमाज़ के बाद प्रदर्शन की उम्मीद की जा रही थी। मेरे कहने पर हमारे कौंसल जनरल मणिशंकर अय्यर और उनकी सिख पत्नी सुनीत मुझे शहर घुमाने ले चले। शहर बंद था क्योंकि जुम्मे के दिन सार्वजनिक छुट्टी होती है। लेकिन हम कई मैदानों से होकर गुज़रे, जहाँ लड़के क्रिकेट या हॉकी खेल रहे थे। हम शानदार मेमन मस्जिद और

एक विशाल गुम्बद वाली एयरकन्डीशंड मस्जिद से होकर भी गुज़रे। लोग नमाज़ पढ़कर वापस जा चुके थे और शान्ति छाई थी—यह कब्र की शान्ति थी। मुझे बताया किया कि कराची ने कभी भुट्टो का समर्थन नहीं किया।

कराची में मैं बलोचिस्तान की 'पीपुल्स डेमोक्रेटिक पार्टी' के नेता सरदार शेरबाज़ खाँ मज़ारी से, और पहले सिंध के चीफ मिनिस्टर रहे खुरो से, और पेश इमाम, एयरमार्शल असगर खाँ की तहरीक़े—इस्तिकलाल पार्टी के सेक्रेटरी जनरल, से भी मिला। इन्हें बेचारे जुल्फी की फाँसी ज़्यादा परेशान नहीं कर रही थी। मज़ारी को शिकायत थी कि भुट्टो ने बलोचियों को बहुत दबा कर रखा है। खुरो लोग, खास तौर पर उनकी कैम्ब्रिज-शिक्षित लड़की हामिद, की शिकायत थी कि सिंधी लोग उर्दू बोलने वालों मुजाहिदीनों से परेशान हैं—मुजाहिदीन यानी उत्तर प्रदेश और बिहार से आए शरणार्थी, जिन्हें ये लोग नफरत से 'तिलीगर', यानी 'बहुत बोलने वाले' कहते हैं, और झगड़ालू तथा दबंग पंजाबी भी इन्हें नापसंद हैं। पेश इमाम का मानना था कि पी.पी.पी. बिखर चुकी है, और जगह-जगह फैली बेशुमार जमातों के पिछड़े हुए अगणित मुल्ला लोगों की असलियत लोगों के सामने आ गई है, और भविष्य अब तहरीक के हाथ में है। लेकिन जिन कुछ पत्रकारों से मैं कराची में मिला, वे तहरीक को कोई अहमियत देते नहीं लगे।

पाकिस्तान के राजनीतिक दलों की टूट-फूट भी सामंती ही लगी। बलोचिस्तान और फ्रंटियर में सत्ता पर काबिज़ सी.डी.एफ. के नेता वहाँ के पुराने ज़मींदार हैं, जमातों पर मुस्लिम मौलवी हावी हैं, और तहरीक में नौकरीपेशा लोग हैं। इनमें सबसे अलग भुट्टो की पी.पी.पी. ही है। और अब भुट्टो के शहीद हो जाने के बाद उसकी बीवी नुसरत या बेटी बेनज़ीर उसका नाम लेकर पार्टी की नेता बन सकती है।

ज़ुल्फिकार अली भुट्टो के जीवन के आखिरी अंक का पर्दा 18 मार्च, 1978 को सवेरे साढ़े आठ बजे उठा। दृश्य था—लाहौर हाईकोर्ट का मुख्य अदालती कमरा। यह बहुत बड़ा हॉल है जिसमें दो पार्टीशन लगाकर तीन हिस्से किए गए हैं। उत्तरी किनारे पर काले रंग के गाउन पहने और विग लगाए पाँच जज अपनी कुर्सियों पर विराजमान हैं। इनके सामने हॉल के मुख्य भाग में ऐसे ही गाउन धारण किए आरोप पक्ष और बचाव पक्ष—दोनों के वकील बैठे हैं। इनके पीछे रेलिंग लगी है जिसके उस पार जनता का जमावड़ा है। पश्चिमी दिशा में जजों और वकीलों

के साथ पाँचों आरोपी सैनिक सुरक्षा में खड़े हैं। इनमें ज़ुल्फिकार अली भुट्टो प्रमुख है जो शानदार सूट और टाई बदन पर डाटे अकड़कर खड़ा है।

फैसले के इस दिन का पहले से कोई नोटिस जारी नहीं किया गया। मुकद्मे में हिस्सा ले रहे वकीलों को कोर्ट के रजिस्ट्रार ने उसी दिन सबेरे फोन करके सूचित किया कि उन्हें अदालत में उपस्थित होना है। आरोपियों को कोट लखपत जेल से भारी सुरक्षा के साथ ब्लैक मारिया गाड़ी में वहाँ लाया गया। लेकिन खबर फैल गई और कोर्ट खचाखच भर गया।

कार्यवाहक मुख्य न्यायाधीश मुश्ताक हुसैन जब फैसला सुनाने खड़े हुए, तब सबकी आँखें उनकी तरफ घूम गईं। उन्होंने 10-11 नवम्बर, 1974 की रात लाहौर में नवाब मुहम्मद रज़ा कसूरी की हत्या के सम्बन्ध में पाँचों जजों का एक सम्मति से दिया गया निर्णय पढ़कर सुनाया। सभी आरोपियों ने स्वयं को निर्दोष बताया था और अपने पक्ष में प्रमाण भी पेश किए थे। केवल एक, ज़ुल्फिकार अली भुट्टो ने कार्यवाही में भाग लेने से इनकार कर दिया था।

जस्टिस मुश्ताक हुसैन ने जजों के पैनेल की जानकारियाँ और फैसला पढ़कर सुनाया और घोषणा की कि आपको 'जब तक मृत्यु न हो जाए, फाँसी पर चढ़ाने की सज़ा सुनाई जाती है।'

सबकी आँखें आरोपियों की तरफ मुड़ गईं—विशेषकर ज़ुल्फिकार अली भुट्टो की तरफ। उसने बिना हिले फैसला सुना और अन्त में जजों की तरफ से चेहरा फेर लिया। वह अपने में खो गया लग रहा था। एक वकील ने कहा, 'लग रहा था कि वह सुन्न पड़ गया है...लेकिन उसने न डर दिखाया, न गुस्सा। जैसे उसने जज को सुना ही नहीं है। या वह कोई खतरनाक सपना देख रहा है।'

कहीं कोई नारा नहीं सुनाई दिया, न समर्थन में और न विरोध में ही कोई टिप्पणी सुनाई दी। उसकी बीवी नुसरत या बेटी बेनज़ीर—कोई अदालत में मौजूद नहीं थी। इमारत में चारों तरफ सेना तैनात थी।

दूसरे चारों आरोपियों के वकील उनसे बातचीत करने उनके पास पहुँच गए, लेकिन भुट्टो अकेला खड़ा देखता रहा, क्योंकि उसने हाईकोर्ट के मुकद्मे का बायकॉट किया था, इसलिए उसका कोई वकील नहीं था। वह कुछ देर तक ऐसे ही खड़ा रहा।

कोट लखपत जेल में भुट्टो के लिए छह कमरे रिज़र्व किए गए थे। वापस लौटकर वह सीधे अपने बेडरूम में गया और कोट-पैंट पहने ही बिस्तर पर ढेर हो गया। उसकी आँखें छत की तरफ देख रही थीं। एक वार्डर ने बताया, 'वह

एक घंटा या कुछ ज़्यादा उसी तरह पड़े रहे, हिले-डुले भी नहीं। फिर जब मैं खुद उनके पास गया और पूछने लगा, कि कुछ खाएँगे, तो मैंने देखा कि वह रो रहे थे। उन्होंने कोई जवाब नहीं दिया।

11 बजे वकील याह्या बख़्तियार उनसे मिलने आए। दोनों एक-दूसरे के गले लगकर रोने लगे। भुट्टो ने पूछा, 'क्या यही अन्त है?' तो बख़्तियार ने ज़ोर देकर कहा, 'नहीं, हम इसके खिलाफ अपील करेंगे।' दोनों काफी देर तक बातें करते रहे। इससे भुट्टो में कुछ जान आई और उसने हिलना-डुलना शुरू कर दिया।

जेल के नियमों के अनुसार फाँसी की सज़ा पाए कैदियों को अलग विशेष प्रकार की सुरक्षा में रखा जाता है जिससे वे खुद अपनी जान न ले लें। सिर्फ सवेरे और शाम के समय उन्हें आधे घण्टे के लिए 'टहलाई' के लिए ले जाया जाता है।

5 बजे शाम को भुट्टो को इस तरह के सेल में ले जाया गया, लेकिन उसके आग्रह पर उसे अपने ही कपड़े पहनने, अपने बिस्तर पर सोने और अपना ही खाना खाने की अनुमति दे दी गई। लिखने-पढ़ने की सुविधा भी दी गई और जो पत्र-पत्रिकाएँ वे चाहते थे, वे सब भी मँगवाने की आज्ञा दे दी गई। लेकिन उन पर जैसे मुर्दनी-सी छा गई, और एक वार्डर के अनुसार वे 'बिस्तर पर मरे हुए चूहे की तरह पड़े रहते थे।' दो दिन तक वे ऐसे ही पड़े रहे।

लगता था कि कई देशों के शासनाध्यक्षों ने उनके प्रति कोमलता बरतने ही और उन्हें मुक्त कर देने की जो अपीलें की थीं, उनसे उन्हें अच्छा लगा और चैतन्य प्राप्त हुआ। उन्हें यह भी विश्वास होने लगा कि दुनिया भर से की जाने वाली इन अपीलों का पाकिस्तान की सरकार पर प्रभाव पड़ रहा है, और इस वक्त वह जो कुछ कर रही है, उनकी हिम्मत तोड़ने के लिए ही है, अन्त में उन्हें छोड़ दिया जाएगा। इसलिए भी उन्होंने दबाव में आकर टूट न जाने का फैसला किया।

याह्या बख़्तियार ने सुप्रीम कोर्ट में अपील दाखिल कर दी। यह कोर्ट चूँकि रावलपिण्डी में था, इसलिए मई में भुट्टो और अन्य आरोपियों को वहाँ की जेल में ले जाया गया, और मज़े की बात यह है कि इसके बगल में खड़ी इमारत में रहते हुए ही भुट्टो ने कुछ ही महीने पहले पाकिस्तान पर शासन किया था। जेल में चार कमरों का एक सेट, हत्या की अपराधी स्त्री कैदियों के लिए विशेष रूप से नियत था, उनके लिए तैयार किया गया। उनको अकेले के लिए एक

बेडरूम, स्टडी, बाथ रूम और किचेन दिया गया। इस बार भी विशेष बन्दी की सुविधाओं को ध्यान में रखकर जेल के नियमों की अनदेखी की गई। जेल के लोहे वाले अस्पताली पलंग के स्थान पर उन्हें निवाड़ का पलंग, रबड़ का मोटा, गद्दा, घर की रजाइयाँ, पंखा और रोशनी वगैरह प्रदान की गई। साथ में मेज़, कुर्सी, टेबिललैंप, किताबें और पत्रिकाएँ वगैरह सब दी गईं। खाना और हवाना के सिगार घर से आते थे। वे अपने कपड़े पहनते थे—उनके पास इनसे भरे दो सूटकेस थे—और अपनी शेविंग खुद करते थे। दिन में एक घण्टा अपने वकील से बात कर सकते थे और अपनी इच्छानुसार टहलाई के लिए जा सकते थे। चूँकि रावलपिण्डी में सख्त सर्दी पड़ती है, इसलिए उन्हें बिजली के हीटर भी दिए गए थे। शाम को उनकी पत्नी और बेटी उनके साथ चाय पीने आ जाती थीं। कई दफ़ा बेनज़ीर अपने पिता के साथ बिस्तर पर बैठी ही फुसफुसाकर बातें करती रहती थी जिससे वार्डरों को ये सुनाई न पड़ें या इधर-उधर लगे यंत्रों में ये रिकॉर्ड न हो जाएँ।

6 फरवरी, 1979 को सुप्रीम कोर्ट ने उनकी अपील खारिज कर दी। इस समय वे कोर्ट में उपस्थित नहीं थे। जेल के सुपरिंटेन्डेन्ट ने उन्हें यह खबर सुनाई। उनकी प्रतिक्रिया थी, 'अफसोस की बात है।' फिर प्रश्न किया, 'क्या फैसला सर्वसम्मति से था?' सुपरिंटेन्डेन्ट ने बिना पता किए कह दिया, 'हाँ', जिस पर भुट्टो ने टिप्पणी की, 'यह तो ताज्जुब की बात है।'

जब यह खबर नुसरत के पास सिहाला पहुँची, जो पिण्डी से पन्द्रह मील दूर है, और जहाँ उन्हें भी घर में ही बन्दी बना कर रखा गया था, वे तेज़ी से उठीं, कार में बैठीं और पुलिस का घेरा तोड़ते हुए जेल के फाटक पर धड़धड़ाती हुई जा पहुँचीं। उन्हें भीतर जाने दिया गया। पति की बाँहों में गिर कर फूट-फूट कर रोने लगीं। जब शान्त हुईं तो भुट्टे ने पहला सवाल यह पूछा, 'फैसला सर्वसम्मत था?' नुसरत ने बताया कि सात जजों में से तीन ने उन्हें सन्देह का लाभ दिया है। यह सुनकर भुट्टो ने कहा कि फिक्र की बात नहीं है। हम रिव्यू के लिए अर्ज़ी देंगे।

सुप्रीम कोर्ट का यह फैसला आने के बाद जेल के अधिकारियों ने भुट्टो के साथ मौत की सज़ा पाए सामान्य कैदी की तरह व्यवहार करना शुरू कर दिया। उनका निवाड़ का पलंग उठा लिया—निवाड़ से कैदी अपना गला रूँध सकता है—शेविंग का सामान हटा दिया, और घर का खाना भी बंद कर दिया। लेकिन भुट्टो ने जेल का खाना खाने और वहाँ के पलंग पर सोने से इनकार कर

दिया—इसके बदले वे अपना रबड़ का गद्दा ज़मीन पर बिछा कर उस पर सोने लगे और अन्त तक उसी पर सोते रहे। शाम हुई तो अधिकारियों ने उन्हें घर का खाना खाने की अनुमति दे दी।

अन्तिम आशा भी टूट गई

24 मार्च, 1979 को सुप्रीम कोर्ट ने भुट्टो की पुनर्विचार याचिका खारिज कर दी। उम्मीद की आखिरी किरण भी लुप्त हो गई। भुट्टो के वकील के रूप में याह्या बख्तियार का रोल खत्म हो गया, लेकिन उनकी प्रार्थना पर उन्हें भुट्टो से मिलने की अनुमति दे दी। आरोप पक्ष के वकील एम.ए. रहमान ने भी कोई एतराज़ नहीं उठाया। कोर्ट रूम के बाहर याह्या ने प्रेसवालों को बताया कि पुनर्विचार के लिए दूसरी याचिका दिए जाने के लिए अभी भी गुंजायश है। इसी बीच जेल में सुपरिंटेन्डेन्ट ने भुट्टो को एक औपचारिक स्मारक पत्र लिखा जिसमें कहा गया था कि वे चाहें तो सात दिन के भीतर दया के लिए अर्ज़ी दे सकते हैं। जब वे इसे उनके पास ले गए और कहा कि कार्बन कापी पर हस्ताक्षर कर दें, तो भुट्टो ने यह करने से इनकार कर दिया और उग्र होकर कहा, 'हाँ, हाँ, मैं जानता हूँ यह!'

दूसरे दिन 25 मार्च को लाहौर हाईकोर्ट ने पाँचों सज़ा पाए व्यक्तियों के लिए 'ब्लैक' वारण्ट जारी किया कि उन्हें 4 अप्रैल के बाद फाँसी दी जाएगी। निश्चित तिथि को गुप्त रखा गया।

भुट्टो को, जितने लोगों से वे चाहें, मिलने की सुविधा दी गई। पहली पत्नी बेगम अमीर, चाचा, कज़िन, बहुत-से लोग उनसे मिलने आए—इनमें मुमताज़ और हफीज़ पीरज़ादा भी थे। सबकी तलाशी ली जाती थी और किसी को सेल के भीतर नहीं जाने दिया जाता था—लोहे के सींखचों के आगे छह फीट की एक मेज़ रख दी गई जिससे कोई शारीरिक सम्पर्क न हो सके—इस तरह उन्हें सायनाइड या कोई और ज़हर पकड़ाया जा सकता था।

एक रात भुट्टो ने जेल के डिप्टी सुपरिंटेन्डेन्ट को बुलाकर कहा कि हफीज़ पीरज़ादा से उन्हें मिलवा दिया जाए। उन्होंने पीरज़ादा से दया की अपील वगैरह करने की कोई बात नहीं की, यह कहा कि, 'मरना बहुत मुश्किल होता है?' लेकिन हफीज़ ने दया की अर्ज़ी दी, जिससे यह ज़ाहिर होता है कि भुट्टो ने भले ही अपनी ज़िन्दगी की भीख न माँगने का फैसला कर लिया हो, अपने मन में कहीं उन्हें यह उम्मीद ज़रूर थी कि किसी तरह, किसी के द्वारा कुछ ऐसा हो सकता

है कि जनरल अपना हाथ रोक लें। पीरज़ादा जब जेल से बाहर निकले, तो प्रेसवालों ने उनसे पूछा कि क्या उन्होंने दया की अर्ज़ी देने को कहा है। पीरज़ादा ने उत्तर दिया, 'उन्होंने तो नहीं कहा, लेकिन मैं अर्ज़ी दे रहा हूँ।'

पीरज़ादा ने प्रेसीडेन्ट ज़िया से भुट्टो की ज़िन्दगी बख्श देने की माँग की। यह अर्ज़ी अखबारों में पूरी छपी, लेकिन प्रेसीडेन्ट की ओर से कोई उत्तर नहीं आया।

भुट्टो को 4 अप्रैल को फाँसी पर चढ़ाए जाने का फैसला दो दिन पहले 2 अप्रैल को लिया गया। नियमों के अनुसार, फाँसी देने का समय शाम को साढ़े पाँच बजे निश्चित है—सर्दियों में छह बजे—लेकिन समय सवेरे 2 बजे का तय किया गया जिससे प्रदर्शन वगैरह से बचा जा सके और शरीर को उनके पैतृक स्थान नौ डेरो दफनाने के लिए भेजने का समय मिल सके। फाँसी चढ़ाने वाले विशेष व्यक्ति तारा मसीह को बहावलपुर से लाहौर लाया गया। यह भी अफवाह थी कि फाँसी देने के लिए कैदी को कोट लखपत ले जाया जाएगा।

3 अप्रैल को नुसरत और बेनज़ीर—दोनों को 11 बजे सिहाला से रावलपिण्डी जेल ले जाया गया। उन्होंने यह जानने की माँग की कि क्या यह उनकी आखिरी मुलाकात है? इसका उत्तर यह दिया गया, 'आप यही समझ लीजिए।' जब इन दोनों ने भुट्टो को यह बात बताई तो उन्होंने सुपरिंटेन्डेन्ट को बुलाकर पूछा कि क्या यह सच है, और उसने इसकी पुष्टि की। लेकिन यह नहीं बताया कि किस समय उन्हें सूली पर चढ़ाया जाएगा।

नुसरत और बेनज़ीर मेज़ के इस पार बैठी तीन घंटे तक भुट्टो से बात करती रहीं। इसमें भुट्टो के मुँह से यह बात निकल गई कि लरकाना के घर में उन्होंने दीवारों के पीछे कुछ कागज़ छिपा कर रखे हैं। चार घण्टे के भीतर घर की तलाशी लेकर ये कागज़ बरामद कर लिए गए।

वह पिता के गले नहीं लग सकी

भुट्टो के अपनी पत्नी और पुत्री के साथ यह आखिरी बार मिलने के हृदयविदारक विवरण हैं। बेनज़ीर की यह प्रार्थना कि उसे अपने पिता से गले मिलने दिया जाए, या कम से कम चलते समय उनके पैर छू लेने दिया जाए, बड़ी कठोरता से ठुकरा दी गई। एक चाँदी की तश्तरी जिसमें भुट्टो को इस आखिरी बार चाय सर्व की गई थी, उसे इस टिप्पणी के साथ वापस कर दी गई कि 'अब साहब

को इसकी ज़रूरत नहीं पड़ेगी।' इस सबसे भी स्पष्ट था कि अन्तिम समय आ गया है।

नुसरत और बेनज़ीर ढाई बजे जेल से विदा हुईं और उन्होंने माँग की कि उन्हें प्रेसीडेन्ट ज़िया-उल-हक के पास ले चला जाए। सुपरिंटेन्डेन्ट ने प्रेसीडेन्ट के निवास पर फोन किया, और उससे कहा गया कि वे, जो इन्हें कहना हो, कागज़ पर लिखकर भिजवा दें।

4 बजे एक मजिस्ट्रेट वहाँ आया और बोला कि वे अपनी आखिरी वसीयत लिख दें, जिसे वह अपने हस्ताक्षर करके प्रमाणित कर देगा। भुट्टो ने एक घंटा या उससे भी ज़्यादा समय लगाकर यह वसीयत लिखी। इसमें उसने क्या लिखा, यह कोई कभी नहीं जान पाएगा, क्योंकि लिखने के बाद उसने अपने सिगार से उसे जलाकर नष्ट कर दिया।

6 बजे उसने गरम पानी और अपना शेविंग सेट माँगा, और कहा, 'मैं मुल्ले की शक्ल में मरना पसन्द नहीं करूँगा।' शेव करने के बाद शीशे में अपना चेहरा देखा और बोला, 'अब मैं तीसरी दुनिया का नेता लगता हूँ।'

एक मौलवी तस्बीह और मुसल्ला (नमाज़ पढ़ने की दरी) लेकर आया, जिससे वह आखिरी दफ़ा प्रार्थना कर सके। भुट्टो ने तस्बीह तो गले में पहन ली लेकिन मुल्ले से कहा कि मुसल्ला वहाँ से हटा ले और खुद भी हट जाए, क्योंकि अपने खुदा के सामने पेश होने के लिए उसे किसी की मदद की ज़रूरत नहीं है।

इसके बाद उसकी बहादुरी जैसे खत्म हो गई। वह चटाई पर लेट गया और लगा, जैसे कॉमा में डूब गया है। सूली का समय पास आया तो जेल के कैदियों को जगा कर कहा गया कि वे कुरान का पाठ करें। लेकिन भुट्टो इस सबसे बेखबर दिखाई दे रहा था। डेढ़ बजे जेल के अधिकारी मजिस्ट्रेट और एक डॉक्टर के साथ उसे अपनी अन्तिम यात्रा के लिए लेने आए। सुपरिंटेन्डेन्ट ने उसे हिलाया और कहा, 'भुट्टो साहब, जाने का वक्त आ गया है।'

इसके बाद क्या हुआ, इसके कई वर्णन प्राप्त हुए हैं। एक के अनुसार, भुट्टो को उठाया गया, और जैसे ही उसने हथकड़ियाँ लिए अफसरों को देखा, वह घबरा गया। वक्त बढ़ाने के लिए उसने कई बहाने किए, जैसे वह नहाकर चलना चाहता है, वसीयत लिखना चाहता है, चाय पीना चाहता है। लेकिन ये सब नम्रतापूर्वक परन्तु दृढ़ता से रद्द कर दी गईं। दूसरे विवरण के अनुसार, उसने उठने से ही इनकार कर दिया। सुपरिंटेन्डेन्ट घबराया कि शायद उसने ज़हर खा

लिया है, और डॉक्टर से देखने को कहा। डॉक्टर ने उसकी नब्ज़ टटोली, स्टेथस्कोप लगाकर दिल की धड़कन सुनी और आँखों की पुतलियाँ उठाकर भीतर देखा, कि वह जीवित है या नहीं। जो हो, वह उठना नहीं चाहता था, या उठने की शक्ति ही उसमें नहीं बची थी, उसे स्ट्रेचर पर रखा गया। क्योंकि उसका बदन अकड़ गया था, इसलिए उसके हाथ सामने की तरफ बाँधे गए, जिन्हें नियम के अनुसार पीठ के पीछे बाँधा जाना चाहिए था।

जेल के चारों ओर सुरक्षा का ज़बरदस्त इन्तज़ाम था, क्योंकि डर था कोई हमला करके भुट्टो को छुड़ा ले जाने की कोशिश न करे। इसमें फिलिस्तीनी लिबरेशन ऑर्गेनाइजेशन का नाम भी लिया जा रहा था, और फुसफुसा कर यह भी कहा जा रहा था कि कुछ विदेशी सरकारें भी हमला कर सकती हैं। इसलिए आसमान में उड़ते हेलिकॉप्टरों और पैराशूट करने वालों पर भी नज़र रखी जा रही थी। इसलिए डिफेन्स के बहुत-से लोग भी जेल में इस समय मौजूद थे। अनुमान लगाया गया है कि 250 से ज़्यादा लोगों ने अपनी आँखों से भुट्टो की फाँसी का दृश्य देखा।

खत्म करो!

जेल में मौत की सज़ा पाए कैदियों के सेल से फाँसी पर चढ़ाए जाने का स्थान काफी दूर है। पौने दो बजे के करीब भुट्टो को स्ट्रेचर पर डाल कर लोग वहाँ ले आए। स्ट्रेचर ज़मीन पर रखा गया और सुपरिंटेन्डेन्ट भुट्टो के पास गए, तो वे अचानक उठकर बैठ गए। उन्होंने बुदबुदा कर कुछ कहा, जिसका अर्थ यह लगाया गया, 'नुसरत अब अकेली रह जाएगी।' जब हथकड़ियाँ खोली गईं और उन्हें सही जगह पर बाँधने के लिए पीठ के पीछे ले जाया गया तो, उन्होंने कहा, 'गाँठ काफी सख्त है।' फिर बिना किसी की सहायता लिए वे टिकठी पर जा खड़े हुए। तारा मसीह जब उनके मुँह पर काले रंग का हुड लगाने लगा, तो भुट्टो के ओठ हिले। एक कथन के अनुसार उन्होंने कहा, 'अब खत्म करो!' दूसरे के अनुसार, उनके ओठ तो हिले, पर कोई आवाज़ न निकली। ठीक दो बजे फँदा उनके गले में चटका, और शान-बान से रहने वाला जुल्फी, जो पाकिस्तान का प्रधानमन्त्री और प्रेसीडेन्ट—दोनों ही रहा था, और जिन्ना के बाद देश का सबसे बड़ा 'कायदे-अवाम' कहलाने वाला लोकप्रिय नेता, काल के गाल में समा गया।

सूली पर चढ़ते समय भुट्टो ने शलवार-कमीज़ पहन रखी थी, जिसे उसने आम जनता की वेशभूषा के रूप में प्रचारित किया था। उसकी कलाई में सोने

की ज़ेनिथ घड़ी बँधी थी, और उँगलियों में तीन हीरे-लगी सोने की अँगूठियाँ थीं। बाद में पिण्डी मस्जिद के कर्मचारी हयात मुहम्मद ने दफन किए जाने से पहले उसे नहलाया और नए पकड़े पहनाए, तो उसने देखा कि अँगूठियाँ हाथ में नहीं थीं। सुपरिंटेन्डेन्ट ने तुरन्त तारा मसीह और हयात मुहम्मद को गिरफ्तार कर लिया, और दोनों की तलाशी लेने का हुक्म दिया। अँगूठियाँ तारा मसीह की जेब में प्राप्त हो गईं। अँगूठियाँ और घड़ी—दोनों बाद में बेनज़ीर के हवाले कर दी गईं।

भुट्टो के शरीर को विमान से लरकाना और फिर नौ डेरो ले जाया गया। यहाँ उनकी पहली बीवी बेगम अमीर जो उनसे पन्द्रह साल बड़ी थी, चाचा, कज़िन, और दूसरे रिश्तेदारों को उनका चेहरा देखने की अनुमति दे दी गई। वह शान्त और स्थिर नज़र आ रहा था, और इस पर किसी तरह की चोट वगैरह का निशान भी नहीं था—सिर्फ गले पर एक खरोंच के (इस मान्यता में कोई सच नहीं है कि सूली पर चढ़ाए जाने वाले व्यक्ति की गर्दन टूट या तुड़-मुड़ जाती है, और आँखें और जीभ बाहर निकल पड़ती हैं।)

भुट्टो की मौत से उसके किए कुछ गलत कार्यों पर परदा पड़ जाएगा, और देश के लिए किए गये कार्यों की प्रशंसा की जाने लगेगी। उसे शहीद तो घोषित कर ही दिया गया है। खबरें आने लगी हैं कि लोग उसकी कब्र पर जाकर उसकी शान्ति के लिए फातेहा पढ़ने लगे है। कई लोग कब्र को चूमते हैं और उसकी मिट्टी सर से लगाते हैं।

खैबर से कराची तक हर गाँव और झोपड़ी में लोग इकट्ठे होकर उसके लिए 'ग़ैबाना नमाज़-ए-जनाज़ा' (शरीर न होने पर शान्ति के लिए की जाने वाली प्रार्थना) पढ़ते हैं। भुट्टो की कब्र से उसका भूत निकलकर बाहर आ गया है, और वह दिन दूर नहीं, जब सत्ता में बैठे लोगों को वह डराना शुरू कर देगा।

मेरा देश

║ **साधु-संत और गोमाता** ║

जमुना, जो पुरानी दिल्ली की पूर्वी दीवार के बाहर से बहती है, पवित्र नदी है। गंगा, जिसमें कई सौ मील दूर बहकर यह मिल जाती है, और मध्य भारत में बहने वाली गोदावरी के बाद इसका दूसरा स्थान है।

जमुना नदी पर निगमबोध घाट को सबसे पवित्र माना जाता है, जिसके किनारे भारत के धर्मग्रन्थ शुद्ध किए गए थे। भारत के प्रत्येक प्रदेश से तीर्थयात्री यहाँ स्नान करने आते हैं। सवेरे से शाम तक हज़ारों लोग इसके जल में स्नान करते हैं, यहाँ का जल सूर्य देव को चढ़ाते हैं और अपने पूर्वजों को नमन करते हैं।

देश का सबसे बड़ा श्मशान घाट भी यही है। मृत व्यक्तियों के शरीर वस्त्रों में लपेट कर—सफेद कपड़े में पुरुषों का और लाल में स्त्रियों का—यहाँ लाए जाते हैं, जल में उनको डुबकी लगवाई जाती है, फिर अग्नि के सुपुर्द कर दिया जाता है। फुटबाल के मैदान के बराबर क्षेत्र में हर समय एक दर्जन शरीर जलते दिखाई देते हैं।

अँधेरा होने पर जब शोक मनाने वाले विदा हो जाते हैं, तब निगमबोध का दृश्य बहुत मटमैला हो जाता है। रात के समय लाए जाने वाले शरीरों को लकड़ी वगैरह देने के लिए दो व्यक्ति यहाँ तैनात रहते हैं। (कुछ हिन्दू मृत्यु के बाद कुछ घण्टों में ही शरीर को जलाना अच्छा मानते हैं।) इनके अलावा इस समय भिखारी ही दिखाई देते हैं, सर्दियों में जो लाशों पर जल रही आग से गर्मी प्राप्त करते हैं; इनके अलावा यहाँ हर समय साधुओं के दल डेरा डाले रहते हैं।

साधुओं के लिए श्मशान घाट बहुत महत्त्वपूर्ण होता है। उनके लिए यह इस बात का सूचक है कि जिस संसार में हम रहते हैं, वह माया है, मृत्यु के बाद ही मनुष्य का वास्तविक जीवन आरम्भ होता है, और यदि मनुष्य पापी रहा

है तो यहाँ से उसके पुनर्जन्मों का चक्र आरम्भ हो जाता है। बहुत-से साधु चिताओं की राख से अपना शरीर मलते हैं। कुछ यहाँ जलती हुई चिताओं के मध्य तान्त्रिक क्रियाएँ साधते हैं। अघोरी नामक सम्प्रदाय के साधु व्यक्ति की वितृष्णा नष्ट करने के लिए उसे लाश का टुकड़ा तोड़ कर माँस भी खिलाते हैं।

एक रात जब मैं वहाँ गया, तब मैंने कर्मचारी से पूछा कि क्या मैं साधुओं की तान्त्रिक क्रियाएँ देख सकता हूँ।

इस आदमी के हाथ में एक नुकीला बाँस था। उसका मुख्य कार्य उससे खोपड़ियों में छेद करना था, जिससे गर्मी के कारण उनमें विस्फोट न हो जाए। उसने मेरी बात सुन कर माथे का पसीना पोंछा, फिर बोला, 'मैंने पाँच साल से कोई क्रिया नहीं देखी है। हम यहाँ ज़्यादा साधुओं का जमावड़ा नहीं होने देते। रिश्तेदारों को अपनी लाश की राख नहीं मिलती, तो वे उपद्रव करते हैं।'

'अच्छा, ये लोग कौन हैं?' मैंने तीन आदमियों की तरफ इशारा करके पूछा, जो सिर्फ लंगोट पहने थे और चिलम पी रहे थे।

'ये?' खोपड़ियाँ फोड़नेवाले ने नफ़रत के लहजे में कहा, 'ये सब आम भिखारी हैं जो साधु बनने का दिखावा करते हैं। ये काम नहीं करना चाहते, इन्हें तो बस गाँजा चाहिए। इसलिए वे बदन पर राख लपेट लेते हैं, औरतों से दान इकट्ठा करते हैं, और मौज करते हैं। असली साधु तो आजकल बहुत कम बचे हैं। अगर आपको सच्चे साधुओं के दर्शन करने हों तो आप हरिद्वार या इसके भी ऊपर ऋषिकेश जाओ, या और भी ऊपर गंगा माता के मुहाने तक चले जाओ। वहाँ जगलों और गुफाओं में ये तपस्या करते मिलेंगे।'

उसने चिता से छिटक कर बाहर आ गिरा लाश का एक टुकड़ा उठाया, उसे वापस आग में डाला, और दूसरी चिताओं का मुआयना करने आगे बढ़ गया। मैं चिलम पीते तीन साधुओं की तरह चला।

'ओम् नमो शिवाय!' उनमें से एक बोला।

'जीते रहो', दूसरे ने कहा।

तीसरा बोला, 'बच्चा, साधुओं को भिक्षा दो। ईश्वर इस जन्म में और परलोक में तुम्हारा कल्याण करेगा।'

मैं वहाँ रुके बिना आगे बढ़ गया। एक ही आवाज़ मुझे सुनाई दी, 'कोट-पतलून वाला साहब लगता है।'

खोपड़ी तोड़ने वाले ने ठीक ही कहा था कि असली साधु आसानी से नहीं मिलते। नकली साधु ही चारों तरफ नज़र आते हैं। कोई नहीं जानता कि क्या

करने से आदमी साधु कहलाने का अधिकार पाता है। और साधु एक स्थान पर ज़्यादा समय ठहरते भी नहीं। बहुत-से साधु दूर कहीं घने जंगल में या पहाड़ियों के बीच रहते हैं, जहाँ जनगणना करने वाले पहुँच ही नहीं सकते। पिछली जनगणनाओं में इनकी संख्या पचास लाख बताई गई है। नई में पाँच लाख। अंग्रेज़ लोग इनकी संख्या बढ़ा कर बताते थे, जिससे वे सिद्ध कर सकें कि भारत के लोग काम करने से बचते हैं। इसी तरह नए भारत के शासक यह दिखाना चाहते हैं कि यह योगियों का देश नहीं है।

'साधु' शब्द संस्कृत के शब्द 'साधना' से निकला है। इस नाम के नीचे कई तरह के लोग शुमार किए जाते हैं। एक श्रेणी विद्वानों की है जो धर्मग्रन्थों के अध्ययन में लगे रहते हैं और उनका अध्यापन भी करते हैं, और जिन्हें 'गुरु' कहा जाता है। दूसरी श्रेणी उन लोगों की है जो आश्रमों या मठों में रहते हैं और किसी स्वामी के अधीन दूसरे आश्रमवासियों के साथ जीवन बिताते हैं। एक श्रेणी संन्यासियों की होती है जो सब कुछ छोड़ कर किसी सम्प्रदाय के अंग बन जाते हैं और प्रार्थना, ध्यान और तीर्थयात्रा करने में अपना समय बिताते हैं। इनके अलावा योगी होते हैं—'योग' का अर्थ है एकत्व—जो शारीरिक और मानसिक साधना की एक पद्धति के अनुसार ईश्वर से अपने युक्त होने का अभ्यास करते हैं।

इस श्रेणी में कुछ ऐसे लोग हैं जिनकी शक्तियों ने विज्ञान को चकित कर दिया है : कुछ योगी पृथ्वी के छह फीट नीचे एक हफ्ते तक जीवित रहे हैं, कुछ एसिड पी लेते हैं या शीशा चबा कर खा लेते हैं, लेकिन उन्हें कोई हानि नहीं होती। कुछ योगियों को हवा में ऊपर उठने की क्षमता प्राप्त हो जाती है, कुछ कई मिनट तक अपने हृदय की धड़कन को बन्द कर देते हैं। नीचे के स्तर पर बहुत-से योगी ऐसे मिलेंगे जो शरीर को कष्ट देकर दर्द पर विजय प्राप्त करते हैं—जैसे, कीलों की शय्या पर लेटना, कई साल तक एक पैर पर खड़े रहना, हाथ को सालों तक ऊपर उठाए रखना, या हथेली में इस पार से उस पार तक कील ठुकवा लेना। इसके अन्तिम सिरे पर अघोरी होते हैं, जो मनुष्य की बलि देते हैं—पकड़े जाने पर उन्हें फाँसी दे दी जाती है—ये शव का मांस और टट्टी-पेशाब खाने से परहेज़ नहीं करते।

साधुओं के अनेक सम्प्रदाय होते हैं और पहनावा तथा रख-रखाव भी अलग-अलग होता है। निर्मला साधु सफेद वस्त्र पहनते हैं। ज़्यादातर सम्प्रदायों के साधु गेरुआ या गुलाबी या इनसे मिलते-जुलते रंग के कपड़े पहनते हैं, बौद्ध

साधु पीले वस्त्र पहनते हैं। कई सिर्फ लंगोटी पहनते हैं और शरीर पर राख मलते हैं। राख मृत्यु का प्रतीक है, इससे मक्खी-मच्छर भी दूर रहते हैं।

'नागा' साधु कुछ नहीं पहनते, आकाश ही उनका आवरण होता है। इनके बालों का स्टाइल अलग-अलग होता है; कुछ अण्डे की शक्ल के, कुछ का एक बड़ा गुच्छा, कुछ की लम्बी चोटी, कुछ के बालों में राख भरी, एक या कई चोटियाँ, कुछ के खुले कन्धों पर फैले। कुछ सम्प्रदायों के लोग दाढ़ी बनाते हैं, लेकिन ज़्यादातर दाढ़ी के बाल बढ़ने देते हैं। प्रायः सभी साधुओं के हाथ में भिक्षा-पात्र होता है, हाथ में डण्डा और गले में रुद्राक्ष, तुलसी, कमल या आदमी के दाँतों की माला पहनते हैं।

ज़्यादातर सम्प्रदाय निरामिषभोजी होते हैं और ब्रह्मचर्य का पालन करते हैं, लेकिन तान्त्रिक सम्प्रदाय इसके अपवाद हैं, जो शक्ति के पूजक हैं और शक्ति को शिव की पत्नी मानते हैं, और शराब तथा संभोग को साधना के लिए आवश्यक मानते हैं—इनके बिना उन्हें सिद्धियाँ प्राप्त नहीं होतीं। साधुओं के आश्रमों में स्त्रियों को बहुत कम प्रवेश दिया जाता है, लेकिन गेरुए वस्त्र पहने स्त्रियाँ दिख ही जाती हैं, जो अपने को 'साध्वी' या 'योगिन' बताती हैं।

साधुओं के इन कठोर रूपों का अस्तित्व अत्यन्त प्राचीन काल से पाया जाता रहा है। यह इस धारणा पर आधारित है कि पाप से मुक्त होने के लिए शरीर को कष्ट देना और तपस्या करना आवश्यक है, और इसी के द्वारा मनुष्य संसार के चक्र से—जन्म, मृत्यु और पुनर्जन्म से—मुक्त हो सकता है। तप से शरीर और आत्मा की अशुद्धियाँ जल कर नष्ट हो जाती हैं। व्यवस्थाकार मनु (ई.पू. तीसरी शताब्दी) ने इस विषय के नियम स्पष्ट निर्धारित कर दिए हैं।

'साधु को चाहिए कि गाँव छोड़कर जंगल में जाकर रहे और अपनी इन्द्रियों पर नियन्त्रण प्राप्त करे। उसे पंच महायज्ञ नियमानुसार करना चाहिए, शुद्ध भोजन, जड़ी-बूटी, फल और हरी सामग्री का सेवन करे। फटा-पुराना कपड़ा पहने, सवेरे या शाम को स्नान करे, बालों को हमेशा जटाओं की तरह उलझा कर रखे, और शरीर, मुख इत्यादि के बाल न काटे, नाखून भी बढ़ते रहने दे...वेदों का नियमित रूप से पाठ करे, कठिनाइयाँ सहन करे...सदा उदार रहे...जीवित प्राणियों को कष्ट न दे और उनकी रक्षा करे...ग्रीष्म काल में पंचाग्नियों का सेवन करे, वर्षा ऋतु में खुले आसमान में निवास करे, सर्दी के मौसम में गीले कपड़े पहने, और कठोरताओं को बढ़ाता ही रहे...अपना घर छोड़ कर शान्ति से इधर-उधर घूमता रहे, सुख-सुविधाएँ प्राप्त होने पर उनकी उपेक्षा करे। बिना किसी साथी के हमेशा अकेला ही घूमे...

तभी मुक्ति प्राप्त होगी...वह मृत्यु की भी कामना न करे, न जीवित रहने की इच्छा उत्पन्न होने दे, और जिस प्रकार नौकर अपने वेतन की प्रतीक्षा करता है, उसी प्रकार अपना समय आने की प्रतीक्षा करता रहे।'

साधुओं के प्रमुख देवता नाशकर्ता शिव हैं, जिन्हें ब्रह्मा और विष्णु के साथ—जो जन्मदाता और पालक देवता हैं। शैव साधुओं के सात सम्प्रदाय हैं जिनमें दशनामी—आठवीं शताब्दी में हुए अद्वैतवादी शंकराचार्य के दस शिष्यों की परम्परा में—सबसे अधिक संख्या है। विष्णु को माननेवालों के भी कुछ साधु सम्प्रदाय हैं। सच्चाई तो यह है कि प्रत्येक धर्म में साधुओं के सम्प्रदाय हैं। सिखों में साधु हैं, मुसलमानों में फकीर होते हैं, और ईसाइयों में भी साधु होते हैं। ये सब ज़्यादातर हिन्दू साधुओं का रूप-रंग ही अपनाते हैं, जैसे गेरुआ वस्त्र, हाथ में पात्र, डण्डा, लम्बे बाल और दाढ़ी।

साधुओं की तलाश में आप को कहीं जाना नहीं पड़ेगा। ये हर शहर और कस्बे के बाज़ारों में घूमते हुए मिल जाएँगे। हर गाँव में भी उसका अपना बाबाजी होता है, जो बाल बढ़ा लेता है और गाँव से कुछ दूर पर कुटिया बनाकर रहने लगता है। यह कुछ काम नहीं करता, चाहता है कि लोग उसको खिलाएँ। और वह चाहे या न चाहे, लोगों को उसमें रोग ठीक करने की और भविष्य बताने की शक्तियाँ दिखाई पड़ने लगती हैं। वह हकीम, ज्योतिषी, मनोचिकित्सक और दार्शनिक—सभी कुछ हो जाता है। औरतें उसके पैर छूती हैं और बच्चों के लिए आशीर्वाद माँगती हैं। पुरुष इससे ज़्यादा प्रभावित नहीं होते, खासतौर पर अगर वे युवा और सुन्दर हों, लेकिन वे भी उनके खिलाफ कुछ बोलने या करने से बचते हैं। साधु शाप दे सकता है, और इससे सबको डर लगता है।

पश्चिमी सभ्यता में पले-बढ़े शिक्षित भारतीयों को जिस बात से क्रोध आता है, वह यह है कि ये लोग कुछ काम नहीं करते और दूसरों की कमाई पर जीवित रहते हैं। हमारे देश के जनसामान्य का समाजसेवा के प्रति ज़्यादा झुकाव नहीं है, लेकिन साधु तो इसकी अति कर देते हैं और मानसिक शान्ति के अलावा कुछ और करना-कराना नहीं चाहते।

देश में आए दिन बाढ़, बीमारियाँ, भूचाल, सूखा और अकाल की विपत्तियाँ आती रहती हैं, लेकिन इन आश्रमों और मठ-मन्दिरों में रहने वाले साधु-सन्तों के जीवन पर इनका कोई प्रभाव नहीं पड़ता। ये समाधि की तलाश में आँखें

बन्द किए बैठे रहते हैं। सहायता-शिविरों में आपको कभी एक भी साधु नहीं दिखाई देगा। यह काम ज़्यादातर ईसाई संस्थाएँ ही करती नज़र आती हैं।

पिछले दिनों में साधुओं के इस व्यवहार की जो कटु आलोचना हुई है, उसका कुछ प्रभाव अब इन पर पड़ता दिखाई देने लगा है। कुछ लोग अपने आश्रमों से बाहर निकल कर काम करते नज़र आते हैं। लेकिन अब भी एक ही संस्था *रामकृष्ण मिशन* ज़्यादा काम करती है, जो बंगाल के प्रसिद्ध संत रामकृष्ण परमहंस (1836-86) की स्मृति में स्थापित की गई थी। भारत सरकार ने 1956 में भारत साधु समाज को अपना समर्थन प्रदान किया, लेकिन इसका कार्य भी 'धार्मिक और सामाजिक प्रगति, राष्ट्रीय चरित्र के निर्माण, पुण्य-कार्यों के प्रचार और हानिकर कार्यों के उन्मूलन, धार्मिक कार्यों की सुरक्षा और तीर्थ स्थानों के विकास' तक ही सीमित है। पिछले दिनों 'अकाल सहायता समिति' ने सहायता की अपील की, लेकिन कोई उत्तर नहीं दिया गया।

साधु लोग यद्यपि दुनियादारी से अलग रहने का दम भरते हैं, लेकिन उनमें से कुछ राजनीति में रुचि लेने से परहेज़ नहीं करते। राजनीतिक-साधु का इस सम्बन्ध में कहना यह होता है कि वे धर्म की रक्षा के लिए यह करते हैं। आज़ादी के बाद वे गोरक्षा के लिए आवाज़ उठाने लगे हैं—इस सम्बन्ध में हिन्दुओं की भावना इतनी प्रबल थी कि संविधान के निर्देशक सिद्धान्तों में भी इसे स्वीकार किया गया। इस विषय पर कार्य करने का दायित्व राज्यों का माना गया, और सत्रह[1] राज्यों में से चार को छोड़ कर सबने इसे लागू कर दिया है और गोवध को दण्डनीय अपराध घोषित कर दिया है। लेकिन इसे पर्याप्त नहीं माना जा रहा, और एक जन आन्दोलन करके सरकार पर दबाव डाला जा रहा है कि इसे अखिल भारतीय स्तर पर स्वीकार किया जाए। इसके लिए सब धार्मिक और राजनीतिक संस्थाएँ एकजुट हो गई हैं। इससे साधुओं को कुछ कहने और करने का अवसर प्राप्त हुआ है और वे अपने को धर्म का रक्षक मानने लगे हैं।

इस समय—1967 में—संसद में चार साधु सदस्य हैं। इनमें से दो रामकृष्ण मिशन से सम्बन्धित हैं और तीसरा एक प्रमुख मन्दिर का पुजारी है। लेकिन अच्छे साधुओं की तरह वे संसद में मौन व्रत साधे रहते हैं। लेकिन चौथे, स्वामी रामेश्वरानन्द अकेले इन सबकी कमी पूर्ण करते हैं। स्पीकर ने कई दफ़ा उनकी वाचालता की भर्त्सना की है। उन्होंने 7 नवम्बर, 1966 के दिन साधुओं को उकसा कर संसद का घेराव करवा दिया, जिसमें सरकारी इमारतों को आग लगा दी गई और सड़कों पर बसें और गाड़ियाँ फूँक दी गईं। सरकारी आँकड़ों के अनुसार,

इसमें सात आदमी मारे गए। लेकिन दक्षिणपन्थी साप्ताहिक *ऑर्गेनाइज़र* के अनुसार, यह संख्या 74 और पाकिस्तानी रेडियो के अनुसार 475 थी। स्वामी रामेश्वरानन्द ज़मानत पर हैं और मुकदमे का इन्तज़ार कर रहे हैं।

अपनी साधु विरोधी भावना से प्रेरित मैं भारत साधु समाज के मंत्री से मिलने गया। दिल्ली के सबसे ज़्यादा प्रतिष्ठित निवासीय क्षेत्र, डिप्लोमेटिक एनक्लेव, में इस संस्था की दोमंज़िली बड़ी इमारत है—यहाँ ज़्यादातर विदेशी दूतावास हैं और देश के सबसे धनी लोग भी यहाँ रहते हैं। मैंने मिलने का समय नहीं लिया था, लेकिन फिर भी मेरा स्वागत किया गया। एक काफी बड़े कमरे में मैं बैठा इन्तज़ार करने लगा। इसमें छह फुट ऊँचा लकड़ी का पार्टीशन लगा था जिस पर पं. नेहरू का बड़ा-सा चित्र लटका था—इसमें उनकी जाति के चिह्न अंकित थे (ये उन्होंने कभी नहीं लगाए)। तीन बड़े पोस्टर लगे थे जिनपर 7 नवम्बर को गोरक्षा के लिए होने वाली रैली की घोषणा की गई थी। पोस्टरों के साथ दिल्ली का नक्शा टँगा था जिस पर रैली का रास्ता दिखाया गया था।

मुझे सीढ़ियों से उतरते किसी आदमी के जूतों की खट्-खट् सुनाई दी, जिसने कमरे में आकर मुझसे बड़ी शुद्ध अंग्रेजी में पूछा, 'आप मुझसे मिलना चाहते हैं?'

'जी, आप ही स्वामी आनन्द हैं, समाज के मंत्री?' (यह कहते हुए मैंने उनके पैर छू लिए।)

स्वामी आनन्द पचास वर्ष के लगभग आयु के सुदर्शन व्यक्ति थे। लम्बे सुनहरे बाल कानों के इर्द-गिर्द फैले, बड़ी, चमकती आँखें, छोटी-सी दाढ़ी। वे पार्टीशन के दूसरी ओर मुझे ले गए; यह उनका दफ़्तर था। दीवारों से फाइलें लगी थीं, मेज़ पर भी कागज़ भरे पड़े थे।

अपनी घूमनेवाली कुर्सी पर बैठ कर उन्होंने दाढ़ी पर हाथ फेरा। साधु लोग अपने बारे में बात करने में संकोच करते हैं, लेकिन मैंने हिम्मत करके पूछ ही लिया, 'स्वामी जी, आप साधु क्यों बने? ज़ाहिर है, आप सुशिक्षित हैं। बहुत अच्छी अंग्रेज़ी बोलते हैं। आपको तो कहीं भी काम मिल सकता था।'

स्वामी जी ने जैसे प्रशंसा स्वीकार कर ली और पतली-पतली उँगलियाँ बालों पर फिराते हुए बोले, 'यूनिवर्सिटी में अंग्रेज़ी मेरा प्रिय विषय था। अपनी कक्षा में मैं प्रथम आता था।'

'आप बंगाली हैं?'

अपने उच्चारण के बारे में उन्हें यह टिप्पणी पसन्द नहीं आई। 'मैं भारतीय हूँ...दुनिया का हूँ। हिन्दू धर्म ईसाई और मुस्लिम धर्मों की तरह नहीं है, जिसके

अनुयायी ईसा मसीह या हज़रत मोहम्मद को मानने वाले ही हो सकते हैं। सारी दुनिया हिन्दू धर्म को मान सकती है,' यह कह कर उन्होंने अपनी बाँहें इस तरह हवा में फैलाईं, जैसे दुनिया भर को उसमें भर लेंगे।

'यह प्रेम का धर्म है।' फिर उन्होंने अपने हाथ मिला कर सीने से लगाए, जैसे दुनिया को अपने में समेट लिया हो। 'हिन्दू धर्म सबको, हर वस्तु को प्यार करता है।' यह कह कर उन्होंने आँखें बन्द कर लीं और कुर्सी झुलाने लगे।

'आप साधु क्यों बने?'

उन्होंने आँखें खोलीं। 'क्यों बना? अच्छा सवाल है यह।' कुछ देर रुक कर उन्होंने कहना शुरू किया, 'क्योंकि मैं अपना सत्य पहचानना चाहता था। हमारे सभी धर्मग्रन्थ कहते हैं कि मनुष्य जीवन का चरम उद्देश्य स्वयं को पहचानना है।'

'इसकी शुरुआत कैसे हुई?'

'मेरे अंग्रेज़ी टीचर थे...अमेरिकी। उनका नाम नहीं याद आ रहा...रेवरेण्ड टकर या इसी जैसा कुछ। ईसाई संन्यासी थे। उन्होंने मुझे ईसा मसीह की पूजा करना सिखाया। मैं ईसा को इतना प्यार करने लगा, कि जब भी उनके सूली पर चढ़ने की याद आती तो बेतहाशा आँसू निकलने लगते। इन अमेरिकी मिशनरी ने ही एक दिन मुझसे कहा, 'जाओ और मनुष्य की सेवा करो।'

'पहले मैं रामकृष्ण मिशन में सम्मिलित हुआ। वहाँ मुझे बहुत अच्छा नहीं लगा क्योंकि वे रामकृष्ण को ही भगवान मानते थे। फिर मैं एक से दूसरी जगह तीर्थयात्रा करता रहा : जगन्नाथपुरी, बनारस, हरिद्वार, ऋषिकेश। सब पावन नदियों में स्नान किया। हिमालय में कई वर्ष प्रार्थना, उपवास और ध्यान करते हुए बिताए। फिर मुझे लगा कि अब मैं साधु बनने के लिए तैयार हो गया हूँ। तब मैंने हरिद्वार जाकर दीक्षा ले ली।'

'साधु को दीक्षा कैसे दी जाती है?'

स्वामी जी यह सुन कर भड़क उठे। 'यह रहस्य होता है। कोई साधु आपको अपनी दीक्षा के बारे में कुछ नहीं बताएगा, और न अपना गुरुमन्त्र बताएगा।'

मैंने उनसे कहा कि इसके बारे में मैंने स्वामी अगेहानन्द भारती के प्रसिद्ध ग्रन्थ *दि ओकरे रोब* में विस्तार से पढ़ा था। (इस पुस्तक पर भारत सरकार ने प्रतिबन्ध लगा दिया था। भारती ऑस्ट्रिया निवासी थे जिन्होंने हिन्दू धर्म स्वीकार कर लिया था; अब सायराक्यूज़ यूनिवर्सिटी में दर्शन पढ़ाते हैं।)

स्वामी जी ने धर्म को प्रेम मानने के बावजूद भारती के बारे में काफी सख्त-सुस्त कहा। फिर वे अपनी दीक्षा के बारे में बताने लगे। 'मैंने दशनामी सम्प्रदाय में दीक्षा ली (भारती भी इसी में दीक्षित हुए थे)। फिर शंकराचार्य के दर्शन का अध्ययन किया, जिससे मेरा मन प्रेम और प्रकाश से भर गया।'

'स्वामीजी, गोरक्षा के विषय में आपके क्या विचार हैं?'

'गाय पवित्र पशु है। उसका दूध हर उस व्यक्ति के लिए आवश्यक है जो आध्यात्मिक जीवन बिताना चाहता है। गाय का दूध, दही, मक्खन, छाछ— सब मनुष्य को स्वस्थ रखते हैं, और उसमें काम-वासना उत्पन्न नहीं होने देते।'

'काम-वासना?'

'हाँ, काम-वासना। श्वेत गाय के दूध से काली गाय का दूध ज़्यादा अच्छा होता है।' मुझे यह सुनकर आश्चर्य हुआ, तो वे समझाने लगे, 'आत्मज्ञान के समान ही आत्मसंवर्धन आवश्यक है। अपने को बनाए रखने के लिए अपने वीर्य को बनाए रखना ज़रूरी है। सच्चा साधु इसका एक बिन्दु भी नष्ट नहीं होने देता। वह उसे खींच कर अपने मेरुदण्ड तक लाता है, जहाँ से वह शरीर में फैलकर उसे शक्ति प्रदान करता है।' यह कहकर उन्होंने गहरी साँस ली, सीना फुलाया और उसे थपथपा कर अपनी शक्ति का प्रदर्शन किया।

मुझे याद आया कि इसके बारे में मैंने आर्थर कोस्लर की सुप्रसिद्ध कृति *दि लोटस एण्ड दि रोबोट* में भी पढ़ा है। इस पुस्तक पर भी प्रतिबन्ध लगा दिया गया था। स्वामी जी ने भी यह किताब पढ़ी थी, उन्होंने इसकी भी सख्त आलोचना की।

'गोरक्षा का आर्थिक पहलू क्या है?' मैंने पूछा और उन्हें बताया कि 23.5 करोड़ गायें भूख से मरती हैं वगैरह वगैरह।

स्वामी जी ने ये सब बातें पहले भी सुनी थीं। उन्होंने कहा, 'अगर सरकार कसाईखाना बनाने के लिए दस करोड़ रुपये खर्च कर सकती है, तो एक लाख उनके लिए गोशाला बनाने पर क्यों नहीं कर सकती? अगर हम उन्हें अच्छा खाना देंगे, तो वे दूध भी ज़्यादा देंगी। उनके गोबर से ज़मीन की पैदावार बढ़ती है। अगर फर्टिलाइज़र्स में प्राकृतिक खाद न मिलाई जाए, तो उसके उपयोग से ज़मीन रेगिस्तान में बदल जाएगी। गोमूत्र में भी औषधि के गुण होते हैं। कई आयुर्वेदिक दवाओं में उसका इस्तेमाल किया जाता है। मेरे भाई, अर्थशास्त्र गोरक्षा का समर्थक है।'

'गोरक्षा केवल हिन्दू ही चाहते हैं। अगर हम दूसरे धर्म वालों की उपेक्षा करेंगे, तो सेकुलर कैसे माने जाएँगे?'

'मेरे मित्र,' स्वामीजी ने बड़प्पन दिखाते हुए कहा, 'लगता है, आप विदेशों में बहुत ज़्यादा रहे हैं। सेकुलर होने का क्या यह अर्थ है कि हिन्दुओं की भावनाओं की जान-बूझकर उपेक्षा की जाए, जिनकी संख्या देश में 85 प्रतिशत है? मैं आपको बताऊँ कि ईसाई, मुसलमान और सिख भी बहुत बड़ी संख्या में हमारे साथ हैं। और क्या आप यह नहीं समझते कि जिस जानवर का आप दूध पीते हैं, उसी का मांस खाना कितना हानिकारक है? यह अपनी माँ का मांस खाने के बराबर है। इसीलिए गोमांस खानेवाले मूर्ख कहे जाएँगे।' उन्होंने शेक्सपियर के नाटक *ट्वेल्फ्थ नाइट* का उद्धरण देते हुए कहा :

I am a great eater of beef

and I believe that does harm to my wit.

मैं गोमांस बहुत खाता हूँ, और मुझे लगता है कि
इसका मेरी बुद्धि पर बुरा असर पड़ता है।

स्वामी जी ने फिर मुझे बताया कि 1956 में तत्कालीन योजना मन्त्री गुलज़ारी लाल नन्दा ने उन्हें साधु समाज का मन्त्री बनने के लिए तैयार किया था। इसमें सभी सम्प्रदायों के दस हज़ार सदस्य हैं। एक दिन देश के सब साधु इसमें शामिल हो जाएँगे और दुनिया के नैतिक उत्थान का काम करेंगे।

मैंने उनसे एक और साधु नेता के बारे में उनकी राय पूछी। उन्होंने माथा सिकोड़ कर कहा, 'वह भी कोई साधु है! शराब पीता है, मांस खाता है, औरतों को बरबाद करता है। वाहियात आदमी है।'

उनकी बात सुनकर मैं चकित रह गया। उन्होंने मुझे विश्वास दिलाया, 'हमारा धर्म पवित्रता और प्रेम का धर्म है। धोखेबाज़ों की इसमें जगह नहीं है।'

मैंने एक और साधु का नाम लिया, जो अमेरिका धर्म का प्रचार करने गया था। 'यह तो एकदम फ्रॉड है। गुण्डा, बदमाश!'

अब एक खेल शुरू हो गया। मैंने जो नाम लिए, उनमें से पाँच अच्छे निकले, बुरों की संख्या सात रही।

मैंने स्वामी जी के पैर छुए और बाहर आ गया।

शाम के समय मैं फिर निगमबोध घाट गया। इससे आधा मील उत्तर में एक साधुओं का शिविर था जिसे हिन्दू धार्मिक और राजनीतिक संस्थाओं ने संगठित किया था—आर्य समाज, सनातन धर्म सभा, भारतीय जनसंघ और आर.एस.एस.। यह शिविर नदी और दो सड़कों के बीच था, जो पूरे शहर को घेरती है। यहाँ पुलिस बड़ी संख्या में तैनात थी। सौ सिपाही थे जो कई तरह के हथियारों से लैस थे। सड़क पर अनाज से भरी गाड़ियाँ लाइन लगाए खड़ी थीं।

मैं बीसवीं सदी के फुटपाथ से उतर कर प्राचीन काल का दर्शन करने शिविर में घुसा। सबसे पहले नागा साधु नज़र आए जो कतारें बनाए बैठे अपने गुरु की वाणी सुन रहे थे। किसी के शरीर पर कपड़े का एक भी टुकड़ा नहीं था। दूसरा दल मध्य भारत से आया था, ये गेरुए वस्त्र पहने थे। ये एक गड्ढे के इर्द-गिर्द बैठे थे जिसमें आग जल रही थी और ये लोग मन्त्र पढ़ कर उसमें घी और चावल डाल रहे थे।

नदी के किनारे पर एक और सम्प्रदाय के साधुओं के तम्बू लगे थे, जो *ट्वेल्थ नाइट* बिहार से आए थे। ये ज़्यादा समृद्ध लगते थे। वे अपने साथ हाथी भी लाए थे—हाथी की कीमत कैडिलक कार से ज़्यादा होती है और दो गाड़ियों को चलाने में जितना पेट्रोल लगता है, उससे ज़्यादा पैसों का खाना एक हाथी खा लेता है। हाथी अपने ऊपर और सामने आनेवाले हर आदमी के ऊपर रेत का छिड़काव कर रहा था।

मैं इससे बच कर निकल आया और अखाड़े की तरफ बढ़ गया। यहाँ एक बैनर पर बड़े-बड़े शब्दों में 'यंगमेन्स हिन्दू एथेलेटिक क्लब' लिखा था, और जवान लड़के कुश्ती लड़ रहे थे। यही वे लोग थे जो कुछ देर बाद जुलूस बना कर निकलेंगे और शहर के व्यापारियों को दुकानें बन्द करने के लिए विवश करेंगे, जिससे सरकार पर गोवध बंद करने के लिए दबाव डाला जाए।

यहाँ सैकड़ों साधु और अन्य लोग थे जो नदी की रेत पर बैठे थे। गेरुए कपड़े पहने एक साधु मंच पर खड़ा होकर लाउडस्पीकर से भाषण दे रहा था। मैं पश्चिमी वेशभूषा में था, इसलिए सबका ध्यान मेरी ओर गया। वक्ता ने तुरन्त अवसर के अनुसार भाषण का रुख मोड़ दिया और पश्चिम से प्रभावित लोगों के खिलाफ तीर फेंकना शुरू कर दिया।

'हमारे पुराने लोग ईश्वर का नाम लेकर दिन का आरम्भ करते थे। लेकिन आज के जेंटलमैन, जो अमरीका और इंग्लैण्ड में पढ़कर आए हैं, ईश्वर में विश्वास ही नहीं करते। आप जानते हैं, ये लोग दिन की शुरुआत कैसे करते हैं? मैं आपको

बताता हूँ; बिस्कुट खाकर!' इस शब्द का उच्चारण उसने दो टुकड़ों में किया; 'बिस' यानी ज़हर और 'कूट' यानी पाउडर।

श्रोता बेतहाशा हँसने लगे। कई लोगों ने मुड़ कर मेरी तरफ देखा। वक्ता का उत्साह बढ़ गया और वह बढ़-चढ़कर पश्चिम की बखिया उधेड़ने लगा, कि कैसे उसने हिन्दू धर्म का सत्यानाश किया है। फिर उसने एक कहानी सुनाई जिसमें अंग्रेज़ी हिन्दुस्तानी नदी पार करने के लिए नाव वाले से अंग्रेजी में कहता है :

'हे यू ब्लैक मैन, कम हिअर।'

(अरे ओ काले आदमी, यहाँ आओ।)

नाव वाला अंग्रेज़ी नहीं जानता था, इसलिए वह चुप रहा।

हिन्दुस्तानी साहब ने फिर चिल्ला कर कहा, 'कम एट वन्स, यू बिलाडी (ब्लडी)..., लेकिन इसका भी कोई असर नहीं हुआ। फिर उसने हिन्दी में कहा, 'भैया, मुझे नदी के पार ले चलो!'

नाव वाला नाव को किनारे पर लाया और उसे बिठा कर नदी पार करने लगा। उसने साहब से पूछा कि विदेशों में क्या सीखा है। साहब ने उसे बताया कि ऑक्सफोर्ड में उसने साइंस और दर्शन पढ़ा है। जब नाव नदी के बीचोबीच पहुँची तब उसमें एक छेद हो गया और उसमें पानी भरने लगा। नाव डूबने लगी और साहब ज़ोर-ज़ोर से चिल्लाने लगा। नाव वाला धीरे-धीरे नाव को किनारे ले आया, और पूछने लगा, 'और वहाँ अक्सफोर या फक्सफोर में उन्होंने तुम्हें नाव चलाना नहीं सिखाया?'

कहानी खत्म हुई और बात लोगों की समझ में आ गई। वे गला फाड़ कर हँसने लगे। उन्होंने फिर गर्दन घुमाई और मुझे देखने लगे। वक्ता बहुत प्रसन्न था। कहता रहा, 'और इसलिए मेरे प्यारे भाइयो, अपने देश के धर्म को, ईश्वर को और पुराने इतिहास को मत भूलो। यह मत भूलो कि गोमाता की पूजा करना हिन्दू धर्म का ज़रूरी हिस्सा है। उसकी रक्षा के लिए हम अपने खून का एक-एक कतरा बहा देंगे।' श्रोताओं में से एक ने नारा लगाया, 'धर्म देश का नाता है!'

उसके पीछे सब लोग चीख कर बोले, 'गौ हमारी माता है।'

मीटिंग खत्म हो गई। लोग उठ कर जुलूस की शक्ल में खड़े होने लगे, नागा बाबा गाड़ी में थे। सब रेत से भरा मैदान पार कर बाहर सड़क की तरफ नारे लगाते आगे बढ़ने लगे।

तभी खाकी और लाल कपड़े पहने पुलिस वालों का एक दस्ता उनका रास्ता रोक कर खड़ा हो गया। उसका इंस्पेक्टर सामने आया और हाथ में लिया डंडा

सड़क पर रख कर नागा साधुओं के पैर छूने लगा। फिर दोनों हाथ जोड़ कर बोला, 'महाराज, आप इससे आगे न जाएँ।'

महाराज लोगों ने आँखें तरेरीं, तो उसने फिर उनके पैर छूकर कहा, 'हम आपके बच्चे हैं। हमें माफ करें, लेकिन यहाँ से आगे न बढ़ें।'

साफ था कि न तो इंसपेक्टर और न उसके दस्ते के सिपाही साधुओं को हाथ लगाने के लिए तैयार थे। एक नागा ने कहा, 'यह शैतानी खत्म करो!'

'महाराज,' इंसपेक्टर ने चिरौरी करते हुए कहा, 'हम भी गौमाता के भक्त हैं। लेकिन हम सरकार के नौकर भी हैं। आप सरकार को तैयार कर लें तो हम गोवध करनेवालों की खाल उधेड़ कर रख देंगे। महाराज, हमारी रोटी और इज़्ज़त— दोनों आप के हाथ में हैं।' अफसर ने तीसरी दफ़ा नागा साधुओं के पैरों को हाथ लगाया।

साधुओं की भावना को मलहम लगा प्रतीत हुआ। शायद 7 नवम्बर की याद भी ताज़ा थी। जुलूस इसे भी अपनी जीत समझ कर ज़ोर-शोर से नारे लगाता पीछे मुड़ने लगा।

मैं भी रेत से बाहर निकला और अपने मित्र सायरस झाबवाला के घर की तरफ गाड़ी मोड़ दी। ये जाति के पारसी और स्थापत्य-विशेषज्ञ हैं। इनकी पत्नी रूथ प्रसिद्ध लेखिका है और यहूदी हैं। यहाँ और भी मित्र मौजूद थे। मैं अब अपने जैसे लोगों, अंग्रेज़ीदां हिन्दुस्तानी साहबों के बीच था—

मैंने दिन-भर के अपने अनुभव उन्हें सुनाए। अब हमारे हँसने की बारी थी। हम परम्पराओं के विपरीत चलने वाले लोग थे। हमने स्कॉच पी और बीफ़ (गोमांस) के सैंडविच खाए। हमारे मेज़बान ने हँस के कहा—यह 'इम्पोर्टेड' बीफ़ है, अपनी भारत की पूज्यनीय गोमाता नहीं।'

इस तरह हम सब तब तक खाते-पीते रहे, जब तक हमें यह विश्वास नहीं हो गया कि हमने अपने देशवासियों को हिन्दुओं के पुराने खाने-पीने के परहेज़ों से आज़ाद कर दिया है। लेकिन इसके बाद हमारे मेज़बान ने एक छोटा-सा भाषण देकर सारा मज़ा किरकिरा कर दिया।

'सुनो दोस्तो, जब सब कुछ बीत जाता है, तुम लोग अच्छी तरह जानते हो, कि हम अपने को चाहे जितना पश्चिमी सभ्यता में डूबा हुआ क्यों न मानें, हिन्दू या जो भी धर्म हम मानते हों, यह सब खाने के बाद हमारे मन में कहीं अपराध की एक कसक भी ज़रूर बची रह जाती है—आत्मा में ज़रा-सी ही सही ...और कोई हिन्दुस्तानी कभी भी किसी नागा का विरोध करने की हिम्मत नहीं

करेगा। यह सती के बारे में हमारी भावना की तरह है। हम इसकी निन्दा करते हैं लेकिन जो औरत सती हो जाती है, उसकी इज़्ज़त भी करते हैं।

ये बातें चार हज़ार साल से हमारी ज़िन्दगी का हिस्सा हैं। ये हमारे खून और हड्डियों में रची-बसी हैं। हम तर्क के द्वारा उनसे नहीं लड़ सकते। ये तर्क से ज़्यादा मज़बूत हैं।'

सन्दर्भ

1. यह लेख 1967 में लिखा गया था।

गंगा मैया

संसार की सब नदियों में गंगा को जितना आदर प्राप्त हुआ है, उतना किसी और नदी को प्राप्त नहीं हुआ। यद्यपि वेदों में इसका कोई विशेष उल्लेख नहीं है, पुराणों में इसकी विशेष चर्चा की गई है। यह हिमवत, हिमालय पर्वत, और पार्वती की बहिन मेना की पुत्री है। पहले यह नदी स्वर्ग में शान्त भाव से रहती थी, परन्तु बंजर धरती को सींचने के लिए जब पृथ्वी पर उतरी, तब इसका वेग इतना ज़बरदस्त था, कि यदि शिवजी इसे अपने मस्तक पर धारण न कर लेते तो यह तबाही मचा देती। उन्होंने इसे अपनी जटाओं में सँभाला और सप्त सिंधव या सात धाराओं के रूप में धरती पर अनेक दिशाओं में बहाया—जिनमें सबसे महत्त्वपूर्ण धारा गंगा थी।

यह कोई नहीं जानता कि गंगा के जल को मन तथा शरीर को पवित्र करने की शक्तियाँ कब और कैसे प्राप्त हुईं। लेकिन घटनाओं के विवरण लिखे जाना आरंभ होने से पहले जीवन की कठिनाइयों से त्रस्त या परम् सत्य की खोज में निकलने वाले लोग पर्वतों की घाटियों और कन्दराओं में, जिनके बीच से होकर गंगा नदी बहती थी, ध्यान लगाने और तपस्या करने के लिए जाया करते थे। सवेरा होने पर वे बर्फ की तरह ठण्डे नदी के जल में खड़े होकर सूर्य का अभिनन्दन करते थे। शाम होने पर वे नदी की धारा पर फूल-पत्तियाँ और दीपक रख कर बहाते थे।

गंगा के जल को यह प्रतिष्ठा प्राप्त हुई कि उससे रोग ठीक हो जाते हैं। इसमें सन्देह नहीं कि दिल्ली और आगरा के आसपास जो शासन की राजधानियाँ हुआ करती थीं, इतना शुद्ध और लाभदायक जल और कहीं प्राप्त नहीं था। चौदहवीं शताब्दी में दिल्ली के बादशाह मुहम्मद बिन तुगलक ने अपने महल के निवासियों को शुद्ध पीने का जल प्राप्त करने के लिए हरिद्वार से इसे लाने की नियमित

व्यवस्था की थी। यह परम्परा आगे भी जारी रही। मुगल बादशाह अकबर गंगा का जल ही पीता था और उसके बावरचीखाने में इसी का उपयोग किया जाता था। यद्यपि मुसलमान इसे कोई धार्मिक महत्त्व नहीं देते थे, उनके विचारों पर इसका गहरा प्रभाव था। पाकिस्तान के निर्माताओं में एक और अपने समय के मशहूर शायर, अल्लामा इक़बाल ने लिखा है :

हिन्दुओं के लिए गंगा जल का महत्त्व धार्मिक और आध्यात्मिक अधिक है, लौकिक उतना नहीं है। बच्चा पैदा होने पर उसके मुँह में गंगा की बूँदें डाली जाती हैं। इसी तरह मृत्यु से पहले मनुष्य के मुँह में गंगा जल डाला जाता है। गंगा के जल में एक डुबकी उसके सब पापों को नष्ट कर देती है। मृत्यु के बाद व्यक्ति की अस्थियाँ गंगा में विसर्जित की जाती हैं।

देश-भर में गंगा जल की हमेशा ज़बरदस्त माँग रहती है। आप हरिद्वार की सड़क पर यात्रा करें, तो बड़ी संख्या में काँवड़िए कँधों पर कलश लादे गंगाजल भरने आते-जाते दिखाई देते हैं। थोड़ी-थोड़ी दूर पर इन्हें अपने कलश रखने के लिए चबूतरे बने हैं, क्योंकि ये बर्तन ज़मीन पर नहीं रखे जाने चाहिए। कलकत्ता में भी इसी प्रकार जल-यात्री होते हैं। शिवरात्रि के तुरन्त बाद वे हावड़ा में त्रिवेणी नामक स्थल से, कन्धों पर अपने बर्तन लटकाए, जल भर कर हुगली ज़िले में स्थित तारकेश्वर मन्दिर में उसे चढ़ाने ले जाते हैं, और राह में 'बाबा तारकेश्वराय नमः' या 'भोले बाबा पार करेंगे' का जाप करते रहते हैं। उनके और भी नारे हैं 'बम बम भोले, तारकनाथ बोले बम बम' वगैरह।

गंगा गंगोत्री से निकलती है और रुद्रप्रयाग, देव प्रयाग, बद्रीनाथ और ऋषिकेश होती हुई हरिद्वार से मैदान में बहने लगती है। यहाँ तक इसका बहाव तेज़ होता है और जल भी साफ, चमकता हुआ बहता है। हरिद्वार के बाद इसकी गति धीमी हो जाती है। इलाहाबाद तक पहुँचते-पहुँचते, जहाँ जमुना नदी से इसका संगम होता है, इसमें काफी गन्दगी दिखाई देने लगती है। यहाँ से बनारस और पटना होते हुए इसकी गन्दगी बढ़ती चली जाती है और इसके आगे विशाल ब्रह्मपुत्र नदी में मिल कर इसका नाम हुगली पड़ जाता है, जिसके आगे यह बंगाल की

खाड़ी में मिल जाती है। हिमालय से यहाँ तक की लम्बी यात्रा में इसमें बहुत सी नदियाँ मिलती हैं, और नहरें भी इससे निकाली गई हैं जिनके जल से अनेक प्रदेशों की सिंचाई की जाती है।

यह आश्चर्य की बात है कि यद्यपि इसकी धारा के आरम्भिक भाग में इसे पवित्र माना जाता है, परन्तु नहरों में बहने वाले या घरों में नलकों से निकलने वाले इसके जल को पवित्र नहीं माना जाता। तीर्थ के रूप में स्वीकृत स्थलों में भी कुछ स्थानों को पवित्र माना जाता है। हरिद्वार में हर की पौड़ी, नदी के दाहिने तट का करीब पचास गज़ का हिस्सा देश का सबसे पवित्र स्थल माना जाता है। यहाँ सूरज निकलने के समय से शाम को उसके डूबने तक हज़ारों लोग डुबकियाँ लेते और नहाते रहते हैं। यहाँ वे प्रार्थनाएँ करते हैं और वरदान माँगते हैं। शाम को सूरज डूबने के समय यहाँ जो आरती होती है, वह दृश्य कभी भूला नहीं जा सकता।

हरिद्वार चार-पाँच घण्टे में दिल्ली से पहुँचा जा सकता है। इस यात्रा के लिए सही समय का चुनाव करना चाहिए। जनवरी से अप्रैल तक का समय सबसे अच्छा है, विशेषकर होली के आस पास, जब इस प्रदेश में चारों तरफ फूल खिलते और पक्षी हवा में उड़ते नज़र आते हैं। पूर्णिमा से दो दिन पहले यहाँ पहुँच जाइए, और एक दिन शहर में ज़रूर बिताइए। यहाँ बड़े और छोटे—सब तरह के होटल और बहुत सी धर्मशालाएँ हैं जहाँ आप आराम से अपनी जेब के अनुसार ठहर सकते हैं। भोजन शाकाहारी ही मिलेगा, शराब पर भी पाबन्दी है, लेकिन सोडा सब जगह मिलता है, और अगर आप अपने कमरे में पीते-पिलाते हैं, तो कोई ध्यान नहीं देता।

खतौली गाँव के पास 'चीतल ग्रेंड' नामक भोजनालय है, यहाँ जाना न भूलें। यह एक बहुत बड़े बगीचे में स्थित है, जहाँ तरह-तरह के पक्षी दिनभर किल्लोल करते रहते हैं। खाना बहुत अच्छा है और सर्विस तेज़ है। इसका मालिक, उरूज निसार, अपने काम में बहुत निपुण है; हर रोज़ यहाँ, आठ हज़ार लोग खाना खाते हैं। गंगा में अस्थियाँ सिराने जो लोग आते-जाते हैं वे यहीं एक-दूसरे से मिलते हैं। मसूरी, देहरादून, हरिद्वार और रानीपुर से यहाँ लड़के-लड़कियाँ पिकनिक मनाने भी जाते हैं।

आपको शाम होने से पहले ही घाट पर पहुँच जाना चाहिए। नदी किनारे आराम से टहलिए और जगह-जगह खा-पीकर स्वस्थ गायों को देखिए और राख-भभूत शरीर पर मले, गांजे की चिलम सुलगा कर उसे पीते हुए साधुओं का दर्शन कीजिए। हर जगह थोड़ी-थोड़ी दूर पर लोगों के समूह, जिनमें पुरुषों से स्त्रियाँ ज़्यादा दिखाई देंगी,

बाबा लोगों के प्रवचन सुनते हुए मिलेंगे। हरिद्वार में साधु-संत भरे पड़े हैं। पण्डे भी बहुत बड़ी संख्या में हैं जो आपके पूर्वजों का बहुत-सा इतिहास जो आपने कभी नहीं सुना होगा, आपको बता देंगे—जिसके लिए फीस लगेगी। हर जगह गोशाला और दूसरे सेवा के कामों के लिए दान इकट्ठा करने वाले बहुत-से लोग आपको घेरने की कोशिश करेंगे—इनसे बच कर निकलते रहिए।

सूरज डूबने लगता है तो पश्चिमी पहाड़ियों पर धुँध छाने लगती है और आसमान में निकलते चन्द्रमा की रुपहली रोशनी चारों ओर फैलने लगती है। अब आपको चाहिए कि आरती का आनन्द लेने के लिए सुविधाजनक स्थान तलाश कर लें। दाहिने किनारे पर एक पुल है जो हर की पौड़ी के सामने बने एक द्वीप को जोड़ता है। इस पर एक घण्टाघर भी खड़ा है। इस पुल या द्वीप पर खड़े रहकर कहीं से भी पूजा आरती का पूरा सुख लिया जा सकता है। ज़्यादातर यात्री सीढ़ियों पर बैठ कर आरती देखने का प्रयत्न करते हैं, क्योंकि यहीं पण्डे लोग उनका चढ़ावा लेने आते हैं। इसके बदले वे उन्हें पत्तों से बनी नावें, जिनमें फूल भरे होते हैं और जलते हुए दीपक, नदी की धारा में बहाने के लिए भेंट करते हैं—फीस लेकर।

हरिद्वार में नदी के किनारे सैकड़ों मन्दिर हैं, लेकिन इनमें से एक भी कला की दृष्टि से महत्त्वपूर्ण नहीं है। शाम की सायाएँ उतरती हैं तो इनका भद्दापन ढक जाता है और पण्डे लोग तीर्थयात्रियों को लूटना शुरू कर देते हैं। सिर्फ गंगा ही अपनी जननी बर्फ की तरह श्वेत और पवित्र बनी रहती है। चन्द्रकिरणों से नहाकर इसका सौन्दर्य और भी बढ़ जाता है। तभी अचानक आवाज़ उठती है—'बोलो, बोलो, गंगा मैया की...' और उसके साथ हज़ारों आवाज़ें गूँज उठती हैं—'जय!' इसके बाद आरती शुरू हो जाती है। हर की पौड़ी के सभी घाट, सीढ़ियाँ और पुल तीर्थयात्रियों और दर्शकों से भर जाते हैं।

सब लोग ढोल-मंजीरे बजाने लगते हैं—देवी-देवताओं की पूजा शुरू हो जाती है। फिर मन्दिरों की घण्टियाँ बजने लगती हैं। सैकड़ों-हज़ारों लोग हाथों में मोमबत्तियाँ और दीपक लिए गंगा में खड़े होकर अर्चना शुरू कर देते हैं। शंख बजने लगते हैं। तेज़ी से बहती नदी की धारा में हज़ारों दीपक हिलते-डुलते आगे बढ़ते चले जाते हैं। इस सब शोर-शराबे के ऊपर आवाज़ें उठती हैं—

'ओम् जय गंगा मैया!

यह दृश्य दस मिनट तक रहता है और आपको दूसरी दुनिया में पहुँचा देता है। यह आपको बहुत दिनों तक याद रहता है, भुलाए नहीं भूलता।

योगियों के देश में विनाश का दिन

3 फरवरी, 1962 के दिन शाम के वक्त—ठीक समय 5 बजकर 35 मिनट पर—मकर की राशि में आठ ग्रह एकत्र हुए, और उन्होंने संसार के खिलाफ युद्ध की घोषणा कर दी। इसी क्षण सारे भारत में हज़ारों स्थानों पर यज्ञ किए गए, लंगोटियाँ पहने और बदन पर भभूत लपेटे योगी, लम्बे बालों वाले साधु और माथे पर चन्दन के टीके लगाए संत-महन्तों ने धर्मग्रन्थ उठाकर पूजा-पाठ शुरू कर दिए। दुष्ट ग्रहों और भारत के पण्डे-पुरोहितों के बीच युद्ध आरम्भ हो गया।

ज्योतिषियों ने भविष्यवाणी की थी कि यदि देवताओं को पूजा-पाठ से सन्तुष्ट न किया गया, तो दुनिया नष्ट हो जाएगी। दिल्ली में प्रधान पुरोहित स्वामी नरसिंह गिरिजी महाराज ने पर्चा छपवा कर बँटवाया कि आठ ग्रहों के एकसाथ मिलने से संसार में भयंकर विपत्तियाँ टूट पड़ेंगी। इसमें लिखा था, 'पृथ्वी हज़ार राजाओं के खून से नहा जाएगी।' धनी व्यापारियों ने स्वामीजी को बड़े-बड़े दान दिए, स्त्रियाँ उनके पैरों पर सिर झुका कर प्रार्थना करती रहीं। स्वामी जी ने सबको विश्वास दिलाया कि वे उन सबकी ओर से देवी-देवताओं को सन्तुष्ट करने का पूरा प्रयास करेंगे और भारत की रक्षा करने में सफलता प्राप्त करेंगे। लेकिन उन्होंने धीरे से मुस्करा कर कहा, कि दूसरे देशों में क्या होगा, यह कहना उनके लिए सम्भव नहीं है।

इन शैतानी अड़तालीस घंटों से एक हफ्ता पहले से लोगों ने बसों, ट्रेनों और हवाई जहाज़ों में भर कर अपने परिवार के लोगों के पास जाना शुरू कर दिया था। स्टॉक मार्केट मंदी की चपेट में था, बुलियन एक्सचेंज ने घोषणा कर दी थी कि लोग जल्दी घर पहुँच सकें, इसलिए उसे ठीक समय पर बंद कर दिया जाएगा, दफ़्तरों और स्कूलों में हाज़िरी एकदम बहुत कम हो गई थी, कई दुकानें बंद कर दी गई थीं और उन पर यह नोटिस लगा दिया गया था '6 फरवरी को

खुलने की आशा में!' लोगों की बोलचाल की भाषा में एक नया शब्द जुड़ गया था; 'अष्टग्रह'—आठ ग्रहों का संयोग। कुछ लोगों ने मज़ा लेने के लिए इसका नाम रख दिया था। कन्जंक्टियोनिटिस'—अंग्रेज़ी के शब्द 'कन्जंक्शन' (मिलन या संयोग) की बीमारी।

दो रात और दिन देश के शहरों का नक्शा एकदम बदला हुआ नज़र आया। अनगिनत स्थानों पर शामियाना लगा कर बड़े-छोटे हवन-यज्ञ किए जा रहे थे, जिनमें घी, सामग्री, मेवा, चावल, गरी वगैरह देवताओं को अर्पित किए जा रहे थे। सिर्फ दिल्ली शहर में पुजारियों ने 4810000 बार युद्ध की देवी के नाम का उच्चारण-घोष किया। 'ऋग्वेद' के सुप्रसिद्ध गायत्री मन्त्र का भी अगणित बार जाप किया गया।

ओइम् भू:भुव:स्व: तत्सवितुर्वरेण्यं भर्गो
देवस्य धीमहि धियो यो न: प्रचोदयात्।

सारी रात लाउडस्पीकरों पर इस मन्त्र का जाप किया जाता रहा। जो लोग संस्कृत न जानने के कारण इसका जाप नहीं कर सकते थे, उन सबने 51 रुपये की निश्चित दक्षिणा देकर पण्डित बिठाए और जाप कराया—मृत्यु या चोट से रक्षा और यदि मृत्यु हो जाए तो नरक में ज़्यादा कष्ट न दिया जाने के एवज़ में यह फीस ज़्यादा नहीं कही जा सकती।

पुजारियों और ग्रहों के बीच यह प्रश्न सख़्ती से निबटाया जाता रहा। 5 फरवरी की शाम को चन्द्रमा ने मकर राशि छोड़ दी और शत्रु परास्त हो गया। युद्ध जीत लिया गया।

इन अड़तालीस घण्टों और बारह मिनट में भारत में सैकड़ों टन कीमती शुद्ध देसी घी, चावल, मिठाई आदि वस्तुएँ आग में जला दी गईं, और धर्म के अन्धविश्वासियों की जेब से करोड़ों रुपये उन पुजारियों और महन्तों की झोली में पहुँच गए, जो इस प्रकार के सभी कार्यों पर अपना एकाधिकार मानते हैं। भारत सरकार के योजना आयोग के एक प्रमुख सदस्य ने बताया कि इस घटना के कारण काम-काज में जो बाधाएँ उत्पन्न हुईं, उनसे सरकार को पैंतीस करोड़ रुपये का घाटा सहन करना पड़ा।

प्राचीन हिन्दू ग्रन्थ वेदों के अनुसार, जिनकी रचना ईसामसीह के जन्म से एक हज़ार साल पहले की गई, ग्रह-नक्षत्रों के आकाशीय विज्ञान और ज्योतिष—दोनों को एक ही मूल विद्या की शाखाएँ माना गया है। भारतीय ज्योतिषियों ने

ग्रहों के मनुष्य जीवन की घटनाओं पर प्रभाव के विषय पर अनेक ग्रन्थों की रचना की, जिनमें वराह मिहिर की *बृहद् संहिता* सबसे प्रमुख मानी जाती है। वराह मिहिर का समय छठी शताब्दी का मध्य माना जाता है। उनके ग्रन्थ पर नवीं शताब्दी में भट्टोत्पल ने टीका लिखी, जिसका सबसे ज़्यादा उपयोग किया जाता है। इन प्रख्यात विद्वानों से बहुत पहले, इनके आरम्भकर्ताओं को राजाओं की परिषद् में स्थान दिया जाता था। गर्ग ने, जो वराह मिहिर से लगभग दो शताब्दी पूर्व हुए, कहा है :

'जो राजा ग्रहों के आधार पर जीवन की व्याख्या और गणना करने वाले इन विद्वानों को अपनी सभा-समितियों में स्वीकार नहीं करता, उसका अन्त अच्छा नहीं होता...जिस तरह प्रकाश के बिना रात अँधेरी होती है, या सूर्य के बिना आकाश होता है, उसी प्रकार विद्वान ज्योतिषी के बिना राजा अंधा बना रहता है।'

गर्ग की इस चेतावनी पर हिन्दू राजा-महाराजाओं ने पूरा ध्यान दिया। जिस प्रकार यूरोप के राजदरबारों में हँसी-मज़ाक करने वाले भाँड़ों का होना अनिवार्य था, उसी प्रकार भारत के राजाओं की परिषदों में ज्योतिषी अनिवार्य होता था, जो राजतिलक, बच्चों के जन्म, विवाह, आक्रमण आदि की सफलता के लिए शुभ मुहूर्त की गणना करता था। यदि उनकी भविष्यवाणियाँ गलत होतीं, तो उन्हें दण्ड दिया जाता था। अनेक ज्योतिषी मारे गए, परन्तु ज्योतिष बची रही। मुस्लिम आक्रमणों में पराजय और बाद में यूरोपियनों के हाथों ज़बरदस्त शिकस्त ने भी सितारों में हिन्दुओं के विश्वास में कोई कमी नहीं आने दी। सन् 1761 में हुई प्रसिद्ध पानीपत की लड़ाई में, जहाँ मराठा फौजों की संख्या आक्रमणकारी अफगानियों से दुगनी थी, वे महीनों तक अपने ज्योतिषी की दी हुई तारीख का आक्रमण करने के लिए इन्तज़ार करते रहे, कि 14 जनवरी को तड़के युद्ध आरम्भ करने पर उन्हें विजय प्राप्त होगी—जिसका परिणाम यह हुआ कि वे बुरी तरह हार गए, उनके तीस हज़ार सैनिक छह घण्टे के युद्ध में मारे गए।

उत्तर भारत में भारतीयों का राज्य समाप्त हो गया, परन्तु ज्योतिष में उनका विश्वास समाप्त नहीं हुआ। जब भी वे अंग्रेज़ों से लड़ने जाते, ज्योतिषियों से मुहूर्त निकलवा कर ही काम करते, लेकिन कभी नहीं जीते, और 1849 में अंग्रेज़ों ने पूरे देश पर कब्ज़ा कर लिया। और अब मुस्लिम और ब्रिटिश—दोनों का शासन समाप्त हो जाने के बाद इस देश में ज्योतिषियों की फिर बन आई है। उनकी गिनती किसी ने नहीं की है, लेकिन मोटे तौर पर उनकी संख्या 25 हज़ार ज़रूर

मानी जा सकती है। इनके अलावा भी ऐसे लोगों की संख्या बहुत ज़्यादा बड़ी है, जो किसी-न-किसी रूप में यही धंधा करते हैं।

वराह मिहिर की कई टीकाओं पर आधारित भारतीय ज्योतिष की भी कई परम्पराएँ हैं, जिन्हें दो मुख्य वर्गों—उत्तरी और दक्षिणी—में बाँटा जा सकता है। कुछ शिक्षित हिन्दू ज्योतिष के दावों को स्वीकार नहीं करते, फिर भी वे किसी न किसी रूप में इसका उपयोग करते हैं। प्रत्येक हिन्दू परिवार में बच्चे की जन्मतिथि और समय का पूरा ब्योरा रखा जाता है और ज्योतिषी से उस पर आधारित काफी बड़ी जन्मकुण्डली बनवाई जाती है—जो ज़िन्दगी-भर उसका मार्गदर्शन करती है। इसमें लिखी तिथियों पर उसका मुण्डन किया जाता है, जनेऊ पहनाया जाता है और स्कूल भेजा जाता है। अंग्रेज़ी पढ़े-लिखे लोगों ने इन बातों को तो छोड़ दिया है, लेकिन शादी की तारीख इसी के आधार पर तय की जाती है। हिन्दुओं का मानना है कि शादियाँ ऊपर भगवान के यहाँ तय की जाती हैं। लोग अपने बेटे-बेटियों के विवाह के लिए विज्ञापन देते हुए उसमें स्पष्ट लिख देते हैं कि जन्मकुण्डली के साथ प्रस्ताव भेजे जाएँ। प्रस्ताव के साथ फोटो माँगना अच्छा नहीं समझा जाता, क्योंकि माना जाता है कि खूबसूरती तो आनी-जानी होती है। शादी तय करने के लिए लड़के और लड़की की कुण्डलियाँ ध्यानपूर्वक मिलाई जाती हैं, और ज्योतिषी से तिथि निकलवा कर विवाह किया जाता है। कुछ तिथियाँ विवाह के लिए बिलकुल अशुभ मानी जाती हैं, जैसे 3 से 5 फरवरी तक देश भर में कहीं कोई विवाह सम्पन्न नहीं किया जाता। ज्योतिष को इससे अधिक सम्मान कैसे दिया जा सकता है?

मुसलमानों में निकाह की तारीखें तय करने के अन्य उपाय हैं, पर ज्योतिष का सहारा वे नहीं लेते। परन्तु देश के और सब समाज—ईसाई, सिख, जैन और पारसी—किसी न किसी रूप में ज्योतिष का सहारा अवश्य लेते हैं। इनमें सिखों का व्यवहार बहुत रोचक है। सिख धर्म के संस्थापक गुरुओं ने—जो पन्द्रहवीं से सत्रहवीं शताब्दी में हुए, इस तरह के व्यवहार की कठोर आलोचना की थी। लेकिन पंजाब के पहले सिख राजा, महाराजा रणजीत सिंह (1780-1839) का ज्योतिष में ज़बर्दस्त विश्वास था। वे ज्योतिषियों से सलाह लिए बिना कभी कोई कदम नहीं उठाते थे, न शत्रु पर आक्रमण करते थे। जब उन्हें लकवे का दौरा पड़ा, उनके अंग्रेज़ डॉक्टर ने उन्हें बहुत समझाया कि लड़ाई के मैदान में लगे तम्बू को छोड़ कर किले में जाकर आराम करें, क्योंकि वहाँ की हवा ताज़ा है, लेकिन उनके ज्योतिषी का कहना था कि निश्चित मुहूर्त से पहले यह स्थान छोड़ना उनके

जीवन के लिए खतरा सिद्ध होगा। महाराजा को अपने डॉक्टर की अपेक्षा अपने ज्योतिषी में ज़्यादा विश्वास था और उस गंदे-शंदे क्षेत्र में उस समय तक पड़े रहे। किले में पहुँच कर उन्होंने दरबार के अन्य ज्योतिषियों को बुलाया और उनसे पूछा कि गणना करके बताएँ कि वे और कितने वर्ष जीवित रहेंगे। पण्डितों ने सलाह-मशवरा करके घोषणा की कि वे दस-बारह साल और ज़िन्दा रहेंगे। चार दिन बाद महाराजा का देहान्त हो गया।

रणजीत सिंह के इस भाग्य का सिख समाज के जीवन पर कोई प्रभाव नहीं पड़ा और वे ज्योतिष के पूरी तरह सिख विरोधी विश्वास और आचरण से मुक्त नहीं हुए। *सौ साखी* नामक पुस्तक के नए संस्करण के अनुसार, जिसे दशम गुरु गोविन्द सिंह जी (1666-1708) की रचना माना जाता है, सिख सन्तों के गुफा पुस्तकालयों में पाई जाती है। इसके एक संस्करण में भविष्यवाणी की गई है कि सिखों का साम्राज्य सारे देश पर स्थापित होगा। यह पुस्तक प्राप्त होने के एक वर्ष बाद सिखों को एक के बाद एक अंग्रेज़ों के हाथों ज़बरदस्त पराजय का सामना करना पड़ा, और अन्त में उनका सारा साम्राज्य समाप्त हो गया। सन् 1857 के विद्रोह में अंग्रेज़ों ने खुद इस किताब का संस्करण प्रकाशित किया, जिसमें उन्होंने लिखा कि वे और सिख—दोनों मिलकर विद्रोहियों को हराएँगे और दिल्ली पर फिर कब्ज़ा कर लेंगे। यह 'भविष्यवाणी' सफल साबित हुई और राजधानी पर हमला करने के ब्रिटिश अभियान में सिख सबसे आगे थे। इसके बाद भी *सौ साखी* के संस्करण प्रकाशित होते रहे, जिनमें से एक में भविष्यवाणी की गई कि रूस अंग्रेज़ों पर हमला करेगा और भारत में अंग्रेज़ों का राज खत्म हो जाएगा। *भृगु संहिता* नामक एक और किताब पंजाब में बहुत प्रसिद्ध है जिसमें इस तरह की भविष्यवाणियाँ की गई हैं। अंग्रेज़ों ने सन् 1947 में जब और जिस प्रकार भारत छोड़ा, उसकी भविष्यवाणी न इनमें से किसी किताब में की गई और न किसी ज्योतिषी ने यह बात कही। किसी ने यह भी भविष्यवाणी नहीं की कि इसी समय देश का विभाजन होगा जिसमें ज़बरदस्त उपद्रव होंगे, लाखों लोग मारे जाएँगे और एक करोड़ के लगभग देशान्तर कर जाएँगे।

1962 के अष्टग्रह योग के समय अमृतसर स्वर्ण मन्दिर के प्रमुख ने एक वक्तव्य प्रकाशित करके कहा कि सिख धर्म ज्योतिष में विश्वास नहीं करता। बहुत थोड़े सिखों ने प्रार्थना तथा पूजा-पाठ में हिस्सा लिया था। मरने के डर से घरों के बाहर सोए, ज़्यादातर शराब की दुकानों और रेस्तरांओं में डट कर खाने-पीने के लिए जम गए कि मरने के पहले तो मौज-मज़ा कर लें। सिख जाति

की इस विशेषता का सबसे बड़ा उदाहरण एक टैक्सी-ड्राइवर के कारनामे में प्रकट हुआ, जिसने एक बोतल ठर्रा चढ़ा कर सड़क के बीच चिल्लाना शुरू किया, 'परवा मत करो...आओ, पियो, कल न यह पुलिस होगी, न कोर्ट-कचहरी होगी, न शराबबन्दी होगी—कुछ भी नहीं रहेगा।'

वर्तमान हिन्दू समाज के सब वर्गों और स्तरों पर ज्योतिष पर विश्वास किया जाता है। स्वर्गीय राष्ट्रपति डॉ. राजेन्द्र प्रसाद ज्योतिष में गहरा विश्वास करते थे और देश के प्रमुख नेताओं की जन्मकुण्डलियाँ ज्योतिषियों से पढ़वा कर राष्ट्र के भविष्य का अनुमान लगाया करते थे। नेहरू मन्त्रिमण्डल के प्रायः सभी सदस्यों के अपने ज्योतिषी थे जो अक्सर उनके साथ सलाह देने के लिए देश की यात्राएँ किया करते थे। पंजाब के प्रथम मुख्यमन्त्री का सलाहकार उनका विशेष ज्योतिषी ही था। एक और प्रमुख राजनेता, जो एक प्रदेश का मुख्यमन्त्री भी रहा था, समय-समय पर राजनीतिक भविष्यवाणियाँ करता रहता था। वह मंगल का दिन अपने लिए अशुभ मानता था और इस दिन कोई भी बड़ा काम करने से इनकार कर देता था। उसकी बात सही भी निकली। विरोध दल ने मंगल के दिन ही विधानसभा में अविश्वास का प्रस्ताव पेश लिया। उसने बिना विरोध किए अपनी कुर्सी छोड़ दी, कहा, यही उसका भाग्य है। अमेरिका और इंग्लैण्ड में रहने वाले बहुत-से शिक्षित भारतीय भी ज्योतिष में विश्वास करते हैं। ३ और ५ फरवरी के बीच उच्च सेवाओं और सेना के बड़े अधिकारी घर चले जाते थे। सचिवालय की बैठकों में बहुत सारे अफसर हाथों में रूबी, मोती, हीरे वगैरह की अँगूठियाँ पहने दिखाई देंगे। इनका चुनाव वे खुद नहीं करते, उनके ज्योतिषी करते हैं कि उन्हें क्या रत्न पहनना है।

इन सब बातों में विश्वास न करने वाले एक ही व्यक्ति थे—प्रधानमन्त्री जवाहरलाल नेहरू। वे उन लोगों का मज़ाक उड़ाते थे जो सूर्य या चन्द्र ग्रहण के समय नदियों में स्नान करने जाते हैं, और मानते हैं कि ग्रहण का अर्थ वह दानव है जो ग्रह को खाने आया है। उन्होंने अष्टग्रही का विरोध किया, तो उत्तर प्रदेश के पूर्व मुख्यमन्त्री डॉ संपूर्णानन्द ने वक्तव्य देते हुए कहा कि अन्य विज्ञानों की तरह ज्योतिष भी एक विज्ञान है, और इसके बारे में अच्छी तरह जाने बिना किसी को इसका विरोध करने का अधिकार नहीं है। उन्होंने कहा कि ज्योतिषी गलती कर सकता है, लेकिन ज्योतिष शुद्ध और सही है। उन्होंने प्रधानमन्त्री को चेतावनी भी दी कि मकर राशि के इस समय में उन्हें भी अपने आवागमन में विशेष सावधानी बरतना चाहिए।

लेकिन प्रधानमन्त्री जीवित रहे, और देश को भी कुछ नहीं हुआ। क्या इसके बाद देशवासियों ने यह महसूस किया कि उन्होंने कुछ बेवकूफी की है? या उन्होंने यही माना कि वेद मन्त्रों के पाठ के कारण ही ग्रहों का यह संकट टल सका? कुछ इलाकों में ज़रूर कुछ युवा लोगों ने पण्डितों के लाउडस्पीकर तोड़-फोड़ डाले और उनकी इस तरह कमाई पूँजी छीन ली। चाय और कॉफीघरों में कॉलेज के छात्रों ने बहस-मुबाहिसे किए कि, जिन लोगों के कारण देश दुनिया-भर में मज़ाक का कारण बना, उनके खिलाफ सरकार के सख़्ती क्यों नहीं बरती?

इसके विपरीत अखबारों में पत्र प्रकाशित हुए जिनमें लिखा गया कि संस्कृत के 'ओम्' शब्द में अपार शक्ति है जो किसी भी दुर्घटना का मुँह मोड़ सकती है, और लाखों-करोड़ों की संख्या में ओम् के जाप के कारण वह शक्ति पैदा हुई जिससे यह संकट टाला जा सका। इस तरह बहस जारी है।

सिखों का मातृदेश

खुशवन्त सिंह द्वारा दो खण्डों में लिखित हिस्टरी ऑफ दि सिख्स अपने विषय का आधिकारिक ग्रंथ माना जाता है। गुरुमुखी, फारसी और अंग्रेज़ी में उपलब्ध मूल दस्तावेज़ों का बारीकी से अध्ययन करके उन्होंने ये दो खण्ड—1469-1839 और 1839-1988—लिखे हैं, जिनमें सिख धर्म की स्थापना से आरंभ करके लगभग 500 वर्षों के सिख इतिहास का सामाजिक, धार्मिक और राजनीतिक विवरण बड़ी कुशलता से प्रस्तुत किया गया है—इसमें ऑपरेशन ब्लू स्टार और उसके बाद की त्रासदी भी सम्मिलित है।

यहाँ प्रस्तुत सामग्री के पहले भाग में प्रथम खण्ड का आरम्भिक अध्याय, और दूसरे भाग में द्वितीय खण्ड के अन्तिम अध्याय के अंश हैं जो विषय को अपनी समग्रता में समेटते हैं।

पंजाब की भौगोलिक एकता उसके अन्य पड़ोसी देशों तथा भारत के प्रदेशों से भिन्न है। यह एक त्रिकोण की तरह है जो अपने सबसे नुकीले कोण पर टिका है। इसकी सबसे छोटी रेखा उत्तर में है, जो विशाल हिमालय पर्वत से बनती है, जो इसे तिब्बत के प्लेटो से भी अलग करती है। पश्चिम में सिन्ध नदी है जो अपने प्रवेश बिन्दु से 1650 मील दक्षिण की दिशा में बह कर अन्य पाँच नदियों से जिस स्थल पर मिल जाती है, उसे ही पंजनद कहते हैं। सिन्ध की पश्चिमी दिशा में ऊँचे-नीचे पहाड़ों की शृंखलाएँ हैं, जिन्हें हिन्दुकुश और सुलेमान कहते हैं, जिन्हें खैबर और बोलन जैसे कई दर्रे अनेक स्थानों पर काटते हैं, और जहाँ से उनके पीछे बसे अफगानिस्तान और बलूचिस्तान नामक देशों के निवासी इस देश में प्रवेश करते रहे हैं। पंजाब की पूर्वी सीमा स्पष्ट निर्धारित नहीं है,

परन्तु करनाल के समीप एक स्थल से, जहाँ जमुना नदी दक्षिण-पूर्व की दिशा में मुड़ जाती है, पंजनद तक एक रेखा खींची जा सकती है, जो पंजाब को शेष भारत और सिंध के रेगिस्तान से अलग करती है।

पंजाब, बीच में स्थित नमक की श्रेणी को छोड़ कर विशाल समतल प्रदेश है जो उत्तर तथा पश्चिम के पर्वतों से दक्षिणी रेगिस्तान तक साधारण ढलान के साथ उतरता चला आता है। इस एक तरह से सपाट मैदान में छह बड़ी नदियाँ बहती हैं : सिंध, झेलम, चेनाब, रावी, व्यास और सतलज। इन नदियों के मध्यवर्ती प्रदेशों में, जिन्हें दोआब कहते हैं, और पश्चिम में सतलज और जमुना के प्रदेश में पंजाबी भाषा बोलनेवाले लोग रहते हैं, और उनको ही पंजाबी कहा जाता है। इनमें से सिखों के बहुल समुदाय के लोग जमुना और चेनाब के दोआबे में रहते हैं।

पंजाब नाम

जब आर्य भारत में आए, उस समय पंजाब में सात नदियाँ थीं, इसलिए इस प्रदेश को 'सप्तसैन्धव' कहा गया—सात समुद्रों का प्रदेश। फारस वालों ने आर्यों से यह नाम लिया और इसे 'हफ्त-हिन्दव' कहने लगे। कुछ समय बाद सातवीं सरस्वती नदी सूखकर लुप्त हो गई, लोगों ने सिन्ध नदी को गिनना भी बन्द कर दिया, क्योंकि यह प्रदेश की पश्चिमी सीमा भर ही निर्धारित करती थी, और इसे शेष पाँच नदियों का प्रदेश पेन्टोपोटामिया, या पंजाब, पाँच नदियों का प्रदेश ही कहना शुरू कर दिया।

जलवायु और भू प्रदेश

पंजाब की जलवायु सर्दियों में अच्छी ठण्ड और गर्मियों में सख्त गर्मी से प्रभावित रहती है। सीमाएँ छू लेने वाले तापमान और दो मानसून के कारण यहाँ मौसम के कई रूप सामने आते हैं, जिसका परिणाम प्रदेश का दृश्य बदलते रहने में भी दिखाई पड़ता है।

बसन्त पंचमी पर सामान्यतया मौसम सुहाना हो जाता है—यह पर्व फरवरी के आरम्भ में पड़ता है। यह पंजाब के निखार का समय है जो, गुरु नानक के शब्दों में, चारों ओर खिल उठता है। पेड़ फूलों से भर जाते हैं और भौरों की गुंजार सुनाई देने लगती है।' गाँव-देहात की तरफ सरसों के पीले फूलों से धरती बिछ जाती है, और बीच-बीच गन्ने के चौखूँटे बड़े-बड़े खेत ऊपर सिरों पर

हलके-फुलके शहतीरों की तरह लहराते दिखाई देते हैं। अगर सर्दी में मानसून की वर्षा अच्छी हो, तो गेहूँ चना, ज्वार, तिलहन और तम्बाकू की फसलें सारे प्रदेश को छा लेती हैं। बारिश का पानी कम पड़े तो किसान नहरों से पानी ले लेते हैं, और वे भी न हो तो बैलों या ऊँटों से चलने वाले ढेकली का इस्तेमाल कर लेते हैं। कुओं के इर्द-गिर्द गाजर, मूली, करमकल्ला और गोभी पैदा होती है। बेरियों से लदे पेड़ इधर-उधर झूमते नज़र आते हैं। वसन्त के दिनों में देहाती इलाकों में ढेकलियाँ चलने की किटकिट, पक्षियों की चहचहाहट और आटा मिलों की मशीनों की सपाट कूह-कूह आवाज़ें सुनाई देती रहती हैं।

गन्ना कटता है और उसके रस को बड़े-बड़े कड़ाहों में उबाल कर भूरे-काले गुड़ के रूप में जमा लिया जाता है। सरसों की पीली फसल काट कर उसकी जगह सफेद रूई बोई जाती है, गेहूँ पकने के बाद गरमी की हवाएँ चलना शुरू हो जाती हैं।

पेड़ों से पत्ते झरने लगते हैं और कुछ समय उनकी शाखाएँ नंगी रह कर फिर फलना-फूलना शुरू कर देती हैं। जहाँ नीम के वृक्षों की नुकीली लम्बी पत्तियाँ अभी भी हवा में हिल रही होती हैं, सिल्क की तरह मुलायम रूई और तरह-तरह के पेड़ों में कई रंगों के फूल हरहरा कर खिलने और उड़ना शुरू कर देते हैं। आम के बागों में नई बौर आ जाने के कारण कोयलों के झुंड उनके इर्द-गिर्द उड़ते और कूकते सुनाई पड़ने लगते हैं।

गेहूँ की कटाई होती है और गर्म हवा में उसे साफ किया जाता है। गुरु नानक के शब्दों में, 'ऊपर सूरज चमक रहा है...उसके नीचे धरती भट्टी की तरह तप रही है। जल की शीतलता समाप्त हो गई है...चारों तरफ सख्त गर्मी का आलम है।' तापमान तेज़ी से उठता चला जाता है, धरती झुलस कर राख बनती जाती है और उससे उड़ने वाली धूल के बादल चारों तरफ आसमान में छाते चले जाते हैं। पीपल और इमली के बड़े-बड़े पेड़ों की पत्तियाँ भी जल कर झड़ गई हैं, बस, कहीं-कहीं काँटेदार कैक्टस के छोटे-छोटे पौधे इधर-उधर दिखाई दे रहे हैं। भीषण गर्मी के दिन समाप्त होते नज़र नहीं आते, और कभी-कभी भयंकर तूफानों से दूर-दूर तक का प्रदेश त्रस्त हो जाता है। सख्त, बर्दाश्त के बाहर की गर्मी अप्रैल के अन्त से शुरू होकर जून के अंत तक बनी रहती है।

इसके बाद मानसून का मौसम बड़े शोर-शराबे से शुरू होता है। धूल-भरे मैदानों में मानसून पक्षी की पुकार-भरी आवाज़ें सुनाई देने लगती हैं। बेरंगा आसमान एकाएक बदल जाता है और उसमें काले-काले बादल घुमड़ने लगते हैं। आसमान

की गरज वातावरण को हिलाने लगती है। ज़मीन पर वर्षा की पहली फुहार गिरते ही माहौल बदल जाता है और मिट्टी की सौंधी खुशबू फैलने लगती है। फिर बारिश तेज़ होने लगती है और कई घंटे तक झमाझम बरसती रहती है। बंद होती है तो भी आसमान में बादल घिरे रहते हैं। और सूरज निकलने और गायब हो जाने की आँख मिचौली का खेल चलता रहता है। आसमान जब कभी साफ होता है तो इन्द्रधनुष के सात रंग उसमें चमकने लगते हैं। सूरज डूबता है तो उसके लाल और बैंगनी रंग अपनी घटा बिखेरते नज़र आते हैं। दो महीने की लगातार बारिश से ज़मीन कीचड़ से भर जाती है। नदियों में बाढ़ आने लगती है और उसका जल किनारे तोड़ कर भीतर आ जाता है। पंजाबियों को कई महीने भीषण गर्मी में रहना पड़ता है, इसलिए उन्हें मानसून की तेज़ बारिश अच्छी लगने लगती है। इस समय प्रेमी जोड़े मिलते-जुलते हैं और परिवार भी दूर-दूर से आकर इकट्ठा होते हैं। पेड़ों पर नए पत्ते उगने लगते हैं और ज़मीन पर घास बिछ जाती है। आम पकना शुरू हो जाते हैं। कोयलें कूकने लगती हैं और फल-फूलों से लदे बगीचों में लड़कियाँ हँसती-गाती और नाचती नज़र आती हैं।

मानसून खत्म होने के बाद मौसम ठंडा होना शुरू हो जाता है। आसमान में उड़ती धूल ज़मीन पर बैठ जाती है और चारों तरफ फिर हरियाली छाने लगती है। गर्मी की मानसून अगर सामान्य हुई—न बहुत कम कि सूखा पड़ने की नौबत आ जाए और न इतनी ज़्यादा कि चारों तरफ बाढ़ ही बाढ़ हो जाए—तो सब ठीक रहता है। खेतों में चावल, चना, ज्वार, गेहूँ, दालें और दूसरी कई फसलें बोना आरम्भ हो जाता है। किसान रंगीन पगड़ियाँ बाँध कर, बटन लगे लम्बे कोट पहन कर और पैरों में घुँघरू बाँध कर ढोलों की ताल पर भाँगड़ा नृत्य करते हैं। अक्टूबर से नवम्बर में होने वाली दीवाली तक कई त्योहार बड़ी धूम-धाम से मनाए जाते हैं। हर गाँव में मेले लगते हैं।

लेकिन किसान के लिए आराम का समय नहीं आता। रूई तोड़नी होती है और गेहूँ तथा चना बोने के लिए ज़मीन पर हल चलाना पड़ता है। ढेकली चलना शुरू हो जाती है। गाँवों में आटा मिलों की कूह-कूह सुनाई देने लगती है। खेतों में तीतर बोलने लगते हैं और रात को दूर देशों से पंजाब वापस लौटते हंसों की तेज़ आवाज़ें सुनाई देने लगती हैं।

इसके बाद फिर सर्दी का मौसम आ जाता है। रातें ठंडी होने लगती हैं, दिन में आसमान नीला साफ और सूरज की खिली हुई रोशनी और धूप। सरसों

फिर फूलने लगती है, पेड़-पौधों से घिरे मैदानों में भौंरे फिर गूँजने लगते हैं और सब कुछ सामान्य नज़र आता है।

पंजाब वास्तव में ग्राम प्रदेश है, जिसके सब जगह फैले मिट्टी और ईंट के घरों से बने गाँव पिछले युगों के गाँवों के खंडहरों पर ही बने और अब तक चले आ रहे हैं। पहले इनके चारों तरफ दीवारें होती थीं। अब भी जगह-जगह गोबर के ढेरों के नीचे और इर्द-गिर्द उस ज़माने के किलों और युद्धस्थलों के सबूत मिल जाते हैं। पन्द्रहवीं शताब्दी तक पूरे प्रदेश में दो ही बड़े नगर थे—लाहौर, जहाँ प्रायः हर सरकार की राजधानी रही, और दक्षिण में मुलतान जो सिन्ध की नदियों और बलूचिस्तान तथा फारस से आने वाले कारवाँ समूहों के ज़रिये आने वाले माल का केन्द्रीय बाज़ार था। इनके अलावा कई कस्बे थे, जैसे रावलपिण्डी, झेलम, वजीराबाद, गुजरात, गुजराँवाला, शेखूपुरा, सैदपुर जिसे अब एमिनाबाद कहते हैं, पाकपट्टन, कसूर, स्यालकोट, लुधियाना और सरहिन्द—जिनका भाग्य वहाँ के ज़मींदारों के चढ़ने और उतरने पर निर्भर करता था। पाकपट्टन, एक धार्मिक सम्प्रदाय का केन्द्र होने के कारण मशहूर है। वे जंगल अब समाप्त हो गए हैं जो कभी प्रदेश के ज़्यादातर हिस्सों में फैले हुए थे। उत्तरी हिस्सों में सोलहवीं शताब्दी तक जंगल थे जिनमें गैंडे और शायद हाथी भी, पाए जाते थे। केन्द्रीय पंजाब में बदनाम लाखी—एक लाख पेड़ों से भरा जंगल प्रदेश था, जहाँ अत्याचारी शासकों से बचने के लिए सिख शरण लेते थे। ऐसे ही घने जंगल जलंधर के दोआब में भी थे, और लुधियाना से करनाल तक भी जंगल की एक पट्टी थी। उन्नीसवीं शताब्दी के मध्य तक इन जंगलों में शेर, चीते, भालू, सियार, नीलगाय, हिरन वगैरह सब तरह के जानवर नज़र आते थे। विदेशी सेनाओं के हमलों से पेड़-पौधे और पशु-पक्षियों के समूह तो बचे रह गए, लेकिन उन्नीसवीं और बीसवीं सदी में जानवरों के शिकार और पेड़ों के काटे जाने के कारण ये सब नष्ट हो गए। रेगिस्तान में ऊँट और भेड़-बकरी ही रूखी-सूखी घास खाकर जीवित रह सकते हैं, और यह सब नए परिवर्तन की देन है।

इतिहास

इतिहासकार भारतीय सभ्यता के काल के बारे में निश्चित नहीं हैं, लेकिन उनका यह अवश्य मानना है कि यह दुनिया की सबसे पुरानी सभ्यताओं में से एक है और पंजाब इसका केन्द्र था। रावलपिण्डी के पास पत्थर से बने कुल्हाड़े और भाले प्राप्त हुए हैं, जिसके अनुसार यहाँ 3 लाख से 5 लाख पहले से मनुष्य रहते

थे। सिंध नदी के दोनों किनारों से लगे प्रदेशों में ताँबे और काँसे से बने खेती के औज़ार प्राप्त हुए हैं जिनके इर्द-गिर्द बड़े-बड़े टीले हैं, जिससे सिद्ध होता है कि यहाँ 2500 से 2000 ई.पू. समाजों के रूप में संगठित लोग रहते थे। इनके बारे में ज़्यादा जानकारी नहीं है, और इन्हें सभ्यताएँ कहना सही नहीं होगा। लेकिन दक्षिणी पंजाब में जब हम हड़प्पा और सिंध में मोहनजोदड़ो के खंडहरों तक आते हैं, जिनकी 1920 के दशक में खुदाई हुई थी, तब स्थिति बदल जाती है। इनके स्थापत्य, मिट्टी के बर्तन, कपड़े, ज़ेवर और दूसरी चीज़ों से विशेषकर तरह-तरह के जानवरों की ढेर सारी खूबसूरत सीलों से, जिन्हें इन शहरों के आग से पकाई गई ईंटों से बनी इमारतों में पाया गया, स्पष्ट होता है कि यह सभ्यता काफी विकसित थी। यहाँ के निवासी बहुमंज़िला इमारतों में रहते थे, जिनके स्नानघर संगमरमर से बने होते थे; जहाँ के कारीगरों का बनाया सामान मेसोपोटामिया तक बिकने जाता था, और जहाँ के लोगों ने मातृदेवी और उसके साथी की पूजा के इर्द-गिर्द एक धर्म का भी विकास कर लिया था। यह ज़रूर है कि इन सब आश्चर्यजनक वस्तुओं ने अभी अपने सारे रहस्य नहीं उजागर किए हैं, और विद्वान अभी तक यह निर्णय नहीं कर पाए हैं कि ये लोग कौन थे। सामान्य रूप से स्वीकृत मत यह है कि 2500 से 1500 ई.पू. तक ये लोग उन्नति करते रहे, और इसके बाद आर्य नामक जाति या समाज के लोगों ने बाहर से सिंध और पंजाब में प्रवेश करके इनको नष्ट कर दिया।

आर्य लम्बे और गोरे थे, उन्होंने कुछ समय में उत्तर भारत के काले लोगों को हरा कर उन पर कब्ज़ा कर लिया। इनकी ग्राम सभ्यता थी और अपनी भाषा और धर्म भी थे। यहाँ आकर दोनों का और भी विकास हुआ। पंजाब में हिन्दू धर्म का वैदिक स्वरूप बना और पनपा और संस्कृत साहित्य के बहुत-से ग्रन्थ लिखे गए।

आर्यों के बाद और भी जातियाँ भारत आईं। दारियस (521—485 ई.पू.) के नेतृत्व में फारस के लोगों ने उत्तरी पंजाब जीत लिया और सौ वर्षों तक उसके उत्तराधिकारी पेशावर, तक्षशिला और रावलपिण्डी पर शासन करते रहे। 326 ई. पू. में सिकन्दर के नेतृत्व में ग्रीक सेनाओं ने सिंध नदी पार की और व्यास तक बढ़ते चले आए। यद्यपि सिकन्दर की मृत्यु के कुछ वर्ष बाद मौर्य वंश ने उनकी शक्ति समाप्त कर दी, लेकिन पंजाब की धरती पर वे अपनी छाप छोड़ गए। पेशावर, तक्षशिला और शायद कुछ और स्थानों में भी वे मूर्ति कला के कुछ ऐसे नमूने छोड़ गए, जिन्हें दुनिया की सर्वोत्तम कला में माना जाता है।

बैक्ट्रियन हमलावरों ने मौर्यों की शक्ति समाप्त की। मेनांडर के बारे में कहा जाता है कि वह केन्द्रीय पंजाब और व्यास नदी के आगे तक गया था। इनके बाद कई सीरियन (शक) जातियाँ आती रहीं। जब इन सब युद्धों की हलचल समाप्त हुई, तब उदार गुप्त वंश ने भारत पर अधिकार किया। कई शताब्दियों तक ये पर्वत शृंखलाओं में बने दर्रों की रक्षा करते रहे जिससे दूसरे हमलावर भारत में प्रवेश नहीं कर सके। 500 ईस्वी तक केन्द्रीय एशिया के लोगों का दबाव फिर बढ़ गया, और दर्रे पार कर मंगोलियाई हूण भारत में आ पहुँचे। इनको प्रभाकरवर्धन ने काबू में किया और देश से बाहर निकाला। उसका बेटा हर्षवर्धन पंजाब का अन्तिम भारतीय महान सम्राट था। 647 ई. में उसकी मृत्यु के बाद यह साम्राज्य छिन्न-भिन्न हो गया और सुलेमान तथा हिन्दूकुश पर्वतों के पार से आक्रमणकारियों ने फिर देश में आना शुरू कर दिया। अब जो लोग आए, उनकी प्रजातियाँ अनेक थीं, परन्तु धर्म एक था–ये मुसलमान थे।

सन् 1001 में महमूद गज़नी आया। इसके बाद अफगानों का एक के बाद एक आने का ताँता शुरू हो गया और वे देश में भीतर बढ़ते चले गए। गज़नियों के बाद गोरी, तुगलक, सूर और लोदी आए।

अफगानी आक्रमणों के बीच सन् 1398 में मंगोल शासक तैमूर का भयंकर हमला हुआ, और उसने जो तबाही मचाई, उससे पंजाब कई दशकों तक उबर नहीं सका। सौ साल बाद उसी के एक वंशज, बाबर ने भारत में अपना साम्राज्य स्थापित करने का विचार किया। लोदी वंश की समाप्ति के बाद उसका समय आया। कई दफ़ा असफल आक्रमण करने के बाद सन् 1526 में उसने पानीपत के मैदान में इब्राहीम लोदी को हरा कर मार डाला और, भारत के इतिहास में सबसे शक्तिशाली तथा लम्बे समय तक शासन करनेवाले मुस्लिम वंश का आरम्भ किया।

पंजाब के लोग

पंजाब की रक्त सम्बन्धी विशेषताएँ हर नए आक्रमण के साथ बदलती रही हैं। गुरु नानक के समय (1469) यह कुछ इस प्रकार था :

उत्तर-पश्चिम में सिंध नदी के दोनों ओर पठान और बलूची बसते थे–पहले उसके ऊपर और दूसरे नीचे। ये लोग अपने पड़ोसियों की तरह–गक्खर, अवान, जानुज इत्यादि जो सिंध और झेलम के बीच बसे हुए थे–अगणित शाखाओं में बँटे हुए थे, जो अपनी शुद्धता, परम्परा और जीवन-शैली को सुरक्षित रखने के

लिए एक-दूसरे से निरन्तर लड़ते रहते थे, लेकिन इस्लाम के मामले में सब एक थे। देश के उत्तरी भाग में हिमालय की पहाड़ियों की तलहटी में एक लम्बी पट्टी उन हिन्दू राजाओं की थी, जो मैदानी इलाकों से मुसलमानों के आक्रमण सहन न कर पाने के कारण यहाँ आकर बस गए थे। इस क्षेत्र में ऊँची-नीची पथरीली ज़मीन और हर जगह बहती छोटी-छोटी नदियों तथा जंगली झाड़-झंखाड़ों के बीच इन्होंने अपने किले बना लिए थे जो मुस्लिम आक्रमणों से इनकी रक्षा करते थे। यहाँ इन्होंने अपने मन्दिर इत्यादि भी बना लिए थे, और ब्राह्मण तथा क्षत्रिय मिल-जुल कर परन्तु नीची जातियों को दबा कर रहते थे। शेष पंजाब में जो जमुना नदी तक फैला हुआ है, ग्रामीण क्षेत्रों में जाट और राजपूत रहते थे, और शहरों में व्यापार करने वाले बनिये, महाजन, सूद और अरोड़ा रहते थे। शहरों और गाँवों में काले रंग के पुराने निवासियों के वंशज रहते थे, जो जाति व्यवस्था से बाहर थे और गन्दे काम करके अपनी ज़िन्दगी गुजर-बसर करते थे, और अछूत कहलाते थे। इनके अलावा जिप्सी कही जाने वाली घुमंतू जातियाँ थीं, जो गधों पर अपना सामान लादे, अपने शिकारी कुत्तों और भेड़-बकरियों के साथ घूमती रहती थीं।

पंजाबी राष्ट्रीयता का उदय

भारत देश में प्रवेश करने का प्रमुख द्वार होने के कारण पंजाब की यह नियति थी कि वह युद्ध का मैदान बना रहे और आक्रमणकारी जातियाँ वहीं सबसे पहले रहें। बहुत कम आक्रमणकारी अपने साथ स्त्रियाँ लाते थे, और यहाँ बसने वाले सब लोग यहीं की औरतों से काम चलाते थे। इस तरह इन सब जातियों का रक्त एक-दूसरे में घुला-मिला और अरबी, फारसी, पश्तो और तुर्की जैसी कई भाषाएँ भी यहाँ बोली जाने लगीं। इस तरह यहाँ की मूल पूजा परम्परा में आर्यों के वेदांत, बौद्ध और जैन धर्मों का तथा अरब, तुर्क, मंगोल, फारसी और अफगानियों की इस्लामी परम्परा का समावेश हुआ। रक्त और भाषाओं के इस मिश्रण से पंजाबी जन समाज और उनकी भाषा का विकास हुआ। इसी से इस भावना का विकास भी हुआ कि बहुत-से विश्वासों और उनके पुरखों के मेल-जोल से पंजाब में एक नई संस्कृति पैदा हो सकी।

पन्द्रहवीं शताब्दी के अंत तक पंजाब में आकर बसे सभी जातियों के लोगों की अपने मूल देशों और उसकी संस्कृति के प्रति प्रेम की भावनाएँ और स्मृतियाँ मंद पड़ गई थीं और नए प्रदेश के लिए उनका लगाव बढ़ने लगा था। पंजाबी चेतना के विकास में जिस एक तत्व ने सबसे मुख्य रोल अदा किया, वह था—

बहुत-सी भाषाओं के मेल-जोल से उनकी अपनी भाषा का विकास। यद्यपि समाज हिन्दू और मुसलमान के दो वर्गों में स्पष्ट रूप से विभाजित था, दोनों ओर से प्रयत्न किए गए थे, कि अब वे अपनी पुरानी शत्रुताओं को भूल जाएँ और एक साथ रहने का प्रयत्न आरम्भ करें। सहिष्णुता की इस वृत्ति को आकार देने का कार्य गुरु नानक और उनके नौ उत्तराधिकारियों के ज़िम्मे आया—जिसका विकास करके पंजाबी राष्ट्रीयता को स्वरूप प्रदान किया गया।

यह बात महत्त्वपूर्ण है कि पंजाबी राष्ट्रीयता की यह भावना सबसे पहले माझा में उत्पन्न हुई, जिसे पंजाब का हृदय कहा जाता है, और ये लोग धरती से गहराई से जुड़े थे। यद्यपि इस आन्दोलन के संस्थापक और कई नेता खुद किसान नहीं थे, इसके अनुयायियों में मैदानों के जाटों की बहुसंख्या थी।

'जाट' शब्द की उत्पत्ति पर अनेक अनुमान लगाए गए हैं, क्योंकि ये ही इस जाति के जनक थे। अब यह सामान्य रूप से मान लिया गया है कि जो जाट भारत के उत्तरी प्रदेश में बसे, वे आर्य रक्त के थे। ये अपने साथ कई परम्पराएँ लाए, जिनमें पंचायत सबसे प्रमुख थी, जिसमें समाज के पाँच बुजुर्ग सभी प्रकार की समस्याओं का समाधान करते थे। जाटों का हर गाँव छोटा-सा गणतन्त्र होता था, जहाँ के लोग समानता में विश्वास रखते थे और बुनकर, कुम्हार, चमार या भंगी जैसे अपने लिए निर्धारित कार्यों को कुशलतापूर्वक करते थे। राज्य के साथ जाट गाँव का सम्बन्ध अर्ध-स्वतन्त्र प्रकार का था, जिसमें राज्य को कर देने के अलावा उनका और कोई योगदान नहीं होता था। बहुत कम सरकारों ने इसका उल्लंघन करने का प्रयत्न किया, क्योंकि बहुत जल्दी उनकी समझ में यह आ गया कि उन्हें दबाने के लिए सेना भेजने का कार्य बहुत लाभदायक नहीं होता है। स्वतन्त्रता और समानता की जाटों की भावना के कारण वे हिन्दुओं के ब्राह्मण धर्म को कभी स्वीकार नहीं कर सके, और गंगा नदी के मैदानों में यह कहा जाने लगा कि 'किसी आर्य को पंजाब में दो दिन से ज़्यादा इसलिए नहीं रहना चाहिए, क्योंकि वे ब्राह्मण पंडितों के नियम मानने को तैयार नहीं होते। (महाभारत, कर्ण पर्व, श्लोक 2063—68) उच्च जाति के हिन्दुओं द्वारा जाट समाज की इस अवमानना का जाटों पर कोई प्रभाव नहीं पड़ा। न उन्होंने ब्राह्मणों और क्षत्रियों को श्रेष्ठ माना और न अपने समाज को निकृष्ट। इसके विपरीत, उन्होंने ब्राह्मणों को ज़रा नीचे दर्जे का ही मानना शुरू कर दिया जो ज्योतिषी या भिखारी से ज़्यादा कुछ नहीं हैं, और कोई काम-धाम न करके सिर्फ भाड़े के सैनिक बन कर रोज़ी कमाने वाले क्षत्रियों को भी उसी श्रेणी में डाल दिया। जाट जन्म से

कामगार और सैनिक होता है। वह कमर में तलवार बाँध कर ज़मीन जोतता है। देश के लिए क्षत्रियों की अपेक्षा उसने ज़्यादा युद्ध लड़े, क्योंकि क्षत्रियों की तरह वह युद्ध के मैदान से कभी भागता नहीं था। और अगर हमलावर जाट लोगों के ऊपर अत्याचार करते या उनकी औरतों को उठा ले जाते, तो उनके लौटते समय उन पर जवाबी हमले करके लूटमार करते और उनके साथ जो भी औरतें होतीं, उनको छुड़ा लेते थे। पंजाब के जाटों ने दुनिया की सामान्य सुविधाओं के प्रति उपेक्षा का भाव विकसित किया और कठिनाइयों से जूझने की परम्परा को बढ़ावा दिया। इसी के साथ उन्होंने देश की रक्षा का भाव भी जाग्रत किया। उनकी देशभक्ति में विदेशियों के प्रति शत्रुता के भावों के साथ-साथ अपने देशवासियों के लिए उदारता और उनकी कमियों के लिए नफरत का भाव भी विद्यमान था।

निष्कर्ष

सिखों के 500 वर्षों के इतिहास को दो भागों में बाँटा जा सकता है। पहले 300 सालों के मोटे तौर पर सौ-सौ साल के तीन हिस्से किए जा सकते हैं और दूसरे को पचास-पचास साल के चार हिस्सों में बाँटा जा सकता है। गुरु नानक ने सन् 1500 के आसपास अपने मिशन का आरम्भ किया। इसके करीब सौ साल बाद (1604) गुरु अर्जुन ने पवित्र धर्म ग्रन्थ *आदि ग्रन्थ* का संकलन पूरा किया, और उन्हें अपना पवित्र नगर, अमृतसर प्रदान किया। इन सौ सालों में सिखों के धर्म-दर्शन का विकास हुआ। इसके बाद के सौ सालों में सिख धर्म शान्तिवादी नानक पन्थियों से बदल कर शक्ति की कामना करने वाले संघर्षशील धर्म में परिवर्तित हो गया। इसे दसवें गुरु गोविन्दसिंह ने *खालसा* के नाम से लड़ाकू सम्प्रदाय की स्थापना करके सन् 1699 में इस पर स्वीकृति की मुहर लगाई। इसके सौ साल बाद बन्दा वैरागी ने पंजाब में अपने खालसा सैनिकों की सहायता से मुगल आधिपत्य का नाश करके उसे ज़बरदस्त चोट पहुँचाई, और अटक से कटक तक अपना झंडा फहराने में सफलता प्राप्त की। रणजीत सिंह ने 1799 में लाहौर पर कब्ज़ा करके अपने साम्राज्य की स्थापना की और स्वयं को महाराजा घोषित किया।

महाराजा रणजीत सिंह के शासन-काल के 40 वर्ष (1799-1839) सिखों की राजनीतिक उपलब्धियों का स्वर्ण-काल है। उनकी मृत्यु के बाद सिखों का राजनीतिक और सामाजिक बिखराव शुरू हो गया। अंग्रेज़ों के साथ हुए दो युद्धों के बाद सिख सेनाएँ परास्त हो गई, और 1849 में उनका राज्य ब्रिटिश अधिकार

में आ गया। अब उनका सामाजिक पतन भी तेज़ी से शुरू हो गया, जिस पर पहले किसी का ध्यान नहीं गया था। केशधारी सिखों ने बड़ी संख्या में अपने बाल तथा दाढ़ियाँ कटा कर सहजधारी सिखों में शामिल होना शुरू कर दिया। खालसा परम्परा अंग्रेज़ों की सहायता के कारण कुछ सीमा तक जीवित रही, क्योंकि उन्होंने केशधारी सिखों को सैनिक और नागरिक सेवाओं में उन्हें प्राथमिकता देने की नीति अपनाई, और बाद में विधान सभाओं में रिज़र्व सीटें भी प्रदान कीं। इसका नतीजा यह हुआ कि केशधारी सिखों ने स्वयं को सहजधारी सिखों और दूसरे हिन्दुओं से, जो सिख धर्म को मानते थे, अलग समझना शुरू कर दिया। सिखों की राजनीतिक संस्थाओं में, उनके नेतृत्व और सोचने-समझने के ढंगों में भी गिरावट आने लगी। उन्नीसवीं शताब्दी के अन्त में, दरअसल प्रथम विश्वयुद्ध का अन्त होने तक, मुख्य खालसा दीवान का नेतृत्व उच्चवर्गीय नेताओं, जैसे सर सुन्दर सिंह मजीठिया, हरबंस सिंह मजीठिया, अटारी के हरबंस सिंह और बाहरी सीमा पर राजा सर दलजीत सिंह और सर जोगिन्दर सिंह जैसों के हाथ में था—ये सब सुशिक्षित, अंग्रेज़ों के विश्वस्त और संघर्ष के स्थान पर संवैधानिक उपायों से समस्याएँ हल करने के समर्थक थे। विश्वयुद्ध के बाद मुख्य खालसा दीवान पीछे पड़ गया और उसका स्थान अकाली दल ने ले लिया। अकाली दल ने अनुभव किया कि शासकों के सामने या विधान सभाओं में प्रतिनिधित्व करने की तुलना में अहिंसक असहयोग और सविनय अवज्ञा इत्यादि उपायों से अपनी माँगें मँगवाना ज़्यादा लाभदायक है। इसके परिणामस्वरूप नेताओं की एक नई परम्परा, जिनमें ज़्यादातर गाँवों के जत्थेदार थे, विकसित हुई। लेकिन संघर्ष के शुरुआती दिनों में इन्होंने पढ़े-लिखे सिखों को ही अपना नेता माना, जिनमें बाबा खड़ग सिंह, मेहताब सिंह और मास्टर तारा सिंह प्रमुख थे। इन्होंने भी शासन से बातचीत इत्यादि करने का कार्य उच्चशिक्षित और अनुभवी लोगों के पास ही रहने दिया, जैसे उज्जल सिंह, बूटा सिंह और सम्पूर्ण सिंह, जिन्होंने गोलमेज़ सम्मेलन में भाग लिया। सत्ता हस्तान्तरण के दिनों में ज्ञानी करतार सिंह जैसे समझ-बूझ वाले नेताओं ने काम किया। इन्हें इण्डियन नेशनल कांग्रेस के नेताओं का भी मार्गदर्शन प्राप्त हुआ। इससे बलदेव सिंह जैसे साधारण व्यक्तियों, जो नेहरू जी को अपना गुरु मानते थे, का प्रभाव कम करने में सफलता मिली।

आज़ादी और विभाजन के बाद सिख नेतृत्व में गुण की कमी आई और इसका तेज़ी से पतन होने लगा। स्वर्ण सिंह, प्रताप सिंह कैरों और ज्ञानी ज़ैल सिंह जैसे योग्य व्यक्ति अकाली दल छोड़ कर कांग्रेस में शामिल हो गए। इनके

बाद आनेवाले अकाली नेताओं की शिक्षा और योग्यता का स्तर बराबर गिरने लगा। राजनीतिक लाभ और नौकरियाँ वगैरह प्राप्त करने के लिए गुटबंदी करना और पार्टियाँ बदलना इनका रोज़ का काम हो गया। गुरुद्वारों में भ्रष्टाचार की इन्तिहा हो गई। इनका अधिकांश धन, जो विपुल होता था और पुजारी, ग्रंथी, रागी, सेवादार और हज़ारों स्कूल-कॉलेज, अस्पताल, अनाथालय वगैरह चलाने में खर्च किया जाता था, वह अब नेताओं की राजनीतिक महत्त्वाकांक्षाएँ पूरी करने और शिरोमणि गुरुद्वारा प्रबन्धक कमेटी की छत्रछाया प्राप्त करने के लिए खर्च किया जाने लगा। इसका सबसे बड़ा उदाहरण गुरुचरण सिंह तोहड़ा का है जो बहुत कम पढ़े-लिखे वामपन्थी थे, पूरे सोलह बार इसके अध्यक्ष चुने गए, और इसी के साथ दो दफ़ा संसद के सदस्य भी बने, लेकिन जहाँ वे बहुत कम ही जाते थे।

सेकुलर राजनीति में बादल, बलवन्त सिंह और अमरिन्दर सिंह जैसे नेता सामने आए जिनका मुख्य उद्देश्य स्वयं को बढ़ाना ही था। सुरजीत सिंह बरनाला जैसे संभ्रान्त राजनीतिज्ञों को किनारे कर दिया गया। इसका नतीजा यह हुआ कि पुजारी, ग्रन्थी और रागी जैसे सिखों ने अपने को अलग-थलग समझना शुरू कर दिया और कुछ समय बाद गुरुद्वारा कमेटियों के धन पर अधिकार करने की मुहिम छेड़ दी। इन्हें समाज का समर्थन भी प्राप्त हुआ। चुनी हुई प्रबन्धक कमेटी ने इनके द्वारा प्रस्तावित पुजारियों को सत्ता में शामिल कर लिया। इससे भजन गायक दर्शन सिंह रागी कुछ समय के लिए अकाल तख़्त के प्रधान पुजारी बने और उन्होंने पंथ का नेतृत्व किया। इसका प्रतिकार करने के लिए ऑल इण्डिया सिख स्टूडैंट्स फेडरेशन के लड़के और आतंकवादी भिंडरांवाले स्कूल की दमदमी टकसाल में ट्रेनिंग पाए जवान सत्ता पर काबिज़ हो गए। ये पंथ के बहुत सारे कामों में दखल देने लगे।

सिख अपने को जैसा मानते हैं, वास्तव में वे वैसे नहीं हैं। स्वयं पर ज़बरदस्त विश्वास करके हर काम में आगे बढ़ कर खड़े होने की उनकी भावना, जिसके कारण उन्हें देश का सबसे साहसी और धनी समाज माना जाने लगा था, अब खाली बड़बड़ रह गया है। धर्म पर सच्ची आस्था के स्थान पर धार्मिक दिखावा-भर रह गया है। वास्तविक साधना का स्थान अखंड पाठों ने ले लिया है, जिसे ग्रंथियों को पैसे देकर सम्पन्न कराया जाता है; मूर्ति की तरह *आदि ग्रंथ* की पूजा की जाती है, उसका गहराई और श्रद्धा से अध्ययन और पठन-पाठन नहीं किया जाता, और रागियों से कीर्तन कराए जाते हैं जो फिल्मों में गानेवाले लोगों की तरह बड़ी-बड़ी

फीसें वसूल करते हैं। इन कार्यों में रागियों और ग्रंथियों का ज़बरदस्त निहित स्वार्थ विकसित हो गया है। जाति-व्यवस्था की विरोधी होने के बावजूद नीची जातियों के सिखों के प्रति इनका व्यवहार हिन्दुओं के व्यवहार से ज़रा-सा ही बेहतर है। ग्रंथ साहब में समस्त मानवता के प्रति सद्भावना का महत्त्वपूर्ण सन्देश विशेष अवसरों पर गाने की वस्तु ही रह गया है; गुरु गोविन्दसिंह का उपदेश कि गलत काम करने वालों के प्रति तलवार तब निकाली जाए, जब उसे सन्मार्ग पर लाने के अन्य सब उपाय निष्फल हो जाएँ, बिल्कुल ही पालन नहीं किया जाता—इसका सदा उल्लंघन ही देखने में आता है। ऐसे बहुत कम लोग निकलते हैं, जो बसों और सड़कों पर लोगों को परेशान करने वालों के खिलाफ आवाज़ उठाएँ और कुछ करके दिखाएँ। हिन्दुओं के विरोधी सन्त जरनैल सिंह भिंडरांवाले सिख समाज के बदमाश वर्ग के लिए शहीद बन गया है। कई दफ़ा यही लगता है कि सिख गुरुओं ने अपनी विशेष बुद्धि के द्वारा उन्हें जो काम सौंपा था, वह अब पूरा हो गया है और इतिहास को उसकी आवश्यकता समाप्त हो गई है, और अब वह मृत्यु मार्ग पर अग्रसर है।

नई दिल्ली का रोमांस

एक लड़का था जो शानदार इमारतें बनाने के ख़्वाब देखता रहता था। उसका परिचय एक अंधे से हुआ जिसकी महत्त्वाकांक्षा थी कि वह एक चर्च का निर्माण करे। एक दिन यह अंधा इस लड़के को सर्वश्रेष्ठ चर्च की अपनी कल्पना बताने लगा। लड़का अपनी स्केच बुक उठा लाया और उसके निर्देशों के अनुसार चर्च का नक्शा बनाने लगा। जब यह काम चल रहा था, अंधे की पत्नी वहाँ आई और उसके सिर पर उँगली लगा कर कहने लगी, कि इसके दिमाग का एक पुरज़ा ढीला है—यानी इसकी बातों को गम्भीरता से नहीं लेना चाहिए। फिर उसने लड़के के चित्र पर नज़र डाली तो यह देखकर दंग रह गई कि उसने बड़े शानदार चर्च का नक्शा तैयार किया है।

हमें पता नहीं कि यह अंधा कौन था, लेकिन लड़के को जानते हैं, जिसने ज़बानी बातचीत से चर्च की तस्वीर बनाई थी। यह अपने समय का सर्वश्रेष्ठ स्थापत्यकार बना, एड्विन लैंडसियर लुटयेन्स—जिसने नई दिल्ली का निर्माण किया।

लुटयेन्स को जब शहर की योजना बनाने को बुलाया गया, तब उसकी उम्र 42 साल की थी। उसकी पत्नी, लेडी एमिली, लॉर्ड लिटन की बेटी थी। इस उच्च वर्गीय सम्बन्ध का भी लुटयेन्स को अपने धन्धे में बहुत लाभ मिला। इसी के कारण उसे नई दिल्ली का प्रोजेक्ट भी सौंपा गया। लेकिन, इसके बावजूद उसमें अपनी विशेष प्रतिभा और आत्मविश्वास भी था, जिसके कारण उसे अपने कार्य में विशेष सफलता प्राप्त होती चली गई। अपनी वाग्दत्ता के लिए विवाह से पूर्व उसने जो उपहार तैयार किया था, उस पर उसने लिखा था—'जैसा विश्वास होता है, नियति उसे पूर्ण करती है।'

12 दिसम्बर, 1911 के दिन किंग जॉर्ज और क्वीन मेरी ने पुराने शहर शाहजहानाबाद के उत्तर में जल्दबाज़ी में चुने गए एक स्थल पर नई दिल्ली की स्थापना का पत्थर लगाया।

इस प्रोजेक्ट का तुरन्त विरोध शुरू हो गया। कलकत्ता के यूरोप के व्यापारिक संस्थान इसमें सब से आगे थे। लॉर्ड कर्ज़न ने इसे फ़िज़ूल का खर्च बताया; फिर महात्मा गाँधी जब भारत आए, तब उन्होंने भी यही बात कही। दिल्ली के बारे में यह पुरानी धारणा प्रचारित की गई, कि यह 'राजवंशों की कब्र' है इसकी मिट्टी में सात शहर नहीं दबे पड़े हैं? लेकिन वायसरॉय लॉर्ड हार्डिंग ने इन आपत्तियों को सिरे से खारिज कर दिया। लंदन काउन्टी काउन्सिल के अध्यक्ष कैप्टेन स्विंटन के अधीन एक समिति गठित की गई जिसे स्थल का निरीक्षण करने को कहा गया, और रॉयल इंस्टीट्यूट ऑफ ब्रिटिश आर्किटेक्ट्स को ज़िम्मा दिया गया कि आर्किटेक्टों के नामों का सुझाव दे।

रायल इंस्टीट्यूट ने एडविन लुटयेन्स का नाम प्रस्तुत किया। सरकार ने इसे तुरन्त स्वीकार कर लिया और लुटयेन्स द्वारा प्रस्तुत अपने सहयोगी के रूप में हर्बर्ट बेकर के नाम को भी स्वीकृति दे दी। यह व्यक्ति छात्रावस्था के समय से उनका मित्र था, और इसने दक्षिण अफ्रीका में इमारतों के नक्शे बनाए थे।

1912 की गर्मियों में लुटयेन्स स्विंटन कमेटी के साथ भारत आ गया। कमेटी ने एकमत से चुने हुए स्थल का विरोध किया, और उसके स्थान पर दक्षिणी दिल्ली के रायसीना हिल्स नाम से जाने जानेवाले एक ढलवाँ मैदान को इसके लिए चुना। यहाँ बहुत कम कीमत पर बहुत ज़्यादा बंजर ज़मीन उपलब्ध थी। रिज की पहाड़ियाँ भी थीं जिनसे मुख्य इमारतों को ऊँचाई प्राप्त होती, और भवन बनाने को ईंट-पत्थर भी मिलता। लॉर्ड हार्डिंग ने यह सुझाव स्वीकार कर लिया। एक रात अँधेरे में हिज़ और हर मेज़ेस्टीज़ द्वारा बड़े धूम-धड़ाके से स्थापित दोनों पत्थर ज़मीन से खोद कर निकाले गए और उन्हें एक बैलगाड़ी पर रख कर उस स्थल से दस मील दूर कैक्टस के इस जंगल में लगा दिया गया।

लॉर्ड हार्डिंग का स्पष्ट मत था कि मुख्य इमारतें—वायसरीगल लॉज, सेक्रेटेरिएट की इमारतें और संसद—पारम्परिक भारतीय डिज़ायन में ही बनाए जाएँ। सम्राट भी इससे सहमत थे, क्योंकि उन्हें मुगल स्थापत्य बहुत पसन्द था। इसलिए लुटयेन्स और बेकर—दोनों को भारत की प्रसिद्ध इमारतें दिखाई गईं—सारनाथ और साँची के बौद्ध स्तूप, दक्षिण भारत के मन्दिर, आगरे का ताजमहल, बीकानेर और माँडू के राजमहल इत्यादि। लुटयेन्स को कुछ इमारतें बहुत पसन्द आईं लेकिन उसने यह स्टाइल एकदम खारिज कर दिया। उसने कहा, 'व्यक्तिगत रूप से मैं यह मानता हूँ कि भारतीय परम्परा में कुछ विशेष महत्त्वपूर्ण नहीं है...ये सब कई राजवंशों के अपने-अपने प्रयास हैं।' उसके सहयोगी का भी मत था कि आकर्षक होने के बावजूद भारतीय स्थापत्य में वे निर्माणात्मक और ज्यामितीय गुण नहीं हैं जिनकी

सहायता से कानून और व्यवस्था के विचार को, जिसे ब्रिटिश शासन ने यहाँ की व्यापक अव्यवस्था को नियन्त्रित करने के लिए बड़े प्रयत्न से विकसित किया है, क्रियान्वित किया जा सके। फिर भी, उन्होंने अपनी योजनाओं के जो आरम्भिक स्केच तैयार किए, उनमें अपने संरक्षकों के विचारों का समावेश करने के लिए भारतीय इमारतों के कुछ लक्षण भी सम्मिलित कर लिए, जैसे सूरज की गर्मी रोकने के लिए छज्जे, हवा आने के लिए जाली की खिड़कियाँ, छतरी के ढंग के गुम्बद इत्यादि। बेकर के शब्दों में—इन स्केचों में 'क्लैसिकल स्थापत्य' के अनन्त सौन्दर्य और भारतीय कला के उपयुक्त तत्त्वों का सम्मिश्रण था। अब यह लुटयेन्स की ज़िम्मेदारी थी कि वह इन पर सम्राट और वायसरॉय की सहमति प्राप्त करे। उसे मीठी ज़बान बोलने में महारत हासिल थी, इसलिए उसने लेडी हार्डिंग को इनके लिए मना लिया, जिसने अपने पति से स्वीकृति प्राप्त कर ली। इसके बाद लुटयेन्स और बेकर ने इन नमूनों पर ज़्यादा कार्य किया और इन्हें लेकर इंग्लैण्ड गए। लुटयेन्स ने बकिंघम पैलेस में आयोजित एक डिनर में सम्राट को उन्हें दिखाया और उनकी भी अनुमति प्राप्त कर ली।

लुटयेन्स और बेकर ने अपने कार्यों का बराबर-बराबर बँटवारा किया। लुटयेन्स ने शहर की सामान्य रूपरेखा निर्धारित करने और दो बड़ी इमारतें, वायसरीगल पैलेस और युद्ध स्मारक बनाने का काम लिया। बेकर ने दोनों सेक्रेटेरिएट और संसद भवन के निर्माण का दायित्व लिया। इनके अलावा अफसरों के लिए बंगले और सामान्य कर्मचारियों के लिए क्वार्टर वगैरह थे, इनको भी उन्होंने बराबर बाँट लिया। इनकी सहायता के लिए योग्य अफसर थे—ग्रीव्स, शूस्मिथ, वॉल्टर जॉर्ज और मेडा। योजनाएँ क्रियान्वित करने का काम पब्लिक वर्क्स डिपार्टमेन्ट को सौंपा गया, जो उस समय चीफ इंजीनियर सर ह्यू कीलिंग के अधीन था। कीलिंग की सहायता के लिए सर एलेक्जेंडर राउज़ और उनके बाद सर तेज़ा सिंह मलिक[1] थे, जो स्वयं भी चीफ इंजीनियर के पद से सेवामुक्त हुए। सर तेजा सिंह इस पद पर पहुँचने वाले पहले भारतीय थे।

काम आसान नहीं था। जैसे-जैसे लुटयेन्स द्वारा व्यय के आँकड़े बढ़ते गए, लॉर्ड हार्डिंग का उत्साह ढीला पड़ता गया। फिर हार्डिंग को देश से चिढ़ होने लगी। क्रान्तिकारियों ने उन्हें मार डालने की साज़िश रची—जिसमें वे लगभग सफल भी हो गए। अब वे हर बात में दोष निकालने लगे—खास तौर पर लुटयेन्स की बढ़ती हुई योजनाओं की। लुटयेन्स ने इस पर चोट की। उसने कहा, 'वायसरॉय सिर्फ तीन साल आगे की सोचते हैं, मैं तीन सौ साल की सोचता हूँ।' उसने वायसराइन से घनिष्ठता बढ़ाई। कुछ समय तक लेडी हार्डिंग इस धीरे-धीरे बढ़

रही योजना का संरक्षण करती रहीं। एक बार लेडी हार्डिंग ने लुटयेन्स की अपनी किसी बात को न मानने के लिए खिंचाई की, तो उसने वादा किया 'मैं अपने आँसुओं से आपके पैर धोऊँगा और अपने बालों से उन्हें सुखाऊँगा...' और इसके बाद इसमें जोड़ा कि 'मेरे सिर पर बाल बहुत कम हैं...लेकिन आपके पैर भी तो बहुत छोटे हैं।' उसे तुरन्त माफी मिल गई।

लेडी हार्डिंग का संरक्षण ज़्यादा दिन नहीं चला। उसका बेटा फ्लैंडर्स में घायल हो गया था। माँ इससे बहुत परेशान हुई और उसकी सेहत गिरनी शुरू हो गई, और चोटों के कारण बेटे की मृत्यु से पहले ही उसकी मृत्यु हो गई। विश्वयुद्ध में व्यस्त होने और वायसराय का उत्साह कम हो जाने के कारण नई दिल्ली के निर्माण का काम पीछे पड़ गया। सिर्फ लुटयेन्स और बेकर ही सपने देखते रहे कि क्या और कैसे करेंगे। हर्बर्ट बेकर ने लिखा है कि एक शाम वह और उसके कुछ दोस्त रिज पर खड़े होकर 'सामने खड़े पुराने ज़माने के टूटे-फूटे खंडहर' देखते यह सोचते रहे कि इनपर नया शहर कैसे बन पाएगा। आसमान में बादल छाए थे, फिर तेज़ बारिश होने लगी। अचानक बादल छँट गए और सूरज निकल आया। आसमान में रंग-बिरंगा इन्द्रधनुष बनने लगा, जिसका प्रकाश सामने फैले विस्तृत मैदान पर छाने लगा। इसे हमने शुभ लक्षण माना। इस स्थान पर बाद में लुटयेन्स का स्मारक बनाया गया।

नई दिल्ली की विस्तृत योजनाएँ जैसे-जैसे आकार लेने लगीं, कठिनाइयाँ बढ़नी आरम्भ हो गईं—जो ज़बरदस्त थीं। लुटयेन्स और बेकर एक-दूसरे से अलग हो गए। झगड़े का मुख्य विषय था, सेक्रेटेरिएट से वायसरीगल लॉज का धरातल कितना ऊँचा रखा जाए। लुटयेन्स चाहता था कि देश के शासक का भवन दफ़्तर के धरातल से ऊँचा रखा जाए। इसके विपरीत बेकर का मानना था कि एक्रोपोलिस—इन इमारतों को यही नाम मिल गया था—का धरातल लोकतन्त्री सिद्धान्त के अनुसार एक समान ही होना चाहिए। बेकर की जीत हुई। इसके अलावा लुटयेन्स चाहता था कि सेक्रेटेरिएट की इमारतों के बीच की सड़क ऐसे कोण से बनाई जाए, कि वायसराय का भवन दूर से दिखाई पड़े। बेकर इससे भी असहमत था। लेकिन इस बार भी उसी की जीत हुई। लुटयेन्स ने इसका बहुत बुरा माना और यह लड़ाई देर तक लड़ता रहा। कई साल तक दोनों में बातचीत बन्द रही।

निर्माण की सामग्री उपलब्ध कराना दूसरी बड़ी समस्या थी। आर्किटेक्टों ने योजना बनाई थी कि रिज की खुदाई करके एम्फीथिएटर बनाएँगे और इस प्रकार प्राप्त पत्थर से दूरी इमारतें बनाएँगे। रिज से जो क्वार्टइट पत्थर निकला, वह इमारतों के उपयुक्त नहीं था, इसलिए यह योजना खत्म कर दी गई। तय

किया गया कि मुगलों की तरह विंध्याचल का पत्थर निकाल कर यहाँ इस्तेमाल किया जाए, और बफ रंग का पत्थर धौलपुर से लाया जाए; लाल पत्थर भरतपुर से प्राप्त किया जाए, और संगमरमर मकराना, अलवर, जैसलमेर, बड़ौदा और अजमेर से लाया जाए। बदरपुर रेत और कंक्रीट लाने के लिए पन्द्रह मील लम्बी रेल लाइन बिछाई गई इम्पीरियल डेल्ही रेलवे—जिसकी साइडिंग पाँच मील लम्बी थी। इसे लाने-ले जाने के खर्चे ने सारा हिसाब गड़बड़ा दिया। लुटयेन्स ने एक करोड़ का अन्दाज़ा लगाया था, जो सही साबित हुआ। लेकिन लुटयेन्स ने यह कभी नहीं सोचा था कि चार-पाँच साल की जगह नई दिल्ली को शहर जैसा दिखने में सोलह साल लग जाएंगे।

लुटयेन्स का मज़ाक काफी नुकीला होता था, जिससे इस कठिन समय में उसे सहायता मिली। एक दफ़ा ड्यूक ऑफ कनॉट ने उससे पूछा, 'ये खंभों के ऊपर घंटियाँ क्यों लगाई हैं?' तो उसने जवाब दिया, 'आपने सुना नहीं, सर, कि मुगल बादशाह मानते थे कि घंटियाँ लगाने से राजवंश खत्म हो जाते हैं? इसलिए मैंने पत्थर की घंटियाँ बनवाई हैं।' एक दफ़ा प्रेस सम्मेलन में किसी ने उससे सवाल किया, 'स्थापत्य में स्त्रियों का क्या स्थान है?'

'हमारी बीवियाँ बनती हैं वे।'

धीरे-धीरे यहाँ शहर बनना शुरू हुआ। 1922 तक उन्हें जितना पत्थर चाहिए था, खुदाई करके स्थान पर पहुँचा दिया गया। पत्थर रखने का यह स्थान दुनिया भर में सबसे बड़ा था; इसमें साढ़े तीन हज़ार मज़दूर काम करते थे। ईंट बनाने की भट्ठियाँ उपनगरों में स्थापित की गईं। बहुत बड़ी संख्या में ईंटें इस्तेमाल की गईं—70 करोड़। लुटयेन्स हर काम में व्यक्तिगत दिलचस्पी रखता था। सबसे महत्त्वपूर्ण काम था—पेड़ों का लगाना। बाग-बगीचे वाले विभाग के डब्ल्यू. आर. मस्तो ने सफदरजंग में बहुत बड़ी नर्सरी स्थापित की, जिसमें 500 किस्म के पेड़ थे। इनमें से ज़्यादातर भारतीय थे, लेकिन कुछ ऑस्ट्रेलिया और पूर्वी अफ्रीका से मँगाए गए थे। जैसे ही सड़कों के निशान लग गए, पेड़ बोने शुरू कर दिए गए। सार्वजनिक इमारतों और बंगलों के साथ उन्होंने भी उठना शुरू कर दिया। लुटयेन्स ने वायसरीगल लॉज के फर्नीचर के लिए खुद लकड़ी का चुनाव किया, और उन्हें बनाने वाले बढ़ई वगैरह को भी खुद हिदायतें दीं। इसी तरह गलीचों, मूर्तियों और चित्र बनाने वालों को भी उन्होंने आदेश दिए। इस सारे काम में उसे एक के बाद दूसरे वायसरॉयों और अफसरों की सहायता मिलती रही।

सन् 1929 का अन्तिम दिन निश्चित किया गया जब तीनों प्रमुख इमारतों और इण्डिया गेट के निर्माण का सारा काम पूरा हो जाना था—इस पर महायुद्ध

में मारे गए 70 हज़ार भारतीयों में से 13,516 के नाम अंकित किए जाने थे। कई महीने तक रात-दिन काम होता रहा।

नई दिल्ली का औपचारिक उद्घाटन जनवरी 1931 में किया गया। लॉर्ड हार्डिंग के साथ जो त्रासदी घटित हुई थी जिससे वे भारत विरोधी हो गए थे, उसी प्रकार की दुर्घटना लॉर्ड इर्विन के साथ भी हुई। जिस ट्रेन में वे दिल्ली आ रहे थे, उसे बम से उड़ाने की कोशिश की गई। सौभाग्य से वायसराय को कुछ नहीं हुआ और वे बच गए। उन्होंने ब्रिटिश शान-बान से उद्घाटन सम्पन्न किया। लुटयेन्स ने वायसरीगल लॉज में उनके प्रवेश का वर्णन इस प्रकार किया है : 'कार्यक्रम आरम्भ हुआ। हिज़ एक्सीलेंसी विशाल पोर्टिको की सीढ़ियाँ चढ़ कर ऊपर पहुँचे, और मुझे तथा मेरे सहयोगियों को उनके सामने लाया गया। निश्चित संकेत दिया जाने पर द्वार खोल दिए गए—इसकी कोई ताली नहीं थी, क्योंकि द्वार पर ताला ही नहीं था। वे भवन में चले गए, और सत्रह वर्षों में पहली बार भवन मेरे लिए बंद कर दिया गया।'

वायसराय ने पहला भोज दिया, इस अवसर पर भी लुटयेन्स उपस्थित था। उसका विश्वास था कि यहाँ यह उसका अन्तिम प्रवेश था। उसने बाद में एक मित्र से कहा; मुझे इर्विन से गुड बाय कहने की इच्छा नहीं हुई। मैं चुपचाप भवन को चूम कर बाहर निकल आया।

लेकिन यह उसका अन्तिम प्रवेश साबित नहीं हुआ। उससे कई बार सलाह ली गई कि कुछ स्मारकों पर क्या शब्द लिखे जाएँ। लॉर्ड इर्विन ने पूछा कि जयपुर स्तम्भ पर अंकित किए जाने के लिए उचित शब्द बताए। यह अवसर वह नहीं खोना चाहता था। उसने लिखा, 'यहाँ लिखा जाए कि इस स्थल पर कुत्तों को आने न दिया जाए।' वायसरॉय उसके कथन पर विचार कर ही रहा था कि इसका अर्थ क्या हो सकता है, उसने इससे गम्भीर शब्द लिख भेजे :

Endow your thought with faith

Your deed with courage

Your life with sacrifice

So all men may know

The greatness of India.

अपने विचारों में उत्पन्न करो आस्था

कार्यों में साहस

जीवन में त्याग

जिससे सब लोग जानें
कि भारत महान है।

लॉर्ड इर्विन ने इसे संक्षिप्त करके इस प्रकार लिखवाया :

In thought faith, in word wisdom
In deed courage, in life service
So may India be great.

विचारों में आस्था, शब्दों में ज्ञान
कार्यों में साहस, जीवन में सेवा
जिनसे महान बने भारत

सिंहासनों पर अंकित करने के लिए इंजीनियर शूस्मिथ की कलाकार-पत्नी ने बाइबिल में 'प्रॉवर्ब्स' से यह चुना :

'Wisdom resteth in the heart of him
that hath understanding.'

जिसमें समझदारी हो, उसके हृदय में ज्ञान का निवास होता है।

नई दिल्ली में लुटयेन्स का आखिरी बार प्रवेश अक्टूबर 1938 में हुआ। तेज़-तर्रार वायसरीन लेडी विलिंग्डन ने इमारतों को जो क्षति पहुँचाई थी, उसे ठीक कराने के लिए लॉर्ड लिनलिथगो ने उसे बुला भेजा। वायसरीन ने महल की दीवारों और फर्नीचर का रंग अपनी इच्छानुसार बदल कर मॉव करवा दिया था, और मुगल गार्डेन में मस्टो द्वारा लगाए गए पेड़ों को बदलकर सिप्रस की कतारें लगवा दी थीं। लुटयेन्स को इससे बहुत धक्का लगा और पुराना डिज़ायन वापस लाने के लिए उससे जो कुछ सम्भव था, वह किया। लेकिन विलिंग्डन के काल में मैदान के अन्त में जो नेशनल स्टेडियम बनवा दिया गया था, उसका वह कुछ नहीं कर सकता था : इसके कारण सामने पुराना किला दिखना बन्द हो गया था।

नई दिल्ली के स्थापत्य के बारे में बहुत कुछ कहा गया है। ज़्यादा आलोचना बेकर द्वारा बनाई गई इमारतों की की गई है। लुटयेन्स के कार्य को सबके द्वारा सराहा गया है और इनमें भी आज का राष्ट्रपति भवन सर्वश्रेष्ठ माना जाता है। कैप्टेन स्विंटन, जिसने सर्वप्रथम इस खाली पड़े मैदान को निर्माण के लिए चुना था, सब कुछ पूरा होने के बाद देख कर बोला, 'हमारे सामने यह वायसराय का भवन पूरे गौरव के साथ खड़ा है—हर कोई उसे देखता है, स्वीकार करता है, और दंग रह जाता है।'

सेक्रेटेरिएट की दोनों कतारों के बीच से जब कोई ऊपर जाता है, तो सबसे पहले उसकी नज़र पीले पत्थर की ताकों में लगी उन प्लेटों पर पड़ती है, जिनमें एक्रोपोलिस के निर्माता आर्किटेक्ट, इंजीनियर और ठेकेदारों के नाम लिखे हैं। ठेकेदारों वाली पट्टी में पाँच नाम अंकित हैं : सोभा सिंह[2], धरम सिंह सेठी, बसाखा सिंह, सेठ हारून और नवाब अली। नई दिल्ली की कुछ और बड़ी इमारतों में भी इसी तरह नामों की पट्टियाँ लगी हैं। लेकिन उन तीस हज़ार मज़दूरों के नाम कहीं नहीं हैं, जो सारे उत्तर भारत से यहाँ आए, पत्थर तोड़े और काटे, ईंटें और सीमेंट कंधों पर लाद कर ले गए, और कड़ी मेहतन से सारा काम किया।

मज़दूरों की सबसे बड़ी संख्या राजस्थान से आई। इनमें भी सबसे ज़्यादा बागड़ी समुदाय के लोग थे। इन्हें प्रति आदमी हर रोज़ आठ आने और औरतों को छह आने मिलते थे—उन दिनों चार रुपये का एक मन गेहूँ मिलता था। ये लोग कुलियों के कैंपों में रहते थे, जहाँ पीने का पानी मिलता था, टट्टियाँ बनी थीं और मुफ़्त इलाज का भी इन्तज़ाम था। पन्द्रह साल में इस निर्माण-कार्य में कभी एक हड़ताल नहीं हुई। मज़दूरों का दूसरा बड़ा समूह पंजाब के बँधनी लोगों का था। ये लोग बड़े-बड़े बोझ कँधों पर लाद कर ले जाते थे, क्योंकि इस कार्य के लिए दुबले-पतले राजस्थानी उपयुक्त नहीं थे। संगमरमर और पत्थर के कुशल कारीगर भी बड़ी संख्या में आए थे। संगतराश ज़्यादातर आगरा, मिर्ज़ापुर और भरतपुर से आए, जो उन कारीगरों के वंशज थे जिन्होंने मुगल इमारतों पर काम किया था। पत्थर और रेता तुगलकाबाद के पास बदरपुर से इंपीरियल दिल्ली रेलवे द्वारा सीधे उस स्थल पर पहुँचाए जाते थे, जहाँ अब विजय चौक है। जहाँ आज आल इण्डिया रेडियो है, वहाँ बड़े-बड़े लोहे के शेड थे जिनमें बड़ी-बड़ी मशीनों से पत्थर काटे जाते थे। यहाँ चलने वाली भयंकर आरा मशीनों की आवाज़ें कई सालों तक इन इलाकों में रहने वालों को परेशान करती रहीं। पत्थरों पर कला के नमूने बनाने के काम का अधिकारी स्कॉटलैंड का कैयन्र्स था।

यहाँ इमारतें बनाने के ठेके जिन परिवारों को प्राप्त हुए, उनकी उन्नति की कहानियाँ उपन्यास के विषय हो सकती हैं। इनमें एकाध को छोड़ कर बाकी सब या तो पूरी तरह अशिक्षित या मामूली थे, उन्हें निर्माण कार्य की भी जानकारी नहीं थी। इनकी हैसियत भी मामूली थी। नई दिल्ली आधी के करीब बन जाने के समय तक इन्होंने काम चलाने लायक टूटी-फूटी अंग्रेज़ी सीख ली, इमारतें बनाने के गुर भी जान गए और ज़मीनों की कीमतें एकदम बढ़ जाने के कारण रातोंरात मालामाल हो गए। इसका नतीजा यह हुआ कि इन लोगों ने शानदार हवेलियाँ खड़ी कर लीं, जिनमें लाल पत्थर और संगमरमर लगा था, और इनके

बच्चों ने भी आगे बढ़ना शुरू कर दिया। शिक्षा के क्षेत्र में तो ये आगे नहीं बढ़े, वेशभूषा ज़रूर एकदम बदल गई। नए मॉडेल की कारें इनके यहाँ दिखाई देने लगीं। इनके बुजुर्ग भले ही रायसीना पहाड़ियों पर पसीना बहाते रहे हों, इन्होंने दिल्ली के चावड़ी बाज़ार की नाच-गाने की मंडी में जाना और मौज करना शुरू कर दिया।

सबसे पहले सिंधी यहाँ आए। सक्खर के रायबहादुर फतेहचन्द ने मेटकॉफ हाउस के पास सबसे पहले पुराना सचिवालय बनवाया। इन्हें नई दिल्ली के निर्माण में हिस्सा लेने का अवसर तो नहीं मिला, लेकिन एक और सिंधी, खानबहादुर सेठ हारून ने राष्ट्रपति भवन के निर्माण में हिस्सा ज़रूर लिया। तीसरे सिंधी, लछमन दास, ने संसद भवन का बड़ा हिस्सा बनवाया। वे अपनी ईमानदारी के लिए प्रसिद्ध थे। कभी सस्ती सामग्री का इस्तेमाल नहीं करते थे, समय पर मज़दूरों को पैसे देते थे। इनकम टैक्स में भी गड़बड़ नहीं करते थे। इसी कारण अन्त में उन्हें नुकसान होने लगा और उनका काम खत्म हो गया। लछमन दास हरिद्वार जाकर रहने लगे और साधु के चोले में ही मरे।

सिंधियों से पंजाबियों ने काम लिया। इनमें पहले संगरूर के किसान नारायण सिंह थे। इन्हें शाही दरबार के इन्तज़ाम का काम दिया गया था। ज़्यादातर सड़कें और अफसरों के बंगले इन्होंने बनवाए। राष्ट्रपति भवन की नींवें भी इन्हीं ने तैयार करवाईं। इन्हें *रायबहादुर* का खिताब दिया गया। इनके कई बेटों में से रणजीत सिंह ने सबसे ज़्यादा सफलता हासिल की, जिन्होंने पारिवारिक काम में शुगर मिल का काम जोड़ा, नई ज़मीन भी खरीदी, इम्पीरियल होटल खरीदा, और संसद के सदस्य बने। धरम सिंह सेठी पहले नहरों के मामूली ओवरसियर थे, जिन्होंने रामसिंह काबुली एण्ड कम्पनी की साझेदारी ली और इसके बाद अपने समय के सबसे धनी बिल्डर बने। पत्थर और संगमरमर की सप्लाई पर एक तरह से उनका एकाधिकार था। धर्म सिंह जंतर-मंतर रोड की एक बहुत बड़ी इमारत में रहते थे, जहाँ अब आल इण्डिया कांग्रेस कमेटी का केन्द्रीय कार्यालय है। वे अपना कमाया करोड़ों रुपया गुरु नानक विद्या भण्डार ट्रस्ट के नाम कर गए, जो अगणित स्कूल और गुरुद्वारे चलाता है। दूरस्थ वियना में कैंसर से उनका देहांत हुआ। अमृतसर ज़िले के मुच्छल गाँव के बिसाखा सिंह ने भी ओवरसियर के रूप में काम शुरू किया था। उन्होंने सेक्रेटेरिएट का पूरा नॉर्थ ब्लॉक और अफसरों के बहुत-से बँगले बनवाए थे। इनके अलावा दो पंजाबी मुसलमान भी थे, झेलम के खान बहादुर अकबर अली ने नेशनल आर्काइव्स बनवाया और रोहतक के नवाब अली ने मुगल गार्डेन्स की योजना करने में बड़ा योगदान किया।

नई दिल्ली बनवाने वाले ठेकेदारों में निश्चित रूप से सबसे पहला स्थान सुजान सिंह[1] और उनके सुप्रसिद्ध बेटे सोभा सिंह (जिनके छोटे भाई उज्जल सिंह पंजाब और मद्रास के राज्यपाल बने) का है। दूसरे ठेकेदारों की तुलना में यह परिवार धनी और अनुभवी भी था। इसकी शाहपुर ज़िले में ज़मीनें थीं और ऊँटों के द्वारा पश्चिमी पंजाब में व्यापार का काम होता था। इन्होंने पंजाब की कई रेलें और कालका-शिमला लाइन की ज़्यादातर पटरियाँ बिछाई थीं। यह परिवार पहले महायुद्ध के पूर्व ही दिल्ली आ गया था। रूई और कपड़ा उद्योग में कुछ काम करने के बाद ये पूरी तरह भवन-निर्माण के काम में लग गए।

नई दिल्ली बनाने की ज़्यादातर ठेकेदारी सोभा सिंह को मिली। इनकी बनाई इमारतों में साउथ ब्लाक, राष्ट्रपति भवन के सामने का भाग, विजय चौक, इण्डिया गेट, बड़ौदा हाउस, आल इण्डिया रेडियो, नेशनल म्यूजियम, अनगिनत बंगले और क्वार्टर वगैरह हैं। लुटयेन्स और बेकर के साथ सोभा सिंह को भी बन रही दिल्ली की व्यापक कल्पना थी। जब रायसीना पत्थर और कीकर के पेड़ों का जंगल था, उन्होंने खुली नीलामी में वहाँ की बहुत-सी ज़मीन खरीद ली। अब जहाँ करोल बाग है, वहाँ दो आने वर्गगज़ की कीमत थी। उन्होंने सब से ज़्यादा कीमत दो रुपया वर्ग गज, कनॉट प्लेस की ज़मीन के लिए दी। अपने अन्य साथियों की तरह उन्होंने भी खुद अंग्रेज़ी सीखी, नई दिल्ली म्युनिसिपल कमेटी के अध्यक्ष बने और कौंसिल ऑफ स्टेट्स के सदस्य बने। बाद में ब्रिटिश सरकार ने उन्हें *सर* के खिताब से सम्मानित किया।

नई दिल्ली बनानेवाले ठेकेदार एक परिवार की तरह रहते और काम करते थे। धर्म, भाषा और रहन-सहन के अन्तर के बावजूद आपस में खूब मिलना-जुलना था। वे लड़ते नहीं थे—फायदे की इस दुनिया में लड़ने की ज़रूरत ही कहाँ थी! जब वे पहले-पहल रायसीना आए तब इस समय की ओल्ड मिल रोड—हर्बर्ट बेकर ने इस सड़क का नाम ब्रेकर स्ट्रीट नहीं पड़ने दिया—के किनारे बने झोपड़ों में रहते थे। फिर वे सब जन्तर-मन्तर रोड पर बने काफी बड़े मकानों में एक साथ रहने चले आए, जहाँ वे लगभग बीस साल रहे। शहर के बढ़ने के साथ-साथ वे उसके दूसरे हिस्सों में रहने चले गए। फिर धीरे-धीरे एक के बाद एक अपने पूर्वजों से जा मिले।

संदर्भ

1. खुशवंत सिंह के श्वसुर
2. खुशवंत सिंह के पिता
3. जिनके नाम पर सुजान सिंह पार्क है, खुशवंत सिंह के पितामह

जीने की राह

सुख क्या है?

मेरा जीवन सामान्यतः सुखी रहा। मैंने अक्सर सोचा है कि वह क्या है जिसे प्राप्त कर लोग सुखी महसूस करते हैं—सुखी होने के लिए मनुष्य को क्या करना चाहिए।

सबसे महत्त्वपूर्ण स्वास्थ्य है। यदि आप स्वस्थ न रहें, तो कभी सुखी नहीं होंगे। हर बीमारी, वह चाहे जितनी मामूली क्यों न हो, आपके सुख में से थोड़ा-सा हिस्सा ज़रूर काट लेगी।

दूसरी बात—बैंक में अच्छी रकम होनी चाहिए। ज़रूरी नहीं कि यह करोड़ों में हो, लेकिन इतनी ज़रूर हो कि आपकी आवश्यकताएँ पूरी कर सके, और मनोरंजन के लिए भी कुछ बचा रहे—जैसे बाहर खाना-पीना, सिनेमा देख सकना, घूमने-फिरने के लिए पहाड़ों या समुद्र के किनारे जा पाना। धन की कमी मनुष्य को मारने लगती है, उसका आत्मविश्वास घटने लगता है। किसी से उधार माँगना या कर्ज़ा लेकर ज़िन्दगी बसर करना उसे नीचे गिराता है और खुद अपनी आँख़ों में अपनी इज़्ज़त खत्म कर देता है।

तीसरी—घर अपना होना चाहिए। किराए के घर में आपको आराम और सुरक्षा नहीं मिल सकती। घर में अगर बगीचा भी हो, तो कहना ही क्या! इसमें अपने पेड़-पौधे बोइए, उन्हें फलता-फूलता देखिए और प्रकृति के साथ एकता महसूस कीजिए।

चौथी—एक समझदार साथी, चाहे तो यह आपकी बीवी हो—या पति—या कोई दोस्त। अगर आपको ज़्यादा गलतफहमियाँ होंगी, तो उतनी ही आपकी शान्ति भी भंग होगी। हर वक्त लड़ते रहने से तलाक देकर अलग हो जाना अच्छा है।

पाँचवाँ—उन लोगों से ईर्ष्या करना बंद कीजिए जो ज़िन्दगी में आपसे ज़्यादा आगे निकल गए हैं—ज़्यादा बड़ा पद हासिल कर लिया है, ज़्यादा कमा लिया

है, या ज़्यादा यश प्राप्त कर लिया है। ईर्ष्या बहुत खराश पैदा करती है—दूसरों से अपनी तुलना मत कीजिए।

छठा—लोगों को सिर्फ गपशप करने के लिए अपने पास मत आने दीजिए। जब वे उठेंगे तो आप न सिर्फ थकान महसूस करेंगे बल्कि उनका ज़हर भी आप में भर जाएगा।

सात—एक-दो ऐसी हॉबियाँ विकसित कीजिए जिनसे आपको पूर्णता महसूस हो—बगीचे में काम करना, पढ़ना-लिखना, चित्र बनाना, खेलना या संगीत सुनना। मुफ्त शराब पीने के लिए क्लबों या पार्टियों में जाना या बड़े आदमियों से मिलना-जुलना वक्त की बरबादी है। ऐसी बातों में मन लगाइए जिनसे आपको सुख मिले। मेरे परिवार के कई सदस्य और मित्र सारा दिन सड़क के कुत्तों को खिलाते-पिलाते या उनका इलाज वगैरह करने लगते हैं। कई लोग मुफ्त क्लिनिक चलाते हैं या जानवरों की देखभाल करते हैं।

आठ—हर रोज़ सवेरे और शाम पन्द्रह मिनट अपने बारे में सोच-विचार करने में लगाइए। सवेरे दस मिनट एकदम शान्त बैठिए और पाँच मिनट सूची बनाइए कि आज आपको क्या-क्या काम करने हैं। इसी तरह शाम को भी पाँच मिनट शान्त बैठिए, फिर दस मिनट सोचिए कि आज के काम ठीक से हुए या नहीं।

नौ—अपना नियन्त्रण कभी मत खोइए। गुस्सा मत कीजिए, हर बात पर भड़किए मत, न बदला लेने का विचार कीजिए। अगर किसी ने कुछ कह-सुन दिया हो, तो उसे भूल जाइए। सामान्य रूप से आराम से रहने के लिए आपका धनी होना ज़रूरी नहीं है, न बड़े पद पर होना—अच्छा स्वास्थ्य और आर्थिक सुरक्षा ज़रूरी है, लेकिन और भी कुछ बातें आपको करनी होंगी।

सुखी परिवार

परिवार को सुखी कैसे बनाया जाए, इस बारे में बहुत कुछ लिखा जा चुका है। यह सुअर के सामने ज्ञान के हीरे-मोती बिखेरने जैसा है। मैं एक हाथ की आधी उँगलियों पर ऐसे परिवारों की गिनती कर सकता हूँ जिन्हें सुखी कहा जा सकता है, लेकिन दुखी परिवारों की संख्या बीसियों है। इसी के साथ यह भी सच है कि सुखी परिवार ज़्यादातर आत्मकेन्द्रित रहना पसन्द करते हैं, दूसरों से मिलने-जुलने में कतराते हैं और बोरिंग होते हैं। इसके विपरीत, किसी दुखी परिवार से मिलने जाना चाहे जितना कठिन क्यों न हो, उसके सभी सदस्य अपनी अलग-अलग तरह के होते हैं—और इसी कारण वे एक-दूसरे से मिल-जुलकर नहीं रह पाते—और उनका व्यक्तित्व भी रोचक होता है।

मुझे एक ही ऐसे परिवार की याद आती है जिसे सुगठित आदर्श परिवार कहा जाता था। मैं उनके यहाँ कई दफ़ा ठहर चुका हूँ। मुझे वहाँ हमेशा यह महसूस कराया जाता रहा कि मैं बाहरी आदमी हूँ, दूर का कोई गरीब रिश्तेदार जो उनके जीवन में दखलन्दाज़ी कर रहा हूँ। वे हमेशा अपने लोगों की तारीफ़ करते रहते थे और बाकी सबकी बुराई। इसका नतीजा यह हुआ कि उसके बच्चे बड़े होकर सफल और स्वस्थ स्त्री-पुरुष बनने की जगह निकम्मे, बेकार बन कर सड़कों के किनारे के लोग होकर रह गए।

हर परिवार का आधार उसके बच्चे होते हैं। उनकी उपेक्षा करोगे तो तुम उन नींव के पत्थरों को नष्ट कर दोगे जिनके ऊपर परिवार का महल खड़ा होता है। लेकिन उनको ज़्यादा प्यार-दुलार दोगे, तो भी यही नतीजा सामने आएगा। परिवार एक बड़े दरख़्त की तरह होता है जिसकी शाखाओं और पत्तों के नीचे धूप और बरसात में इन बच्चों को पनाह और साया प्राप्त होती है। लेकिन जब वे बड़े हो जाएँ तो उनकी यह जन्म-नाड़ काट देना चाहिए, और उन्हें दुनिया

की कठोरताओं का सामना करने और उसमें अपनी जगह बनाने के लिए छोड़ दिया जाना चाहिए। वे अब अपने फैसले खुद करें, गलतियाँ करें तो उनके नतीजे भुगतें और उनसे सीखें। इसी के साथ यह देखना भी ज़रूरी है कि परिवार का केन्द्र सुरक्षित और सही रहे जिससे चोट खाकर वे यहाँ वापस आ सकें, और अपने घाव चाट-चूट कर ठीक कर लेने के बाद फिर दुनिया का सामना करने के लिए लौट सकें।

सुखी परिवार के नियम निर्धारित करना आसान काम नहीं है। इनमें किसी तरह आपस में मिलते रहने की व्यवस्था होनी चाहिए, जैसे भोजन के समय सब एकसाथ बैठें, पिकनिक या सिनेमा देखने एकसाथ जाएँ, या पूजा-पाठ जैसे कार्य एकसाथ करें। मैंने देखा है कि जिन परिवारों में हर आयु के लोगों के लिए पढ़ने की किताबें होती हैं, उनमें आपसी बातचीत ज़्यादा होती है और टकराव भी कम होता है। किताबों के बिना घर पूरा नहीं होता। ऐसे घरों में लोग पैसा कमाने और स्केंडल की बातें से ही घिरे रहते हैं।

हम सब अनुभव से जानते हैं कि एक-दूसरे से अलग-थलग रहने वाले परिवारों में दुख सबसे ज़्यादा होता है, क्योंकि प्यार को नफरत में बदलते हुए देर नहीं लगती। ऐसी स्थितियों में सबसे अच्छा यही है कि लोगों को अलग कर दें और उन्हें अपने-अपने ढंग से जीवन बिताने दें।

|| बुढ़ापा ||

मेरे बेटे से मुम्बई में जब भी यह प्रश्न पूछा जाता, कि दिल्ली क्यों जा रहे हो, तो उसका यह जवाब होता, 'अपने ए.पी'ज़ को देखने',—ए.पी'ज़ से उसका अर्थ होता था, 'ऐजेड पेरेंट्स'—बूढ़े माँ-बाप। अब चूँकि वह खुद 'सीनियर सिटीज़ेन' यानी बुज़ुर्ग नागरिक की श्रेणी में आ गया है, और उसकी माँ भी गुज़र गई है, इसलिए उसका उत्तर होता है, 'अपने ओल्ड पॉप को देखने।'

पीढ़ियाँ बीतने के साथ बूढ़ों के प्रति युवा लोगों के दृष्टिकोण बदलते रहते हैं। जब मैं युवा था, बूढ़े लोगों को 'सत्तरिया-बहत्तरिया' कह कर बुलाता था, जो काफी कमज़ोर हो चुके हैं। लेकिन अब सत्तर की उम्रवाले लोग बूढ़े नहीं माने जाते।

इन लोगों की चर्चा करने की भावनाएँ बदल गई हैं और नए शब्द भी काम में आने लगे हैं। इनमें से एक नियम यह है कि बुज़ुर्गों के प्रति आदर व्यक्त करने के लिए उनसे कुछ दूर रहा जाए। इसलिए अब उनके रहने के लिए भी अब हमारे अपने रहने के घरों से अलग और काफी दूर 'ओल्ड पीपुल्स होम्स' बनाए जाने लगे हैं। इन होम्स के बारे में काफी कुछ कहा जा सकता है। इंग्लैण्ड और अमेरिका के जिन कुछ ओल्ड पीपुल्स होम्स को मैंने देखा है, वे पाँच सितारा होटलों के समान शान-शौकत और आरामदेह हैं। इनमें उनके लिए अलग-अलग कॉटेज बने हैं जिनमें दुनिया भर से उन्हें जोड़ने वाले रेडियो और टीवी लगे हैं, बड़े-बड़े डायनिंग रूम और सिटिंग रूम हैं, जहाँ आराम से बैठ कर बुज़ुर्ग लोग अपनी उम्र वाले लोगों से गपशप और हँसी-मज़ाक कर सकते हैं; हल्का, स्वादिष्ट भोजन और शराब वगैरह खा-पी सकते हैं, बिल्यर्ड रूम्स भी होते हैं जहाँ वे मेज़ों पर आराम से ताश, ब्रिज, रमी, पेशेंस वगैरह खेल सकते हैं। हरे-भरे मैदान और फूलों से लदी क्यारियाँ होती हैं। इन सबके अलावा डॉक्टर और नर्स चौबीसों

घण्टे उपलब्ध रहती हैं। इनका खर्चा भी काफी होता है, परन्तु ये लोग ज़िन्दगी की गाढ़ी कमाई इन सुविधाओं पर खर्च करने से गुरेज़ नहीं करते, क्योंकि वे जानते हैं कि इसे वे अपने साथ तो ले नहीं जा सकेंगे। उनकी संतानें भी इसे खुशी से स्वीकार करती हैं, क्योंकि इससे उन्हें भी बुजुर्ग माता-पिता की देखभाल करने से मुक्ति मिल जाती है, और वे अपनी उन्नति में समय लगा सकते हैं। अब इन देशों में यह पुरानी धारणा बिलकुल समाप्त हो चुकी है कि बुजुर्ग की मौत पर उसके बिस्तर के इर्द-गिर्द सारा परिवार एकत्र होना चाहिए।

लेकिन इन ओल्ड होम्स की मैं चाहे जितनी प्रशंसा करूँ, मैं इन बुजुर्गों को 'बूढ़े', 'बूढ़पुरनिया', 'साठिया' वगैरह शब्दों से बुलाया जाना बिलकुल पसन्द नहीं करता। पश्चिम में इनके लिए 'डायनोसार', 'फॉसिल' वगैरह जो नए शब्द चल पड़े हैं, वे तो और भी गलत हैं। अस्सी साल पहले चेस्टरटन ने अपने एक लेख में लिखा था : 'एक समय था जब अपने पिता को पिता ही कहा जाता था...लेकिन अब विकसित बुद्धि के ज़माने में उसे मटर की फली और चीख-पुकार करने वाला कहा जाता है। मैं सोचता हूँ कि बुजुर्ग को पिता न कहना प्रकृति का अनुकरण करना है। यह भी स्पष्ट है कि उसे फली कहना प्राकृतिक सच्चाइयों को मुलायम जामा पहनाना भी है। आप हमें बूढ़े या साठिया वगैरह जो भी कहें, यह न भूलें कि 'सास भी कभी बहू थी' के अनुकरण पर आप भी कभी-न-कभी इसी स्थिति में पहुँच जाएंगे, और बहरेपन के कारण आपको क्या कहा जा रहा है, यह सुन भी नहीं सकेंगे।

मैं ज़्यादा बहरा तो नहीं हुआ हूँ, लेकिन समय बीतने के साथ यह परेशानी बढ़ती जा रही है। मेरे मित्र लोग तो नम्रतावश इसे व्यक्त करने से परहेज़ करते हैं, लेकिन परिवार के लोग यह लिहाज़ नहीं करते। मेरी पत्नी, जिसे गुज़रे अब कई साल हो चुके हैं, जब कभी उसकी बात सुन न पाने के कारण मैं कान उठा कर कहता, 'हैं, क्या कह रही हो?' तो वह तुरन्त पलट कर कहती, 'तुम कानों का इलाज क्यों नहीं कराते?'

अब जब कभी कोई मुझसे मिलने आता है, तो मेरा बेटा, अगर वह यहाँ हो, तो हमेशा उससे कहता है, 'ज़रा जोर-से बोलना...पापा ऊँचा सुनने लगे हैं।' फिर एक दिन बेटी ने भी कह दिया, 'अब आप हियरिंग एड क्यों नहीं लगवा लेते?'

हियरिंग एड के अच्छे और बुरे—दोनों पहलू हैं। मेरा एक केनेडियन दोस्त था, मशहूर आर्ट क्रिटिक, जो यह मशीन लगाए रहता था, जिसकी बैटरी उसके

सामने की जेब में टँकी रहती थी। मैंने उससे पूछा, कि इससे परेशानी तो नहीं होती? उसने जवाब दिया, 'बिलकुल नहीं। मैं जब भी बाहर जाता हूँ, इसे चला लेता हूँ, जिससे सड़क का शोर और गाड़ियों के हॉर्न वगैरह सुनाई देते रहें। संगीत सुनने जाता हूँ, तब भी इसे चला लेता हूँ। लेकिन जब मैं पार्टियों में होता हूँ, और लोगों की फिज़ूल की बातें सुनने से बचना चाहता हूँ, तब मैं इसे बन्द कर देता हूँ, और चेहरे पर एक हलकी-सी मुस्कान फैला लेता हूँ, जिससे लोग समझें कि मैं उनकी बातें सुन रहा हूँ।'

मेरे दो मित्रों ने यह मशीन लगवाई। 96 के होने पर प्रेम किरपाल ने पेरिस से मँगवाई—कीमत थी डेढ़ लाख रुपये। शायद ही कभी इस्तेमाल की हो। मैंने इसका कारण पूछा, तो बोले, 'इससे बैटरी खत्म हो जाएगी और दूसरी पेरिस से ही मँगानी पड़ेगी।'

भरतराम की उम्र मेरे ही बराबर है, और वे इसका इस्तेमाल करते हैं। लेकिन दूसरे की बात सुनने के लिए कान के ऊपर हाथ भी लगाते हैं। कलाकार सतीश गुजराल बचपन में ही बहरे हो गए थे, लेकिन ज़िन्दगी बड़े आराम से गुज़ारते रहे, बिना दूसरे से सुने उन्होंने अंग्रेज़ी बोलना सीख लिया। फिर उन्हें हियरिंग एड की ही तरह काम करने वाली सुन्दर पत्नी, किरन मिल गई, जिसने उन्हें ओठों के हिलाने और हाथ की मुद्राओं से बातचीत करना सिखा दिया। इस कमी से उन्होंने इस तरह छुटकारा पा लिया है, कि ज़्यादातर बातचीत वे खुद करते हैं, जिससे सुनने की ज़रूरत कम हो जाती है। कुछ साल पहले वे ऑस्ट्रेलिया गए कि कान का ऑपरेशन करा लें, जिससे वे फिर सुन सकेंगे। लौट कर उन्होंने कुछ समय तो यह नाटक किया कि हाँ, वे कुछ आवाज़ें सुन सकते हैं। लेकिन फिर वे पत्नी के ही अधीन हो गए—वही पक्की हियरिंग एड फिर बन गई।

मेरी स्थिति ऐसी नहीं है। जो लोग मेरे पास बैठे होते हैं, उनकी बातें मैं बिना ज़्यादा कठिनाई के सुन सकता हूँ। मुझे उन लोगों से कठिनाई होती है जो बहुत धीमे बोलते हैं, या जो मशीन की रफ्तार से बोलते ही चले जाते हैं। तब मैं मुस्कराते बुद्ध की शक्ल बना लेता हूँ, और कभी-कभी ज़रा-सा सिर भी हिला देता हूँ, जिससे लोग समझें कि मैं उनकी बातें सुन रहा हूँ। तब मुझे एक ही डर लगता है, दूसरा मुझसे कोई सवाल न पूछ ले। तब भी मैं मुस्करा कर छोटा-मोटा जवाब देने की कोशिश करता हूँ। टेलीफोन पर बात करने में मुझे समस्या होती है। जवान लोग, खास तौर से लड़कियाँ, बड़ी तेज़ी से शैतान की तरह बात करती हैं, बिना रुके बोलती ही चली जाती हैं। उन्हें मुझे डाँटना पड़ता है, 'ज़रा धीरे

रुक-रुक कर साफ बोलो, क्योंकि मैं ऊँचा सुनने लगा हूँ। इसके बजाय तुम अपनी बात कागज़ पर लिख कर मुझे दे दो—मुझे पढ़ने में ज़्यादा आसानी होती है।'

अब तक तो इस तरह मेरा काम चलता रहा है। मैं सेटेलाइट रेडियो पर क्लैसिकल संगीत का आनन्द लेता हूँ, टीवी चैनलों पर समाचार और अन्य कार्यक्रम देखता-समझता हूँ। अगर मुझे कम सुनाई देने लगा है, तो यह मेरी समस्या नहीं है, दूसरों की है। लेकिन मैं सुनने के लिए मशीन कभी नहीं लगाऊँगा। मैं अक्सर सोचता हूँ कि मशीनों का इस्तेमाल करने वाले बहरों को उनकी मौत के बाद जब दफनाया जाएगा, तो उनके कानों में क्या ये मशीनें लगाई जाएँगी?

कई दफ़ा अस्सी के दौर में चल रहे लोग इस समय की समस्याओं के बारे में मुझसे पूछते हैं। वे दूसरों पर अपनी निर्भरता की शिकायत करते हैं और कहते हैं कि उनके बेटे-बहू और नाती-पोते कोई उन पर ध्यान नहीं देता। उनकी मुख्य समस्या अकेलेपन की होती है, कि अपना समय कैसे बिताएँ। बुढ़ापे के कारण उन्हें नींद भी कम आती है और सवेरा होने से पहले ही वे जाग जाते हैं। वे भगवान में विश्वास करते हैं, पूजा-पाठ करते हैं, मन्दिर, गुरुद्वारा या चर्च जाकर प्रार्थना करते हैं, या दिन में पाँच दफ़ा नमाज़ पढ़ते हैं। लेकिन वक़्त है कि काटे नहीं कटता। उन्हें क्या करना चाहिए कि सन्तोष प्राप्त हो?

मेरी उम्र इन सब लोगों से ज़्यादा है। बुढ़ापे की समस्याओं से मैं भी घिरा रहता हूँ, जैसे दाँत गिर गए हैं और उनकी जगह नए दाँत लगवाए हैं, चश्मा बार-बार बदलना पड़ता है क्योंकि नज़र का नम्बर घटता चला जाता है, कान में मशीन लगा ली है, चलते समय हाथ में छड़ी पकड़नी पड़ती है, कि टकराकर कहीं गिर न पड़ूँ और हर रोज़ ब्लड प्रेशर, दिल की धड़कन, प्रोस्टेट वगैरह को काबू में रखने के लिए दर्जनों गोलियाँ निगलनी पड़ती हैं। लेकिन मैं हर रात छह घण्टे की नींद पूरी कर लेता हूँ, हालाँकि दो-तीन दफ़ा पेशाब के लिए उठना ही पड़ता है—दोपहर बाद भी घण्टे भर की नींद ले लेता हूँ। सवेरे मेरी नींद भी जल्दी खुल जाती है।

मेरा चूँकि भगवान और पूजा-पाठ में विश्वास नहीं है, इसलिए मेरा दिमाग ज़िन्दगी की बातों में चलने लगता है। जैसे, क्या आज सवेरे पेट सही तरह से साफ हो जाएगा? क्या इसके लिए मुझे ज़्यादा पानी और सन्तरे-गाजर का जूस पी लेना चाहिए? पेट जब ढंग से साफ हो जाता है, तो मन को अच्छा लगता है और हलकापन महसूस होता है। जब नहीं होता, सिर भारी बना रहता है। मैं तुनकमिज़ाज हूँ और जल्दी परेशान हो जाता हूँ। इसका मेरे काम पर असर

पड़ता है। लेकिन मुझे यह शिकायत नहीं कि मेरे बेटे-बेटी और नाती-पोते मेरी परवाह नहीं करते। वे मेरी अच्छी तरह देखभाल करते हैं, देखते हैं कि मैंने क्या खाया, क्या नहीं, मेरी ज़रूरतें क्या हैं, मुझे डॉक्टर और चश्मा बनाने वालों के यहाँ ले जाते हैं। वे जानते हैं कि मुझे अकेले रहना पसन्द है, इसलिए मेरे काम में दखल नहीं देते। मुझे समय बिताने की समस्या परेशान नहीं करती, क्योंकि बहुत-सी बातें हैं जो मेरे दिमाग को व्यस्त रखती हैं। कपड़ा बुनने वाले के करघे की तरह मेरे दिन काम करते बीतते चले जाते हैं।

मैं इन लोगों को क्या सलाह दे सकता हूँ? पहली तो यही कि दूसरों पर अपनी निर्भरता कम-से-कम करो, और अपने ज़्यादा-से-ज़्यादा काम खुद करते रहने की कोशिश करो। तुम्हारे दिमाग में जो भी चलता है और जिन बातों में तुम्हारी रुचि हो, उन्हें करते रह कर अपना समय बिताते रहो। जो प्रार्थनाएँ और पूजा-पाठ तुम्हारी समझ में नहीं आते, उन्हें करके अपना वक्त बरबाद मत करो, बल्कि ध्यान का अभ्यास करके दिमाग को इधर-उधर भटकने से रोकने की कोशिश करो। इसके लिए एक या दो मिनट भी काफी होंगे। अगर तुम पढ़ नहीं सकते या टीवी नहीं देख पाते, क्योंकि आँखें कमज़ोर हो गई हैं, तो रेडियो पर बज रहे संगीत को ध्यान लगा कर सुनो और उसका आनन्द लो। किसी बगीचे में जा बैठो और फूल-पत्ते, चहकती चिड़ियाँ और कीड़े-मकोड़े देखो और सोचो कि ये क्या और क्यों और कैसे सब क्रियाएँ कर पाते हैं। उन सबको अलग-अलग पहचानने की कोशिश करो, और किताबें पढ़ कर उनके बारे में अपनी जानकारी बढ़ाओ। नई रुचियाँ विकसित करो, जैसे टिकट इकट्ठे करना, फूल-पत्तियाँ सुरक्षित रखना, आरिगामी का खेल—जो भी तुम्हारे सामने हो और समझ में आए। चाहो तो अपने स्वेटर और मोज़े खुद बुनना भी सीख सकते हो। अपनी इस भावना को कम करो कि आदमियों के साथ ही ज़िन्दगी बीत सकती है, या बीतनी चाहिए। कुत्ते, बिल्ली और पक्षियों से दोस्ती बढ़ाओ—ये आदमियों से ज़्यादा तुम्हारी तरफ खिंचेंगे और प्यार देंगे। अपने भोजन की मात्रा कम करना भी बहुत ज़रूरी है। भूख पूरी होने से पहले ही खाने की मेज़ से उठ जाओ; इस तरह, जो खाया है, उसका ज़ायका भी तुम्हें प्राप्त होगा, और अगले भोजन में क्या खाने को प्राप्त होगा, इसकी कल्पनाओं से भी मन घिरा रहेगा। फिर खाते समय स्वाद भी प्राप्त होगा। इस तरह दिमाग व्यस्त बना रहेगा और समय आराम से बीतता चला जाएगा। आप सवेरे आराम से जागेंगे और शाम को सोने जाएँगे तो नींद एकदम आ जाएगी, और आप गहरी नींद में डूब जाएँगे।

ज़ोहरा सहगल मुझसे दो साल बड़ी हैं, और उनकी पाकिस्तानी बहन उज़रा बट्ट मुझसे दो साल छोटी हैं—दोनों शरीर और मन सब तरह मुझसे ज़्यादा स्वस्थ हैं। ज़ोहरा की याददाश्त तो ताज्जुब की है। वह बिना किताब पर नज़र डाले घंटों शायरी सुनाती रह सकती है; मैंने सुना है, उनकी बहन भी लाहौर में इसी तरह सुनाती-बोलती हैं। दोनों बहनों ने मिलकर 'एक थी नानी' के नाम से एक कार्यक्रम तैयार किया, जो भारत और पाकिस्तान—दोनों देशों में बहुत लोकप्रिय है। उनके इस स्वास्थ्य का राज़ क्या है? ज़ोहरा से मुझे पता चला कि वे बहुत कम खाना खाती हैं, और रस तथा सूप ही ज़्यादा लेती हैं। हर रोज़ सवेरे वह छत पर घंटा-भर टहलती हैं, और मन में शायरी दोहराती-याद करती रहती हैं। उन्होंने अपना सामाजिक मिलना-जुलना बहुत कम कर दिया है, अब वह इंटरव्यू भी नहीं देतीं, और फोन पर भी तब तक नहीं देतीं जब तक उसका पैसा न दिया जाए। पिछली दफ़ा मेरी नब्बे की सालगिरह पर जब वह मुझसे मिलने आईं तो मैंने उनसे पूछा कि क्या वे पैसे लेकर मिलती-जुलती हैं। तो उन्होंने मुस्कुरा कर अपना हाथ बढ़ाया और कहा, 'हाँ, लाओ, मेरी फीस दो, जल्दी करो!'

उज़रा से मुझे लम्बी उम्र का एक और रहस्य पता चला। इन बहनों ने पहले पृथ्वी थिएटर्स में काम किया था और उदय शंकर की नर्तक मण्डली में भरतनाट्यम करती थीं। मैंने उज़रा से पूछा कि क्या वे अब भी नाचती हैं? उन्होंने कहा, 'पाकिस्तान में भरतनाट्यम को जगह नहीं है। पर इस दफ़ा मैं ओडिसी सीख रही हूँ—इसमें मशीनीपन नहीं है, और भावात्मक सन्तोष ज़्यादा है।' मुझे यह सुनकर आश्चर्य हुआ—अठासी साल की उम्र में यह नया नृत्य सीखने का प्रयत्न—यह तो उम्र की सीमाओं को तोड़ कर आगे बढ़ना है। साफ है, कि अगर आप स्वस्थ रहना चाहते हैं, तो आगे देखिए और सोचिए कि अब क्या करना चाहिए।

सबसे ज़रूरी बात यह है कि उम्र बढ़ने पर आप अपने को बूढ़ा स्वीकार कर लें और जवान आदमी की तरह व्यवहार करने की कोशिश करने से परहेज़ करें। ऐसा करने से आप खुद को ही गधा साबित करेंगे। किसी ने सच कहा है :

जवानी जाती रही और हमें पता भी न चला,
उसी को ढूँढ़ रहे हैं कमर झुकाए हुए!

यह भी सच है कि आदमी अपनी कितनी भी देखभाल क्यों न करे, उम्र

बढ़ने के साथ शरीर के अंग कमज़ोर होते चले जाते हैं। दाँत गिरने लगते हैं और नए दाँत लगवाने पड़ते हैं। अपने खाने-पीने में परिवर्तन करने की ज़रूरत होती है। सख्त गोश्त या कड़ी सब्ज़ियाँ और बड़े-बड़े फल जिन्हें काट कर खाने के लिए मज़बूत दाँतों की ज़रूरत होती है, इनसे भी परहेज़ करना ज़रूरी हो जाता है। हर उस घर में, जहाँ कोई बूढ़ा पुरुष या स्त्री हो, उसके लिए अलग खाने का बन्दोबस्त करना होता है। आँखें धुँधुआने लगती हैं; वह आदमी बहुत सौभाग्यशाली है जो खुली आँखों से पढ़-लिख सकता है और टी.वी. देख सकता है। मैं अभी तक ये दोनों काम कर सकता हूँ, हालाँकि ज़्यादा भी नहीं।

कानों से सुनने में कठिनाई होने लगती है, और हियरिंग एड ज़रूरी हो जाता है। मैं सोचता हूँ कि मेरे कान अभी तक ठीक हैं, लेकिन मेरे मित्र इससे सहमत नहीं हैं। याददाश्त कमज़ोर पड़ जाती है। मेरी अभी तक सही है; मैं बिना किताब देखे शायरी सुना सकता हूँ और टेलीफोन डायरेक्टरी खोले बिना परिचितों के नम्बर मिला सकता हूँ। लेकिन शक्लें अब याद नहीं रहतीं, खूबसूरत लड़कियों की भी नहीं, और नाम याद करने में भी मुश्किल होती है। पर इसकी मैं ज़्यादा परवाह नहीं करता।

मुझे जो चीज़ परेशान करती है, वह है—धीरे चलने की ज़रूरत—और यह कि अब छड़ी लेकर ही चलना पड़ता है। मुझे जवानी के वे दिन याद आते हैं जब मैं शिमला से नारकण्डा पैदल गया था और बिना रुके वापस भी आया था—पूरे 72 मील चला था मैं। लेकिन अब मैं अपने छोटे-से बगीचे के दो-चार चक्कर लगा कर ही सन्तोष कर लेता हूँ, और बाहर ऊँचे नीचे रास्ते पर निकलने से घबराता हूँ, कि कहीं गिर-गिरा न पड़ूँ और अपनी हड्डी-पसली तुड़वा लूँ। बूढ़ों के आखिरी जीवन की शुरुआत अक्सर यहीं से होती है। ये लोग इस उम्र में ढीले और काहिल हो जाते हैं। मैं रोज़ नहाना चाहिए, के नियम का कभी पाबन्द नहीं रहा। बदन पर लोटे भर-भर कर पानी डालना ही नहाने के लिए ज़रूरी है, इसकी जगह गीली तौलिया से शरीर के मुख्य अंगों को कस-कस कर साफ करने से भी मुझे बहुत फुर्ती महसूस होने लगती है। अब मैं रात को कपड़े बदल कर बिस्तर में जाने के स्थान पर दिन के कपड़े पहन कर ही सो जाना ज़्यादा पसन्द करता हूँ। जब मैं खाना खाता हूँ, दाल, सब्ज़ी वगैरह मेरी दाढ़ी पर गिरने लगती है, जो दूसरों को अच्छा नहीं लगता। लेकिन मैं परवाह नहीं करता।

मेरी ज़्यादा बड़ी समस्या प्रोस्टेट ग्लैंड की है। गुर्दे में ज़ोर पड़ता है तो पेशाब करने भागना पड़ता है, लेकिन पहले ही शलवार या पजामा भीग जाता

है। तब कहना पड़ता है कि पानी गिर गया होगा। लोग समझ तो लेते हैं, लेकिन चुप रह जाते हैं।

उम्र के साथ ज़रूरतें बदलती हैं। पेट साफ होने में कठिनाई होने लगती है। जुलाब की गोलियाँ लेनी पड़ती हैं। सुनने में अच्छा नहीं लगता, लेकिन बूढ़ों का सवेरा पेट साफ करने की चिन्ता से शुरू होता है। अगर समय पर आराम से साफ हो जाए, तो लगता है कि चित्तौड़ का किला फतह कर लिया। न हो, तो सारा दिन भुनभुनाते बीतता है।

मैं कई तरह की गोलियाँ खाकर, दिन भर में बीस के करीब, चलता-फिरता रहता हूँ। यह मुझे अच्छा नहीं लगता, लेकिन मैं जानता हूँ कि इन्हीं के सहारे जी रहा हूँ और हाथ-पैर मार रहा हूँ।

यह भी सच है कि आदमी खुद नहीं जान पाता कि वक्त बीत रहा है; बाल सफेद हो गए हों, दाँत गिर गए हों, सुनाई कम देने लगा हो, नज़र आना बन्द हो रहा हो, लेकिन वह यह मानने को तैयार नहीं होता कि अब वह बूढ़ा हो गया है और उसका दिमाग सठिया गया है।

दूसरे लोग ही, ज़्यादातर बच्चे, उसे उम्र का आभास कराते हैं। जो लड़के-लड़कियाँ उसे अब तक 'चाचा' कह कर पुकारते थे, अब उसे दादू या नानू कहकर पुकारते हैं। एक दिन लोदी गार्डन में मुझे एक परिवार मिला। माँ ने अपने चार साल के बेटे से कहा कि मेरे पैर छुए। उसने मेरी तरफ देखा और ज़ोर से बोला, 'बुड्ढा'—और भाग गया। मुझे बड़ी कोफ्त हुई।

मैं अपने को धोखा देता हूँ, कि मैं सचमुच बुड्ढा नहीं हुआ हूँ। मेरे दोस्त लोग तो हो गए हैं, लेकिन मेरी आँखों में अभी चमक है और मेरा दिल पहले की तरह जवान है। मेरी एक महिला मित्र, जो मुझसे बीस साल छोटी है, दादी बन गई है और बेहद मोटी हो गई है। मैं उसका तीस साल पहले की तरह स्वागत करता हूँ, जब वह युवा और आकर्षक थी। इसके बारे में एक शे'र है :

बेगम, तेरे हुस्न के हुक्के में आँच नहीं
इक हम हैं
कि फिर भी गुड़गुड़ाए जाते हैं

बुढ़ापे के लिए आप कुछ कर भी नहीं सकते। यह बड़ी धीमी चाल से शुरुआत करता है, फिर बीच की उम्र में तेज़ी पकड़ता है, और आप जान ही नहीं पाते कि कब बूढ़े हो गए। अलग-अलग लोगों में इसके लक्षण अलग-अलग

ढंग से प्रकट होते हैं। बाल सफेद होने लगते हैं—कुछ लोगों के बाल तीस के बाद ही सफेद होने शुरू हो जाते हैं, और कुछ के पचास-साठ की उम्र में, और कुछ सत्तर के दिनों तक उन्हें काले बनाए रखते हैं।

कई लोग उम्र से कम दीखने के लिए अपने बाल और दाढ़ी डाई करते हैं, जिससे कुछ समय तक दूसरे प्रभावित रहते हैं, लेकिन इससे वे खुद को धोखा नहीं दे पाते। शरीर में निरन्तर परिवर्तन होते रहते हैं, जिससे समय के गुज़रने का पता चलता रहता है। दाँत सबसे पहले खराब होते हैं। हर दफ़ा जब आप डेन्टिस्ट के पास जाते हैं, वह आपका एक दाँत बाहर निकाल देता है, और इस तरह सब दाँत खत्म हो जाने के बाद वह आपके मुँह में नई बत्तीसी लगा देता है, जिसकी सफेदी और चमक असली दाँतों से एकदम अलग होती है।

लोगों के दाँत गिरना शुरू होने की उम्र भी अलग-अलग होती है। कुछ लोगों के दाँत चालीस के बाद गिरना शुरू हो जाते हैं, लेकिन कई अस्सी या नब्बे में श्मशान जाते समय भी असली दाँतों के साथ यहाँ प्रवेश करते हैं। आँखों और कानों के बारे में भी यही सच है; कई लोग स्कूल के दिनों में चश्मा लगाने लगते हैं और कई आखिरी दिनों तक इसके इस्तेमाल से बचे रहते हैं।

कई लोगों को बीच की उम्र में ही सुनाई पड़ना कम होने लगता है और वे हियरिंग एड् का इस्तेमाल करने लगते हैं, कुछ लोगों को कभी यह समस्या नहीं होती।

लोगों के जीवन का सबसे महत्त्वपूर्ण पहलू उनकी काम भावना होता है। स्त्री और पुरुष इसमें रुचि कम होते जाने को उम्र बढ़ना मानते हैं। पुरुषों में यह स्थिति ज़्यादा नाटकीय ढंग से आती है, लेकिन स्त्रियाँ स्राव रुकने के बाद भी इसका सुख लेती रहती हैं। पुरुष सारा जीवन कल्पनाओं के सहारे इसे बढ़ाते रहते हैं, लेकिन बाइबिल की सत्तर उम्र के बाद दिमाग भले ही उत्तेजना पैदा करता रहे, शरीर के अंग साथ देना बंद कर देते हैं।

तब उन्हें स्वीकार करना पड़ता है कि अब वे बूढ़े हो गए और ज़िन्दगी का मज़ा खत्म हो गया है। और पुरुषों की यही सबसे बड़ी ज़रूरत होती है। जैसा नज़ीर अकबराबादी ने कहा है :

हर चीज़ से बुरा होता है बुढ़ापा,
आशिक को तो अल्लाह दिखलाए न बुढ़ापा।

पुरुष अपनी जवानी वापस लाने की उम्मीद कभी नहीं छोड़ते। उसे बनाए

रखने के लिए वे तरह-तरह की दवाएँ और कुश्ते वगैरह खाते हैं—इनमें अब वियाग्रा शामिल हो गई है—इनसे उनका आत्मविश्वास कुछ बढ़ भी जाता है, और शायद कुछ काम-शक्ति भी बढ़ जाती है। पुरुषों की तुलना में औरतों को बुढ़ापा स्वीकार करने में ज़्यादा तकलीफ होती है। वे इस बारे में काफी झूठ बोलने लगती हैं और अपनी शक्ल-सूरत बनाए रखने और झुर्रियाँ छिपाने के लिए प्रसाधनों का बेहद प्रयोग करने लगती हैं। अपनी किसी पुरानी प्रिया को उसके बुढ़ापे के दिनों में मिलने के लिए पुरुष को बड़ी हिम्मत बटोरनी पड़ती है।

पुरुष लोग जवानी वापस लाने की अपनी इच्छा पर विवश होने पर ही काबू पाते हैं। मशहूर फ्रेंच गायक और कॉमेडियन मॉरी शिवालिए ने ठीक ही कहा है : 'सत्तर की उम्र होने पर आप खाते भी अच्छा हैं, सोते भी ज़्यादा आराम से हैं और तीस की उम्र से ज़्यादा क्रियाशील भी महसूस करते हैं। ज़ाहिर है, औरत को अपने घुटनों पर रखने से ज़्यादा दिमाग में रखने से ज़्यादा सुख मिलता है।'

बुढ़ापे के बारे में भी शिवालिए का विचार सही है : 'बुढ़ापा न हो तो क्या होगा, यह सोचें तो वह बुरा नहीं है।'

बुढ़ापा पूरी तरह अभिशाप भी नहीं है। इसके कई लाभ भी हैं। 'और ज़्यादा हासिल करूँ' की महत्त्वाकांक्षा से आपको आज़ादी मिल जाती है। बाइबिल में कहा है : किताबें ज़्यादा तैयार करने का तो अन्त नहीं है, और बहुत ज़्यादा पढ़ना शरीर को कमज़ोर कर देता है।' आप लड़कियों से भी ज़्यादा आज़ादी ले सकते हैं, क्योंकि आप जानते हैं, और वे भी जानती हैं, कि आप आलिंगन से ज़्यादा कुछ नहीं कर सकेंगे। इसे भी लोग बुरा तो समझेंगे, लेकिन सिरफिरा दाढ़ीवाला समझकर माफ भी कर देंगे।

अब मैं अस्सी के आखिरी सालों से गुज़र रहा हूँ, और अश्लील साहित्य अब भी मुझे अच्छा लगता है। पुराने ज़माने के भद्दे गाने याद आते रहते हैं। किसी सफेद दाढ़ी वाले कामुक पंजाबी बूढ़े की ये लाइनें मुझे बड़ी प्रिय थीं, जिसकी शुरुआत यों होती है : 'तूंबा वजदाई ना, तार बिना'। इसमें आगे बूढ़े बाबा की कारगुजारियों का वर्णन है; उसे 'वड्डा वाजोगी', बड़ा चतुर-चालाक बताया गया है। वह सीढ़ियों पर चढ़कर ऊँटनी से संभोग करता है; चकले में रात बिताता है और औरत को खोटी चवन्नी पकड़ाकर चला जाता है। बुढ़ापा बोरिंग नहीं होता।

अठारह साल पहले जब मैं 'हिन्दुस्तान टाइम्स' का सम्पादक था, मैं दफ़्तर

पहुँचने वाले सबसे पहले लोगों में होता था, और रात को कई दफ़ा बारह बजे के बाद घर लौटता था। अखबार के मालिक के.के. बिड़ला ने एक बार मुझसे पूछा, 'सरदार साहब, आपका रिटायर होने का कोई प्रोग्राम नहीं है?' मैंने जवाब दिया, 'बिड़ला जी, रिटायर तो मैं निगमबोध घाट में ही होऊँगा।' यानी जब मुझे श्मशान घाट ले जाया जाएगा। तब मैं सत्तर के सालों में चल रहा था। अब मैं अस्सी से आगे आ गया हूँ और इस सवाल पर पुनर्विचार करना चाहता हूँ। अब भी मैं साढ़े चार बजे सवेरे उठ जाता हूँ, और रात के सात बजे तक लगभग बिना रुके काम करता रहता हूँ। मैं धार्मिक नहीं हूँ, इसलिए प्रार्थना और पूजा-पाठ में मेरा समय नहीं खर्च होता। मेरा जीवन-लक्ष्य अब भी यही है; 'काम पूजा है, लेकिन पूजा काम नहीं है।' मुझे उम्मीद है कि जीवन के अन्तिम दिन तक इसका पालन करता रहूँगा।

लेकिन अब मैं हिन्दू परम्परा की इस व्यवस्था में उपयोगिता देखने लगा हूँ कि मनुष्य जीवन के चार विभाग होते हैं—ब्रह्मचर्य, ग्रहस्थ, वानप्रस्थ और संन्यास, और हरेक पचीस साल का होता है। गुरु नानक ने बताया है कि नब्बे की उम्र में आदमी का जीवन क्या होता है। *राग मझुआ* के एक पद में वे कहते हैं :

'आदमी के पहले दस साल बचपन के होते हैं, 20 की उम्र तक वह बड़ा होता है, 30 में सुन्दर नौजवान हो जाता है, 40 में उसका विकास पूरा होता है, 50 में कमज़ोरी आनी शुरू होती है, 60 में वह अपने को बूढ़ा महसूस करने लगता है, 70 में उसकी इन्द्रियाँ जवाब देने लगती हैं, 80 में वह कोई काम करने लायक नहीं रहता, और 90 में वह लेटा रहता है और अपनी कमज़ोरी के कारण भी समझ नहीं पाता।'

प्रकृति ने उम्र का अपना केलेंडर निश्चित कर दिया है। दुनिया के विभिन्न भागों में मनुष्य के समाजों ने अपने सामाजिक ढाँचे के अनुसार जीवन के नियम बना लिए हैं। प्रकृति के केलेंडर के अनुसार, स्त्री और पुरुष—दोनों उस समय तक बच्चे समझे जाते हैं जब तक वे सन्तान उत्पन्न करने लायक नहीं हो जाते, यानी जब स्त्री रजस्वला हो जाती है और पुरुष जब उसमें बीज डाल सकता है। विभिन्न समाजों ने इसके लिए अलग-अलग आयु का निर्धारण कर दिया है। इसलिए एक उम्र से पहले सन्तान उत्पन्न करने पर प्रतिबन्ध है और बहुत ज़्यादा बच्चे पैदा करने पर भी पाबन्दियाँ हैं। इसके लिए गर्भ निरोधकों का प्रयोग किया जाता है। रजस्राव समाप्त होने के बाद स्त्री की प्रजनन क्षमता समाप्त हो जाती है, परन्तु पुरुष की ज़्यादा वर्षों तक बनी रहती है, हालांकि उसकी शक्ति कम

होने लगती है। स्त्री और पुरुष—दोनों अठारह से पैंतीस की उम्र के बीच सबसे अधिक शक्तिमान होते हैं। इसके बाद उनके शरीरों का क्षय होने लगता है, लेकिन मानसिक शक्तियाँ बनी रहती हैं। फिर भी, मनुष्य के बनाए नियमों के अनुसार उन्हें साठ की उम्र में रिटायर हो जाना चाहिए। इससे क्या यह समझा जाए कि मनुष्य के बनाए कायदे-कानून प्रकृति की योजना के विरुद्ध हैं? इसके अलावा चिकित्सा विज्ञान के अभूतपूर्व विकास ने भी मनुष्य को ज़्यादा वर्षों तक स्वस्थ रहने योग्य बना दिया है। अब प्रकृति पर आधारित पुराने केलेंडरों और व्यवस्थाओं का ज़्यादा महत्त्व नहीं रहा।

गुरु नानक सत्तर वर्ष 1469-1539 जिए। उस समय दवाओं और सुविधाओं की जो स्थिति रही होगी, उसके अनुसार यह आसानी से समझा जा सकता है कि तब पचास की उम्र में आदमी कमज़ोरी महसूस करने लगता होगा, साठ में बूढ़ा, सत्तर में उसकी इन्द्रियाँ—आँख, नाक, कान वगैरह जवाब देने लगती होंगी, अस्सी में वह किसी काम के लायक नहीं रहता होगा और नब्बे में चारपाई पर पड़ जाता होगा। मैं गुरु नानक की परम्परा का अनुयायी हूँ, और अपने बारे में बताता हूँ। अब मैं नब्बे को पहुँच रहा हूँ। हालाँकि मेरी नज़रें कमज़ोर हो गई हैं, सुनाई भी कम पड़ने लगा है और घर में मैं कूद-कूद कर ही चल-फिर सकता हूँ, लेकिन मैं बिस्तर पर लेटा नहीं रहता। अब मैं पहले से ज़्यादा परिश्रम करता हूँ। इन दिनों मेरा मुख्य उद्देश्य है—गुरबानी का पाठ करना, और उसका अंग्रेज़ी में अनुवाद करना।

चार आश्रमों की हिन्दू व्यवस्था के अनुसार अब मैं काफी समय से चौथे, संन्यास आश्रम में चल रहा हूँ, लेकिन इसकी परिभाषा मैं अपने ढंग से यह करता हूँ कि बाहरी दुनिया से कम-से-कम सम्पर्क रखूँ लेकिन घर में उपलब्ध सुविधाओं का पूरा उपभोग करूँ। संन्यासी का बाना धारण करने की मेरी कोई कामना नहीं है। जंगल में, ज़रूरत पड़ी, तो डॉक्टर या डेन्टिस्ट मुझे कहाँ से मिलेगा?

स्वास्थ्य और चिकित्सा के क्षेत्र में जो प्रगतियाँ हो चुकी हैं, उनको देखते मेरा मानना है कि गृहस्थ आश्रम के वर्ष दोगुने कर देने चाहिए। क्योंकि ज़्यादातर लोग अब सत्तर की उम्र तक अच्छी तरह काम करने के योग्य बने रहते हैं। उनके लिए वानप्रस्थ का अर्थ आश्रम में या उसके नए रूप, ओल्ड पीपुल्स होम्स में रहने लगना, नहीं होना चाहिए—बल्कि परिवार के साथ रहते हुए ही धीरे-धीरे अपने को उससे अलग करने का काम करना चाहिए—यानी निर्णय लेने के कार्य से अपने को दूर करते चले जाना चाहिए; बच्चों को ये सब ज़िम्मेदारियाँ सौंप

देनी चाहिए; साथ ही, कम्पनियों की डायरेक्टरशिप से और क्लब, स्कूल, कॉलेज, अस्पताल वगैरह के प्रबन्धन वगैरह से अपने को मुक्त कर लेना चाहिए। यात्राएँ भी कम कर देनी चाहिए और सामाजिक सम्बन्ध उतने ही बनाए रखना चाहिए जितने ज़रूरी हों। इससे उन्हें खुद अपने साथ रहने का ज़्यादा समय मिलेगा और वे चौथे आश्रम, संन्यास के लिए तैयार हो जाएँगे—जो उनके जीवन का अन्तिम पड़ाव है।

'संन्यास' का अर्थ अब यह नहीं रहा है कि अकेले जंगलों में घूमो-फिरो। मैं मन्दिर वगैरह में समय बिताने का समर्थक नहीं हूँ, क्योंकि इससे आदमी की अकेले अपने साथ रहने की योग्यता का अभाव व्यक्त होता है। अलग शान्ति पाने के लिए धर्म भी ज़रूरत महसूस हो, तो घर में ही इसे प्राप्त करना चाहिए। अपने दिमाग को लगाए रखने के लिए वे और भी बहुत-से काम कर सकते हैं, जैसे घर में बगीचा हो तो उसमें काम करना, पेड़-पौधे उगाना, चित्र बनाना, संगीत सुनना, और सबसे अच्छा यह कि किताबों में अपने को डुबो देना, और इच्छा हो तो कुछ लिखना। इस तरह संन्यासी बने बिना मैं संन्यास लेकर बहुत खुश हूँ। मैं किताबें पढ़ता रहता हूँ—सब तरह की किताबें, जब तक मेरी आँखें दर्द न करने लगें। और जब तक मेरे हाथ से कलम खुद न गिर जाए, मैं लिखते रहने के लिए भी दृढ़संकल्प हूँ।

मेरा सबसे छोटा भाई, जो बहुत-से कामों के साथ एक रेस्तराँ भी चलाता था, हमेशा वहाँ सबसे बाद में उठता था। वह अक्सर मुझसे कहता था, 'भैया, दो बातों का कभी निश्चय नहीं किया जा सकता : एक यह कि कब कोई खाना खाने आ पहुँचेगा, और दूसरी कि मौत कब धमक जाएगी?'

रात के भोजन के बाद जब मैं टहलने निकलता, तो अक्सर एक वैद्यजी की दुकान पर चला जाता। वे इस बात से सहमत नहीं थे। उनका कहना था कि ले जाने के लिए आने से पहले मौत आपको इसके कई सन्देश भेजती है। वे एक रईस की कहानी सुनाते थे जिसने यमराज से दोस्ती कर ली थी। एक दिन उसने यम से कहा, 'हम सालों से एक-दूसरे के दोस्त हैं, इसलिए मैं आपसे एक प्रार्थना करना चाहता हूँ। वह यह कि आप जब भी मुझे ले जाने का फैसला करें, मुझे बता दें जिससे मैं अपने काम-काज का इन्तज़ाम कर सकूँ।' यमराज ने यह बात मान ली। लेकिन यह रईस एक दिन अचानक मर गया, और उसका काम-काज पहले की तरह बिखरा पड़ा रहा। उसने यम लोक पहुँचकर झगड़ा शुरू किया तो यमराज ने उत्तर दिया, 'तुम गलत कह रहे हो, मैंने तुम्हें एक नहीं,

कई बार चेतावनी दी। पहले तुम्हारे बाल सफेद किए, फिर दाँत तोड़े, फिर बहरा कर दिया और आँखों की रोशनी भी मंद कर दी। अन्त में तुम्हारे दिमाग को भी कमज़ोर कर दिया। इसके बाद भी तुमने इन पर ध्यान नहीं दिया, तो मैं नहीं, दोषी तुम ही हो।'

यह सच है कि अज्ञात की दुनिया में लम्बी यात्रा के लिए जाते समय दिमाग की शिथिलता सबसे बड़ी और अन्तिम चेतावनी है। अन्य इन्द्रियों के बिना आप जीते रह सकते हैं, लेकिन बुद्धि से विहीन अस्तित्व साँस लेते रह कर भी मर जाने के समान है। एलेक डगलस होम ने इस सत्य को इस प्रकार कहा है :

To my deafness I'm accustomed,
To my dentures I'm resigned,
I can manage my bi-focals,
But oh how I miss my mind.

बहरेपन का मुझे अभ्यास हो गया है,
बत्तीसी को मैंने स्वीकार कर लिया है,
चश्मे का प्रयोग मैं जान गया हूँ,
लेकिन, बुद्धि की कमी कितनी महसूस होती है!

एक मनोचिकित्सक ने इस बात की पुष्टि यूँ है कि :

Man is not old when his hair turns grey,
Man is not old when his teeth decay,
But man is approaching his long last sleep
When his mind makes appointments
His body cannot keep.

बाल सफेद हो जाने से आदमी बूढ़ा नहीं होता,
दाँत गिर जाएँ, तब भी नहीं,
लेकिन अपनी आखिरी लम्बी नींद की तरफ बढ़ते हुए
जब उसकी बुद्धि ऐसी योजनाएँ बनाने लगती है,
जिन्हें उसका शरीर पूरा नहीं कर पाता, तब वह बूढ़ा हो जाता है।

हम मनुष्यों की समस्या यह है कि हम बुढ़ापे में ही अपनी मृत्यु के बारे में सोचना शुरू करते हैं।

जवानी के दिनों में समय की कमी महसूस होती रहती है और हम मानने लगते हैं कि यह हमेशा ऐसा ही रहेगा।

जब हम बूढ़े होने लगते हैं, समय तेज़ चलने लगता है :

When as a child I laughed and wept
Time crept
When as a youth I dreamt and talked
Time walked.
When I became a full grown man
Time ran.
And later as older I grew
Time flew.
Soon shall I find when travelling on
Time gone,
Will christ have saved my soul by then?
Amen!

जब मैं बच्चा था, हँसता और रोता था
समय रेंगता था
युवा हुआ तो सपने देखे और बातें करने लगा
तो समय चलने लगा
जब पूरा आदमी बन गया
समय दौड़ने लगा
फिर जब मैं बूढ़ा होने लगा
समय उड़ने लगा
अब और आगे के सफर में मैं पाऊँगा
कि समय गायब हो गया है
तब ईसा मेरी रक्षा करेंगे क्या?
आमीन!

जीते हुए ही मौत की तैयारी करें

मुझे पता नहीं, मैं कब पैदा हुआ था, क्योंकि मेरे गाँव में जन्म और मृत्यु के रिकार्ड नहीं रखे जाते थे। इसके अलावा पश्चिमी पाकिस्तान के मेरे हिस्से में जन्मकुण्डली वगैरह बनाने का भी चलन नहीं था। मेरे पिता दिल्ली में थे, और माँ, जो मामूली पढ़ी-लिखी थीं, जन्मदिन का महत्त्व नहीं समझती थीं। बाद में 1915 मेरे जन्म का वर्ष लिखा गया—यह 1914 हो सकता था या 1916—और मेरे पिता ने उसके साथ 2 फरवरी की तारीख डाल दी। उनकी माँ ने, जो मेरे पैदा होने के समय वहाँ मौजूद थीं, बाद में मुझे बताया कि यह तारीख सही नहीं थी, मैं अगस्त के बीच किसी दिन पैदा हुआ था। इसलिए मेरा यह कहना सही है कि मैं अपने जन्म की तारीख नहीं जानता। इसी तरह मैं यह भी नहीं कह सकता कि मेरी मृत्यु कब होगी, सिवाय इसके कि अब वह दिन दूर नहीं है। हर हिसाब से, एक या दो साल इधर या उधर, मैं इस समय 85 साल का हूँ।

हुमरा कुरैशी यह सोचकर मेरा इण्टव्यू लेने आई कि आज मेरा जन्मदिन है, और इसे वे *टाइम्स ऑफ इण्डिया* के अपने कॉलम में प्रकाशित करेंगी। मेरे जीवन के भूत की घटनाओं के बारे में आम तौर पर पूछे जाने वाले सवालों के बाद उन्होंने अन्तिम प्रश्न किया, 'अब क्या करेंगे?' अगले सालों में मैं क्या करूँगा या करना चाहूँगा, इसके बारे में मैं कोई स्पष्ट जवाब नहीं दे सका, लेकिन उसके चले जाने के बाद मैं इस प्रश्न पर विचार करने लगा। देर तक मैं इस बारे में सोचता रहा। सुकरात ने कहा था, 'मरने का हर समय अभ्यास करते रहो।' मरने का यह अभ्यास कैसे किया जा सकता है?'

दलाईलामा ने, जो इस समय केवल 58 साल के थे, कहा था कि इस विषय पर ध्यान साधो। मैं समझ नहीं पाया कि यह ध्यान कैसे साधा जा सकता है, और इससे मरने में कैसे सहायता मिल सकती है? फिर मेरे जैसे आदमी के लिए

जो न तो ईश्वर में विश्वास करता है और मृत्यु के बाद किसी प्रकार के जीवन में भी विश्वास नहीं करता, न पुनर्जन्म या फैसले के दिन के बाद स्वर्ग या नरक की धारणा को सही मानता है, यह काम और भी कठिन है।

फिर भी एक समय ऐसा आता है जब आदमी मृत्यु के बारे में इस तरह सोचने लगता है, कि और लोगों के साथ वह भी लाइन में खड़ा है, और उसे भी इनके पीछे जाना है। आपकी सेहत सही हो तो यह विचार देर से आता है, बीमार हों तो जल्दी आपको आ घेरता है। दोनों स्थितियों में, अस्सी की उम्र होने पर यह सवाल आपको ज़्यादा परेशान करने लगता है। आप सोचने लगते हैं कि ज़िन्दगी में आप वह सब भी कर सकते थे, जो आप कर नहीं सके। आप लखपति बनना चाहते थे लेकिन आपके बैंक खाते में हज़ारों से ज़्यादा पैसा नहीं जमा हो सका। आप देश के प्रधानमन्त्री बनना चाहते थे; टैनिस, क्रिकेट या किसी और खेल के चैंपियन बनना चाहते थे, लेकिन कॉलेज टीम के मामूली खिलाड़ी या कुछ और से ज़्यादा नहीं बन सके। जहाँ तक मेरा सवाल है, मैं लेखक के रूप में बहुत-से एवार्ड जीतना चाहता था, अपनी किताबों से ढेर सारी रॉयल्टी कमाना चाहता था, लेकिन मैं दूसरी श्रेणी का मामूली-सा कलम चलाने वाला बन कर रह गया, जिसे, उसके गुज़र जाने के कुछ ही साल बाद लोग भूल-भाल जाएंगे। इसलिए ध्यान या केवल विचार करने पर पहली बात यही सामने आती है कि हमारी विफलताएँ क्या-क्या रहीं? आप सोचते हैं कि आपने तो पूरे प्रयत्न किए, लेकिन वे काफी नहीं साबित हुई—लेकिन इससे भी क्या?

इतनी ही महत्त्वपूर्ण बात है उस अपराध भावना से मुक्ति पाना, जो हमारे गलत कामों के कारण दूसरों को चोटें पहुँची हैं। अपने जीवन में हर आदमी किसी-न-किसी को हानि पहुँचाता है। इस तरह के अपराध हमारे मन में कसकते रहते हैं। इसलिए यदि हम उनसे माफी माँग लें, तो सबसे अच्छा हो। जीवन के अन्तिम वर्षों में मनुष्य का उद्देश्य यही होना चाहिए कि मन की शान्ति प्राप्त करे। पूजा-पाठ, प्रार्थना, तीर्थ यात्रा आदि का परिणाम उतना अच्छा नहीं होता, जितना खुले मन से अपना अपराध स्वीकार कर उनसे मिल कर माफी माँग लेना होता है। ऐसा समय भी मनुष्य के जीवन में आता है जब उसे अपना शरीर अपनी आत्मा के घर से ज़्यादा कुछ नहीं महसूस होता—कुछ इस तरह कि वह एक लिफाफा है जिसमें एक महत्त्वपूर्ण सन्देश छिपा है। जब यह लिफाफा खोला जाएगा, तब आपका शरीर नष्ट हो जाएगा—लेकिन इसके बाद भी क्या कुछ शेष

रहेगा? मेरे पास इन सवालों का कोई उत्तर नहीं है, और जो लोग यह मानते हैं कि कुछ ज़रूर शेष रहता है, यह उत्तर मुझे सही नहीं लगता।

मैं यही उम्मीद करता हूँ कि मृत्यु जब मेरे पास आएगी तो तुर्त-फुर्त, बिना कोई दर्द दिए, अपना काम कर जाएगी—जैसे गहरी नींद में यह काम हो जाए। उस समय तक मैं उतने ही जोर-शोर से जीने की कोशिश करूँगा, जैसी जवानी के दिनों में करता था। मेरी प्रेरणा डायलान थॉमस की ये पंक्तियाँ हैं :

Do not go gentle into that good night,
Old age should burn and rage at
close of days,
Rage, rage against the dying of the light.

उस आखिरी रात शान्ति से मत विदा होना,
आखिरी दिनों में तुम्हारा बुढ़ापा तेज़ी से जल उठे,
उमड़े और घुमड़े बुझती रोशनी की किरण के साथ।

हर किसी को आदमी की तरह मरने की तैयारी करनी चाहिए—कोई रोना-धोना नहीं, पछतावा नहीं और मुक्ति की कामना के बिना।

अल्लामा इकबाल ने इसे यूँ कहा है :

निशान-ए-मर्द-ए-मोमिन बा तो गोयम?
चून मरगायद, तबस्सुम बरलब-ए-अस्त!

तुम पूछते हो कि विश्वासी का निशान क्या है?
यह, कि जब मौत आए, उसके चेहरे पर मुस्कान हो!

कुछ हँसी-मज़ाक

हँसी क्या है?

हँसी के चुटकुले लिखना मज़ाक का काम नहीं है। यह गम्भीर काम है, जिसके लिए ज्ञान, अन्तर्दृष्टि और अनुभव की ज़रूरत होती है—कि किस बात से लोग हँसेंगे और कौन-सी बात उनके पल्ले ही नहीं पड़ेगी और सिर के ऊपर से गुज़र जाएगी। पहले हमें यह देखना होगा कि लोग हँसते क्यों हैं? कुछ लोग बड़ी नाक वाले आदमी को देख कर हँस पड़ते हैं, कुछ टेढ़ा ओठ या हकलाने वाले, या बड़ा पेट या लंगड़ को देख कर हँसी की खुराक पाते हैं। कुछ को इनके साथ कोई हलचल चाहिए, जैसे कोई केले के छिल्के से फिसल जाए, तब इनको हँसी आती है। इन सबसे हँसने के लिए हँसने की भावना की ज़रूरत नहीं होती। सच कहें तो इनसे उनकी कमी ही झलकती है।

अलग-अलग लोगों को अलग-अलग बातों से हँसी आती है लेकिन हँसने का विश्लेषण करना मेंढक की शल्य-क्रिया करने जैसा है। ऐसा करने पर उसकी आँतें-पीतें तो दिखाई पड़ जाएँगी, लेकिन मेंढक मर भी जाएगा। हँसी को हमें ऐसी प्रक्रिया मान कर बस कर लेनी चाहिए, जिससे हमारा तनाव दूर होता है और मन हल्का और खुश हो जाता है। अलग-अलग उम्र के लोग अलग-अलग बातों पर हँसते हैं। कोई सीढ़ियों से गिर जाए, तो बच्चा हँसने लगेगा। लेकिन बड़े को यह देखकर उस पर दया आएगी, क्योंकि वह भी कभी इसी तरह गिर चुका है।

बड़ों में भी अलग-अलग देशों के लोग अलग-अलग घटनाओं पर हँसते हैं। यद्यपि यूरोप के लोगों में यहूदी, स्कॉट, आयरिश और पोल लोगों के बारे में मज़ाकों का खज़ाना है, लेकिन वे इन्हें बुरा भी मानते हैं। इसके अलावा बहुत-से मज़ाक जातियों को लेकर भी किए जाते हैं। हमारे यहाँ बनियों, मारवाड़ियों, बावाजियों (पारसियों), मियाँ भाइयों और सरदाराजियों को लेकर मज़ाक हैं। ये

सब उनकी जातीय विशेषताओं को लेकर चलते हैं, लेकिन उनका कोई वास्तविक आधार नहीं होता। यूरोपियनों में मृत्यु और दाह-संस्कार को लेकर भद्दे मज़ाक हैं, लेकिन यहाँ भारत में हम इन्हें बुरा मानते हैं। फिर भी, हम उनकी तरह अपनी बीवियों और सासों के बारे में मज़ाक पसन्द करते हैं। हमारे यहाँ बीवी के भाई, यानी सालों, को लेकर बहुत-से मज़ाक प्रचलित हैं।

हम सबके भीतर मज़ाक के गुण का खज़ाना होता है। इसे जितना भी दबाया जाए, उतना ही यह उछल कर सामने आता है। आप किसी से कहिए, कि हँसना बंद करो, तो वह और भी ज़ोर से हँसने लगेगा। रूस और जर्मनी में हिटलर, स्टालिन, फासिज्म और कम्युनिज्म के बारे में बहुत-से मज़ाक प्रचलित थे। जब ज़िया-उल हक ने पाकिस्तान में सैनिक डिक्टेटरशिप लागू की, तो देश-भर में उनका मज़ाक उड़ाया जाने लगा। इमरजेंसी के ज़माने में भारत की भी यही हालत थी—बोलने की आज़ादी के खिलाफ इन्दिरा गाँधी का मज़ाक उड़ाया जाने लगा।

दूसरों के ऊपर हँसना जितना आसान है, उतना ही मुश्किल अपने ऊपर हँसना है। गहरे आत्मविश्वास वाले लोग ही अपनी कमियों पर हँस पाते हैं। ऑपरेशन ब्लू स्टार से पहले सिखों को अपने सरदारजी मज़ाकों पर गर्व महसूस होता था। अब उन्हें चोट लगती है और वे अपने खिलाफ मज़ाकों को सुन नहीं सकते। लेकिन इन मज़ाकों में कमी नहीं आती। इन्हीं की तरह पारसी समाज के लोग अपने खिलाफ मज़ाक गढ़ने में बहुत आगे हैं। बावाजी मज़ाकों का भण्डार बहुत बड़ा है, लेकिन वे पारसियों की गुजराती में ही समझ में आते हैं। और कोई भारत का समाज इस तरह आत्मविश्वास के साथ अपने बारे में मज़ाक करता नज़र नहीं आता।

ज़्यादातर लोग यह नहीं जानते कि भारत के संस्कृत साहित्य में कालिदास और उससे काफी पहले से हास्य-व्यंग्य लिखने की परम्परा है। हर पीढ़ी के लोगों ने बीरबल, तेनाली रामन और गोपाल भट्ट जैसे हास्यकार उत्पन्न किए हैं। जनसमाज में भाँड़ों ने यह परम्परा बनाए रखी है।

मैं खास तरह के लोगों को निशाना बनाना पसन्द करता हूँ। शक्तिशाली और अपने को ही सब कुछ समझने वालों के अलावा मुझे बड़े आदमियों के नाम गिनाने वाले लोग भी पसन्द नहीं हैं। मुश्किल से एकाध भारतीय ऐसा मिलेगा जो अपनी तारीफ़ खुद न करे और बड़ी चालाकी से अपने परिचित बड़े आदमियों के नाम न बताए। राजनीतिज्ञों में तो यह बीमारी इतनी ज़्यादा है कि प्रधानमन्त्री,

मुख्यमन्त्री और बड़े अधिकारियों के नाम गिनाए बिना बात ही नहीं करता। इसके अलावा ये लोग यह बखान करते भी नहीं थकते कि वे कितनी दफ़ा जेल गए हैं और उन्होंने कितनी समाज-सेवा की है। लेकिन सही स्थल पर इनके सुई चुभा दी जाए, तो इनकी हवा भी निकल जाती है। अपने देशवासियों की अपनी तारीफ़ करने की आदत को मैं अश्लील हरकत मानता हूँ। यह बात वे इस तरह शुरू करते हैं, 'हालाँकि मैं खुद ही यह बात कह रहा हूँ, लेकिन...'

पढ़े-लिखे आदमी द्वारा किए गए मज़ाक से आम आदमी का मज़ाक घटिया होता है। वह ऐसी बातें कहते समय कवियों, लेखकों, कलाकारों और संगीतज्ञों के चुटकुलों और हँसी-मज़ाकों का हवाला देगा। ये सामान्य जन की समझ से परे होते हैं। इनके मज़ाक ज़्यादातर फिल्मी दृश्यों से प्रभावित होते हैं। घर में किसी की बीवी को होम मिनिस्टर कह दिया जाए, तो हँसी के फुहारे छूट पड़ते हैं। किसी ज़बरदस्त किस्म की औरत को नीचा देखना पड़े तो इन्हें बहुत अच्छा लगता है। अच्छा मज़ाक समझने के लिए हमारे लोगों को शिक्षित किया जाने की ज़रूरत है।

हास्य-व्यंग्य की सबसे अच्छी पत्रिकाएँ *पंच* और *न्यूयॉर्कर* हैं। इनमें कॉमिक कार्टून वगैरह ही नहीं होते, चुटकी, विरोधाभास और शब्दों के खेल करके भी हँसी पैदा की जाती है। कई दफ़ा तो इनके कार्टून इतने सूक्ष्म होते हैं कि उन्हें समझने के लिए काफी मशक्कत करनी पड़ती है।

ऐसे मज़ाक बहुत कम प्रकाशित हुए हैं जिन्हें पढ़ कर आप हँसी से फूट पड़ें। सबसे अच्छे मुद्रित मज़ाक आपके चेहरे पर ज़्यादा से ज़्यादा एक मुस्कान ला पाएँगे। खिलखिलाने वाले मज़ाक ज़बान से सुना कर ही बताए जा सकते हैं, और सुनाने वाले को भी यह कला सीखनी पड़ेगी। सौभाग्य से ऐसे लोग हर संस्थान में और हर कॉकटेल पार्टी में होते हैं। मुझसे अक्सर कहा जाता है कि मैं अपना सबसे प्रिय जोक सुनाऊँ। ऐसा कोई एक जोक मेरा नहीं है, बल्कि एक दर्जन भर होंगे, जो हर दफ़ा सुनाने पर पहले से अच्छे होते चले जाते हैं। दुर्भाग्य से ऐसे ज़्यादातर जोक अश्लील और सेक्स-आधारित हैं, और छापे नहीं जा सकते।

जो हो, यहाँ उनमें से कुछ प्रस्तुत किए जा रहे हैं, जिनका चुनाव करने में मेरी प्रिय पोती, नयना ने मेरी सहायता की है।

यह सुना?

अमेरिकी प्रतिनिधि मण्डल भारत आया, तो उसे राजधानी में इधर-उधर घुमाया गया। शाम को उसे सेक्रेटेरिएट ले जाया गया, कि विजय चौक और राजपथ का आलीशान दृश्य दिखा सकें। दफ़्तर बंद हुए तो हज़ारों क्लर्क बाहर निकले। चारों तरफ साइकिलों और पैदल चलनेवालों की भीड़ लग गई।

प्रतिनिधि मण्डल के नेता ने पूछा, 'ये लोग कौन हैं?'

मन्त्री ने, जो उन्हें घुमा रहा था, सीना फुलाकर कहा, 'ये भारत की आम जनता है, यहाँ के असली शासक।'

कुछ देर बाद झण्डे उड़ाती लम्बी गाड़ियाँ निकलीं जिनके आगे मोटरसाइकिलों पर पायलट और पीछे जीपों में भरे सिपाही चल रहे थे। अमेरिकी ने पूछा, 'और ये कौन हैं?'

'ये हम लोग हैं,' मन्त्री ने उतने ही गर्व से कहा, 'जनता के सेवक।'

*

कनाट सर्कस में *काके दा होटल* बड़ी मशहूर खाने-पीने की जगह है। यह बहुत मामूली *काके दा ढाबा* के रूप में शुरू हुआ था, जहाँ सामने फुटपाथ पर स्टूल और चारपाइयाँ पड़ी होती थीं, और वहीं खुले में तंदूर, हाँडे और पतीले रखे होते थे। उन्नति हुई तो किचेन पीछे चला गया और सामने मेज़-कुर्सियाँ और वॉश-बेसिन लगा कर डायनिंग रूम बना दिया गया।

एक शाम एक ग्राहक खा-पीकर वाश-बेसिन पर कुल्ला करने जा खड़ा हुआ वह बड़े ज़ोर-ज़ोर से गड़गड़ करके कुल्ला और थू-थू करके अपना काम करने लगा और नाक भी साफ करने लगा। इससे दूसरे ग्राहकों को परेशानी होने लगी और उनकी भूख मरने लगी। उन्होंने मालिक से शिकायत की तो मालिक उसे

झिड़कने लगा, 'ओए, तुमने कभी अच्छे होटल में खाना खाया है?'

'ज़रूर खाया है', ग्राहक ने नाक साफ करके कहा, 'मैंने ताज, मौर्या, ओबेराय, इम्पीरियल, हयात—सभी में खाया है।'

'तो वहाँ भी जब तुमने इस तरह कुल्ला किया होगा, तो उन्होंने तुमसे कुछ कहा नहीं?'

'हाँ, यह कहा कि—'तुमने इसे भी काके दा होटल समझ रखा है?'—और मुझे बाहर निकाल दिया।'

*

एक पैसे वाली औरत के चार बच्चे थे, जो सब बड़े होनहार निकले। वह स्कूल में उनके नतीजों की तारीफ़ करते कभी नहीं अघाती थी, और मानती थी कि बड़े होकर ये देश की इज्जत बढ़ाएँगे। मैंने उसकी चुटकी लेते हुए पूछा कि क्या उसने कभी 'हम दो हमारे दो' के नारे के बारे में सुना है?

'हाँ,' उसने ज़रा शान दिखाते हुए कहा, 'लेकिन वह ऐरे-गैरों के लिए है, हम जैसे लोगों के लिए नहीं जिनके बच्चे बड़े तेज़ होते हैं, और जो उन्हें बढ़िया एजुकेशन भी दिला सकते हैं।'

'तो फिर तुम ऐसे ही पाँच और पैदा कर लो, जिससे वे भारत के नवरत्न हो जाएंगे।'

उसने मेरे मज़ाक पर ध्यान नहीं दिया और बोली, 'मैंने अभी-अभी आबादी के बारे में एक किताब पढ़ी है। उसमें लिखा है कि दुनिया में पैदा होने वाला हर पाँचवाँ बच्चा चीनी होता है।'

*

सिलचर के नूरुल आलम ने मुझे ब्रिटिश राज के ज़माने के कुछ मज़ेदार मज़ाक भेजे हैं। इनमें एक है सर्किट हाउस की विज़िटर्स बुक में एक एक्जीक्यूटिव इंजीनियर द्वारा लिखी गई टिप्पणी :

'सर्किट हाउस के बरांडे में रेलिंग लगाने की सख्त ज़रूरत है। मैं क्षण-भर के लिए हटा, तो वरांडे में मेज़ पर मैं जो एस्टीमेट छोड़ गया था, उन्हें एक गाय खा गई।'

इसके नीचे कमिशनर की टिप्पणी थी।

'मुझे विश्वास नहीं होता कि गायें भी पी.डब्ल्यू.डी. के एस्टीमेट निगलसकती हैं।'

सर्किट हाउस की एक और किताब में एक और एक्ज़ीक्यूटिव इंजीनियर ने लिखा था :

'वॉश बेसिन को फौरन बदल दिया जाए। सही सुविधाएँ न होने से मैं अपना चेहरा ठीक से साफ नहीं कर सका।'

इस नोट के बगल में कमिश्नर ने खुशनुमा हैंडराइटिंग में टिप्पणी की थी : 'एस.डी.ओ. तुरन्त वॉश बेसिन बदल देगा। एक्ज़ीक्यूटिव इंजीनियर को यहाँ अपनी पिछली विज़िट में आँसुओं से अपना मुँह धोना पड़ा था।'

सबसे मज़ेदार टिप्पणी एक शिकायत को लेकर थी, कि शौचालय बंगले से बड़ी दूर है। लिखा था, 'उसे ज़रा जल्दी निकलना चाहिए।'

ये टिप्पणियाँ एक मि. बेन्टिक के नाम हैं।

*

दो आदमी स्वर्ग में मिले। एक ने पूछा, 'तुम्हारी मौत कैसे हुई?'

'वहाँ सर्दी ज़्यादा थी, सह नहीं सका। और तुम कैसे मरे?'

'मैं काम से घर लौटा तो मुझे लगा कि बीवी किसी अजनबी से बातें कर रही है। मैंने घर का कोना-कोना छान मारा लेकिन कहीं कोई नहीं मिला। मुझे शक करने के लिए अपने पर इतनी चिढ़ हुई कि मेरा हार्ट फेल हो गया।'

यह सुन कर दूसरा बोला, 'ज़रा फ्रिज को भी खोल कर देख लेते, तो हम दोनों से किसी को भी न मरना पड़ता।'

*

एक आदमी अपना दर्द करता दाँत उखड़वाने के लिए इस्लामाबाद से कराची आया। कराची के डेन्टिस्ट ने कहा, 'इस्लामाबाद में दाँत के डॉक्टर नहीं हैं क्या? इतनी दूर तुम्हें क्यों आना पड़ा?'

'और कोई रास्ता नहीं था। वहाँ किसी को अपना मुँह खोलने की इजाज़त नहीं है।'

*

कुछ अमेरिकी पत्रकार चीन के चेयरमैन माओ का इन्टरव्यू लेने लगे। उनसे सोवियत यूनियन और साम्राज्यवादी शक्तियों की तीखी आलोचना सुनने के बाद एक पत्रकार ने माओ से प्रश्न किया, 'सर, अगर प्रेसीडेन्ट कैनेडी के बजाय खुश्चेव की हत्या कर दी जाती, तो आपकी राय में, क्या होता?'

चेयरमैन माओ काफी देर तक इस पर विचार करते रहे, फिर बोले, 'मेरा ख्याल है, कि अरिस्टोटिल ओनासिस मिसेज़ ख़ुश्चेव से शादी न करते।' (ग्रीस के इस अत्यन्त धनी व्यापारी ने कैनेडी की हत्या के बाद उनकी पत्नी मिसेज़ कैनेडी से शादी कर ली थी।)

*

दिलीप सिंह जी (एक प्रिंस) एक टेस्ट मैच में इंग्लैण्ड के साथ ऑस्ट्रेलिया के खिलाफ खेल रहे थे। दर्शकों में बैठे एक अंग्रेज़ ने अपने पड़ोसी ऑस्ट्रेलियन से पूछा, 'तुम्हारी टीम में कोई प्रिंस हैं?'

ऑस्ट्रेलियन ने स्वीकार किया कि कोई नहीं है। अंग्रेज़ ने घमण्ड से कहा, 'हमारी में तो बहुत-से हैं। अब इस दिलीप को ही देखो। बड़ा ही धनी है, और खिलाड़ी भी शानदार है।' उसने उसी वक्त एक छक्का लगाया था। 'देखो, मैंने क्या कहा था?'

तभी बॉल आकर लगी और दिलीप का सेंटर विकेट गिर पड़ा। अंग्रेज़ चीखा, 'साला, आउट हो गया। ब्लडी निगर!'

*

चापलूसी और व्यंग्य को मिला कर कहना आसान काम नहीं है। हमारे पुरखे इस कला में हम से ज़्यादा माहिर थे। बदायूँनी ने अपने 'मन्तखब' में ऐसी कई घटनाओं का उल्लेख किया है, जिनमें इनाम पानेवाले लोग किसी वजह से निराशा हाथ लगने पर अपनी बात किस तरह कहते थे—कि पहले से ज़्यादा इनाम मिल जाए।

इनमें एक था अनवरी नाम का शायर, जिसे बादशाह ने एक बूढ़ा घोड़ा इनाम में दिया। घोड़ा अनवरी के घर पहुँचने पर उसी रात मर गया। दूसरे दिन शायर पैदल दरबार में हाज़िर हुआ तो बादशाह ने पूछा कि घोड़े पर क्यों नहीं आए?'

शायर ने जवाब दिया, 'हुज़ूर, घोड़ा बड़ा तेज़ चाल था, कि रात-भर में ही ज़मीन से आसमान का सफर पूरा कर लिया।'

दो आतंकवादी मारुति में सवार किसी जगह बम विस्फोट करने जा रहे थे। ड्राइव कर रहे आतंकी को परेशानी हो रही थी। 'नाथा, पिछली सीट पर रखा बम हमारे पहुँचने से पहले ही न फट जाए।'

'फिक्र मत करो,' नाथा बोला, 'मेरी अटैची में एक और भी है।'

*

जब ब्रिटेन और फ्रांस को मिलाने के लिए बीच की इंग्लिश चैनल में टनेल बनाने का काम शुरू हुआ और टेंडर माँगे गए तो बहुत-सी अन्तर्राष्ट्रीय कम्पनियों ने अर्ज़ियाँ भेजीं। बहुत बड़ा ठेका था, समुद्र के नीचे टनेल बनाने के लिए इंजीनियरिंग के बहुत अनुभव और धन की ज़रूरत थी।

ऐंग्लो-फ्रेंच कारपोरेशन के डायरेक्टरों के सामने, जिनका यह प्रोजेक्ट था, टेंडर खोले गए। ब्रिटिश बिल्डरों के एस्टीमेट 20 करोड़ डॉलर के आसपास थे, फ्रेंच और जर्मनी के थोड़े कम थे। एक भारत से भी था, सिंह एण्ड सिंह बिल्डर्स का, जिसने सिर्फ 50 लाख डॉलर का एस्टीमेट दिया था। बोर्ड ने इसे रद्दी के खाते में डालने का फैसला किया, लेकिन उन्हें उत्सुकता थी कि इतना सस्ता बजट देने का क्या कारण है, इसलिए उन्होंने फॉर्म के मालिकों को मिलने के लिए बुला भेजा।

सिंह एण्ड सिंह की ओर से बंता सिंह और संता सिंह बोर्ड के सामने पेश हुए। चेयरमैन ने उनसे पूछा, 'आपको इस तरह का काम करने का कोई अनुभव है?'

'ज़रूर है, साहब', दोनों सिंहों ने जवाब दिया। 'हमने पंजाब और हरियाणा में बहुत-से ट्यूब वैल खोदे हैं। हम कहीं भी छेद कर सकते हैं।'

'यह इतना आसान काम नहीं है। और आप इंग्लैण्ड से फ्रेंच समुद्र तक खोदी हुई टनेलों को आपस में जोड़ेंगे कैसे?'

'यह तो बहुत आसान है। बंता सिंह एक तरफ से खोदेगा और संता सिंह दूसरी तरफ से।'

यह सुनकर चेयरमैन को बहुत आश्चर्य हुआ। 'आप नहीं जानते कि कितनी नाप-जोख करके टनेल खोदी जा सकेंगी, जिससे बीच में दोनों एक ही जगह जाकर मिलें। दूसरी कम्पनियों का बजट 20 करोड़ का है और आपका सिर्फ 50 लाख का। इतने कम में आप काम कैसे पूरा करेंगे?'

'आपको परेशानी क्यों है?' दोनों सिंहों ने तमक कर पूछा, 'अगर हमारी टनेल मिलेंगी नहीं, तो आपको एक की जगह दो मिल जाएँगी।

(नोयडा से प्रेम खन्ना द्वारा प्रेषित)

*

संता सिंह और बंता सिंह हमेशा अपने परिवारों की तारीफ़ किया करते थे।

संता सिंह : तुमने स्वेज़ नहर के बारे में सुना है?

बंता सिंह : ज़रूर सुना है।

संता सिंह : मेरे बाप ने इसे खोदा था।

बंता सिंह : यह तो कुछ भी नहीं है। तुमने डेड सी का नाम सुना है?

संता सिंह : क्यों नहीं सुना!

बंता सिंह : मेरे बाप ने इसे मारा था।

*

यह जोक मैंने पार्लियामेन्ट के सेन्ट्रल हॉल में सुना था। प्रेसीडेन्ट ज़ैल सिंह का ऑपरेशन टैक्सॉस के उसी अस्पताल में हुआ था, जिसमें उनसे पहले वाले प्रेसीडेन्ट संजीव रेड्डी का हुआ था। जब सब तैयारी हो गई और ज्ञानी जी मेज़ पर पहुँच गए, तो चीफ सर्जन ने उनसे पूछा, 'आर यू रेडी?'

'नो, आई एम नॉट रेडी,' ज्ञानी जी ने जवाब दिया, 'आई एम ज़ैल सिंह।'

*

एक देशप्रेमी सरदार जी ने कहीं हवा में लहराता भारत का तिरंगा झंडा देखा। उसने तन कर उसे सेल्यूट मारा। किसी राह चलते ने उससे पूछा, 'तुमने

बुरा मत मानना ○ 175

झंडे को सेल्यूट क्यों किया?, इसमें भगवा रंग हिन्दुओं के लिए है, हरा मुसलमानों और सफेद बाकी सब के लिए—सिखों के लिए तो कुछ भी नहीं है। फिर तुमने सेल्यूट क्यों मारा?'

सरदार जी ने तुरन्त जवाब दिया, 'और यह डण्डा किसके लिए है जिस पर तना यह झंडा इतनी शान से झूम रहा है? यह सिखों के लिए ही है।'

*

एक हिन्दू, एक मुसलमान और एक सरदार बहस करने लगे कि उनके यहाँ सर्जरी का सबसे अच्छा विकास हुआ है। हिन्दू ने कहा, 'देखो, मैं एक वैद्यजी को जानता हूँ जो एक आयुर्वेदिक गोंद लगा कर कटी बाँह जोड़ देते हैं। पता ही नहीं चलता कि वह कहाँ से कटी थी।'

मुसलमान बोला, 'अरे, हमारे हकीम साहब ने एक बिलकुल नए ढंग की मरहम तैयार की है। उन्होंने एक आदमी का कटा हुआ सिर उससे जोड़ दिया। पता ही नहीं चलता था कि सिर कहाँ से कटा था।'

सरदार जी बहस में पीछे क्यों रहते? कहने लगे, 'अरे, हमारी सर्जरी ने सबको पछाड़ दिया है। मेरा चाचा है जिसके पेट के दो टुकड़े हो गए थे। हमारे सर्जन ने फौरन एक बकरा काटा और उसका पिछला हिस्सा चाचा के ऊपर लगा दिया। अब हमारा चाचा रोज़ दो लीटर दूध देता है।'

*

मशहूर पहलवान और एक्टर दारा सिंह जुहू किनारे टहल रहे थे। कुछ लड़के आए और उन्होंने मारपीट कर उनका भुरता बना दिया, और उनका पर्स भी छीन लिया। सौभाग्य से उसमें ज़्यादा पैसे नहीं थे।

दुनिया के सबसे बड़े पहलवान ने उनका कोई विरोध नहीं किया, और टूटी घायल हड्डियाँ लेकर घर लौटे आए। शर्ट फट गई थी, एक आँख गायब थी। उनकी सरदारनी ने पूछा कि क्या हुआ तो उन्होंने सब कहानी बयान कर दी। 'तो तुमने उन्हें मारा क्यों नहीं? तुम तो उन दुबले-पतले लौंडों का चूरमा बना सकते थे।'

'हाँ, यह तो ठीक है', सरदार बोला 'लेकिन लड़ने की मेरी फीस 25 हज़ार रुपये है।'

(चण्डीगढ़ के बज़ीरचन्द दीदी द्वारा प्रेषित)

*

बंता सिंह रेलवे स्टेशन की खिड़की पर टिकट लेने के लिए खड़े थे। उनके आगे एक और आदमी था। उसने टिकट माँगा, 'इक पंजाब मेल देना जी।' वह टिकट लेकर चला गया।

अब बंता सिंह की बारी थी। 'इक्क पंजाब फीमेल देना।'

'पंजाब फीमेल से क्या मतलब है तुम्हारा?' बाबू ने पूछा।

'मेरी घर वाली के लिए है जी।'

(नई दिल्ली से जे.पी. सिंह काका द्वारा प्रेषित)

*

आई.आई.टी., कानपुर के दो सरदार छात्र अमेरिकी उड़ाकों के बारे में बात कर रहे थे। एक ने दूसरे से कहा, 'चाँद पर जाने में क्या खास बात हुई? कोई भी जा सकता है। हम सिख हैं—सीधे सूरज पर जाएँगे।'

'लेकिन अगर हम सूरज के सवा करोड़ मील के दायरे में पहुँच गए तो जलकर खाक हो जाएँगे।'

दूसरा बोला, 'तो क्या हुआ, हम रात को चलेंगे।'

(हैदराबाद के जडसन ए. कार्नेलियस द्वारा प्रेषित)

*

बंता सिंह, 'अरे, एयर इण्डिया के दफ़्तर से बोल रहे हैं? आप बताएँगे कि दिल्ली से बम्बई पहुँचने में कितना वक्त लगता है?'

'एक मिनट, सर...'

'ठीक है...थैंक यू,' यह कह कर बंता ने फोन रख दिया।

(मुकेरियाँ के कमल शर्मा द्वारा प्रेषित)

*

एक सरदारजी और एक बंगाली रेल के डिब्बे में सफर कर रहे थे। बहुत गर्मी थी और बंगाली को अपनी रिस्ट वॉच की स्टील की पट्टी ढीली करने में परेशानी हो रही थी। सरदारजी ने एक झटके में उसे ढीला कर दिया। फिर बोला, 'बंगालियों को गेहूँ खाना चाहिए, चावल नहीं। उससे ताकत आती है।'

बंगाली को यह उपदेश अच्छा नहीं लगा। कुछ मिनट बाद उसने अलार्म चेन पकड़ी और दिखाया कि उससे खींची नहीं जा रही है। सरदार जी कूद कर आए और उसे खींच दिया। फिर उत्साह से कहने लगे, 'तुम बंगालियों को...।'

ट्रेन रुक गई। कंडक्टर दो सिपाहियों को लेकर आया और पूछने लगा, कि चेन क्यों खींची। संतोषजनक जवाब न मिलने पर उन्होंने कहा, 'तुम पर पचास रुपये जुर्माना किया जाता है।'

जब वे चले गए तो बंगाली ने उसे उपदेश दिया, 'तुम्हें गेहूँ की जगह चावल खाना चाहिए। इससे दिमाग तेज़ होता है।'

*

गोरखे सैनिक अपनी अनुशासनप्रियता और अफसरों का सम्मान करने के लिए प्रसिद्ध हैं। एक दफ़ा सेना की एक बहुमंज़िली इमारत में आग लग गई। घंटी की आवाज़ सुनते ही कई गोरखे जाल लेकर भागे और उसे नीचे तान दिया जिससे लोग उस पर कूद-कूद कर बच सकें। कई लोग आए और बच गए। अंत में उनका कमॉडिंग अफसर ऊपर से कूदने लगा। गोरखों ने देखा कि अफसर आ रहा है तो वे तन कर सेल्यूट मारने खड़े हो गए और जाल छोड़ दिया। अफसर गिरते ही मर गया।

(करनल से एम.एल. बत्रा द्वारा प्रेषित)

*

एक हरियाणवी जाट किसी चालाक बनिये द्वारा बुझाई पहेलियों के जवाब नहीं दे सका, तो नाराज़ होकर बोला, 'अच्छा, अब तुम यह पहेली बुझाओ; दीवार पर टँगा वह क्या है जो लाल है, जिससे पानी टपकता है, और जो बोलता है?'

कुछ देर बाद बनिये ने हार मान ली, कि वह नहीं जानता।

जाट ने खुश होकर कहा—'तस्वीर है।'

'कैसे? वह दीवार पर टँगती है लेकिन हमेशा लाल नहीं होती', बनिये ने तमक कर कहा।

'उसका पेन्ट लाल है।'

'तस्वीर सूखी होती है, उससे पानी नहीं टपकता', बनिये ने आगे कहा।

'ताज़ा पेन्ट करो तो टपकेगा क्यों नहीं?'

'लेकिन वह बोलती नहीं है।'

'सही कहते हो', जाट ने कहा, 'यह मैंने अपनी तरफ से जोड़ दिया, कि तुम जैसा चालाक बनिया चकमा खा जाए।'

*

एक पैसे वाला महेश्वरी, जो मारवाड़ियों में सबसे धनी जाति है, अपने दोस्त से शिकायत करने लगा कि उसकी बीवी कितनी फिजूलखर्च है। 'एक दिन उसने मुझसे दस रुपये माँगे, दूसरे दिन बीस, और आज सवेरे पच्चीस माँगने लगी। यह तो हद हो गई।'

'सही कहते हो', दोस्त ने समर्थन किया। 'लेकिन इतने पैसे से उसने किया क्या?'

'मैं क्या जानूँ', धनी महेश्वरी ने जवाब दिया। 'मैंने उसे दिए ही कहाँ!'

*

एक मुस्लिम दम्पती स्वर्ग पहुँचे और अल्लाह से कहने लगे कि उन्हें दोबारा निकाह करने की इजाज़त दें। अल्लाह ने उनसे कुछ दिन इन्तज़ार करने को कहा।

कुछ साल इन्तज़ार करने के बाद उन्होंने फिर अल्लाह से यह दरख्वास्त की। अल्लाह उन्हें अपने दफ़्तर ले गए और हज़ारों अर्ज़ियों के बण्डल दिखाने लगे, कि इनकी दूसरी शादी की अर्ज़ियाँ अभी तक इन्तज़ार कर रही हैं।

फिर बोले, 'जब तक किसी मुल्ला को जन्नत में आने की अनुमति नहीं मिलती, मैं कुछ नहीं कर सकता। दसियों साल से कोई नहीं आया है।'

(पटियाला से प्रो. गुरचरण सिंह द्वारा प्रेषित)

*

सिंधी लोग अपनी सख्त आदतों और जाति प्रेम के लिए जाने जाते हैं। वे काफी सौदेबाज़ी करते हैं, लेकिन अपने जाति भाइयों को काम दिलाने में मदद भी करते हैं। यह कहानी मुझे एक सिंधी व्यापारी ने सुनाई थी जो हांगकांग जा रहा था।

वह एक सिल्क का सूट बनवाना चाहता था, और एयरपोर्ट पर एक सिंधी दर्जी की दुकान पर गया, जिस पर लिखा था, कि यहाँ दो घंटे में सूट तैयार कर दिया जाता है।

व्यापारी ने कपड़ा पसन्द किया और कीमत पूछी। दर्जी बोला, 'जनाब, आप जातिभाई हैं, इसलिए आपसे कम कीमत लूँगा। इस कपड़े का सूट दो सौ हांगकांग डॉलर मिलता है, जो इस पर लिखा भी है। दूसरों से मैं दो सौ ही लेता हूँ लेकिन अपने सिंधी भाई से इतने नहीं लूँगा। आपसे मैं 199 भी नहीं लूँगा, न 180, आपके लिए 170 कर दिए—बस, इससे कम नहीं करूँगा।'

ग्राहक कहने लगा, 'तुम मेरे लिए इतना घाटा क्यों सहना चाहते हो?' फिर बोला, 'अब बताओ, क्या दूँ?' सत्तर डॉलर? दूसरे गैर-सिन्धी भाई को मैं इतना ही देता। चलो, तुमको नब्बे दे दूँगा—इससे कम-ज़्यादा नहीं।'

'ठीक है, सौदा पक्का!' दर्जी ने जवाब दिया।

पाकियों के खिलाफ

पिछले दिनों दिल्ली के कूटनीतिक क्षेत्रों में एक मज़ाक बहुत मशहूर हुआ, जो नियमों की सीमा से ज़रा बाहर है, लेकिन इसे बताना मैं इसलिए ज़रूरी समझता हूँ क्योंकि इससे भारतीयों और पाकिस्तानियों के बीच सम्बन्धों और भावनाओं पर रोशनी पड़ती है।

सोवियत यूनियन का प्रेसीडेन्ट अपनी सिल्वर जुबली मना रहा था। राज्य के प्रमुख के नाते उसकी इच्छा थी कि हर देश का राजदूत अपने यहाँ की सर्वश्रेष्ठ वस्तु उसे भेंट करे। सबसे पहले अमेरिकी राजदूत अपने यहाँ की कैडिलेक कार लेकर हाज़िर हुआ। प्रेसीडेन्ट ने कृतज्ञतापूर्वक इसे स्वीकार किया। फिर ब्रिटिश राजदूत रॉल्स-रॉयस का नया मॉडल लेकर आया। प्रेसीडेन्ट बहुत खुश हुआ और उसने कहा कि महारानी एलिज़ाबेथ को उसका कृतज्ञता-सन्देश पहुँचाए।

इसके बाद इज़रायल का राजदूत प्रकट हुआ। उसने एक लम्बे आकार के नींबू की भेंट पेश की, जिसे उसके कृषि-वैज्ञानिकों ने विकसित किया था। प्रेसीडेन्ट बहुत नाराज़ हुआ और बोला कि इसे राजदूत के चूतड़ों से चिपका दो। फिर भारत का राजदूत आया। उसने स्वादिष्ट हापुस आम भेंट किया। इसे देखकर भी प्रेसीडेन्ट खुश नहीं हुआ और इसे भी उसने राजदूत की पीठ पर लगवा दिया।

यह बेइज्ज़ती सहने के बाद इज़रायल और भारत के राजदूत क्रेमलिन राजमहल की लॉबी में मिले। इज़रायली गुस्से से पागल हो रहा था। लेकिन भारतीय मुस्कराए जा रहा था।

इज़रायली ने भारतीय से पूछा, 'तुम यह सब सह कर इतने खुश क्यों हो?'

भारतीय राजदूत ने कहा, 'तुम्हें पता नहीं, पाकिस्तान वाले का क्या होगा! वह अपने देश में विकसित सबसे बड़ा तरबूज़ लेकर आया है।'

*

जैसे ही जनरल ज़िया की लाश ज़मींदोज़ हुई, उसको लेकर फुसफुसाहट से किए जाने वाले मज़ाक खुल कर बाहर कहे जाने लगे। 'हवाई जहाज़ की दुर्घटना में चकनाचूर लाशों में ज़िया की पहचान कैसे की गई?'

इसका उत्तर था, 'वही अकेली कुर्सी को कस कर पकड़े थी।'

*

दूसरा इससे भी ज़्यादा अद्भुत है। चूँकि सब लाशों के हाथ-पैर वगैरह एक-दूसरे से बिलकुल अलग हो गए थे, इसलिए उन्हें पूरा करने वालों ने बिना सोचे-समझे किसी का सिर किसी में, किसी का पैर किसी में—जहाँ चाहा, इधर-उधर लगा दिया। इसके बाद ये शरीर अलग-अलग नामों की कब्रों में दफन कर दिए गए।

जनरल को अल्लाह ने बुलाया और जनता का अहित करने के लिए उसकी लानत-मलामत की। फिर कहा, 'इसकी सज़ा के तौर पर तुम्हारे चूतड़ों पर सौ कोड़े लगाए जाएँगे।'

जनरल को आदेशानुसार खम्भे से बाँधा गया, और चूतड़ उघाड़ कर उस पर जेलर ने कोड़े लगाने शुरू किए। हर कोड़ा खाकर जनरल ठठा कर हँसता था। अल्लाह को ताज्जुब हुआ और उसने जनरल से सवाल किया, 'इस तरह मार खाकर तुम हँस क्यों रहे हो?'

'क्योंकि ये चूतड़ मेरे नहीं, अमेरिकी राजदूत के हैं।'

*

प्रेसीडेन्ट ज़िया-उल-हक का भरोसेमन्द नाई अचानक लोकतन्त्र पर विश्वास करने लगा। एक सवेरे उनके बाल तराशते हुए पूछने लगा, 'गरीब परवर, आप पाकिस्तान में चुनाव कब करा रहे हैं?'

प्रेसीडेन्ट ने मिलिटरी डिक्टेटर जैसी उपेक्षा दिखाते हुए सवाल नज़रंदाज़ कर दिया। दुबारा बाल काटने पर नाई ने फिर पूछ लिया, 'आलीजाह, अब वक्त आ गया है कि आप चुनाव करवाने का अपना वादा पूरा करें।'

प्रेसीडेन्ट को गुस्सा तो बहुत आया, लेकिन उसने अपने ऊपर काबू पा लिया।

तीसरी दफ़ा बाल काटते हुए नाई फिर पूछ बैठा, 'बंदानवाज़, अवाम चुनाव की माँग करने लगा है, आप करवा ही दें।'

प्रेसीडेन्ट इस दफ़ा चुप नहीं रह सका, भड़क कर बोला, 'गद्दार, तुझे तो

ऐसा सबक सिखाऊँगा जिसे तू हमेशा याद रखेगा।' यह कह कर उसने आज्ञा दी कि इसे ले जाओ और चूतड़ों पर दस कोड़े लगाओ।

नाई उसके पैरों पर गिर पड़ा और बोला, 'ज़िल्लेइलाही, (अल्लाह की परछाई), मैं तो आपका नमक खाता हूँ, गद्दारी कैसे कर सकता हूँ। मैंने तो चुनाव का ज़िक्र इसलिए किया कि मेरा काम आसान हो जाएगा।'

'क्या मतलब है तुम्हारा?' जनरल ने कड़क कर पूछा।

'जब भी मैं चुनाव शब्द बोलता हूँ, आपके सिर के बाल खड़े हो जाते हैं। मेरा बाल तराशना आसान हो जाता है।

*

राजीव गाँधी और प्रेसीडेन्ट ज़िया-उल-हक के बीच आखिरी मीटिंग होने के बाद दोनों गपशप करने के लिए अलग से मिले। ज़िया ने राजीव गाँधी से पूछा, 'आपकी हॉबी क्या है?'

राजीव ने कहा, 'लोग जो चुटकुले सुनाते हैं, उन्हें मैं इकट्ठा करता हूँ' ...और आपकी हॉबी क्या है, जनाब?'

ज़िया-उल-हक ने कहा, 'मैं उन्हें इकट्ठा करता हूँ जो मेरे बारे में चुटकुले गढ़ते हैं।'

*

पाकिस्तान के पिछले प्रेसीडेन्ट याह्या खाँ एक नौसिखिए को एयरफोर्स में काम करने को तैयार करने के लिए जहाज़ के भीतर ले गए, 'यह पीला बटन दबाओगे तो इंजन काम करने लगेगा। फिर लाल वाला दबाओगे तो वह उड़ने लगेगा। बहुत आसान है यह काम।'

'लेकिन इसे उतारूँगा कैसे?' जवान ने पूछा।

याह्या खाँ ने कहा, 'तुम्हें इसकी फिक्र करने की ज़रूरत नहीं है। यह काम इण्डियन एयर फोर्स पर छोड़ सकते हो।'

*

पिछले दिनों मुझे इस्लामाबाद से एक पत्र प्राप्त हुआ जिसमें एक कविता लिखी थी; पत्र पर किसी का नाम नहीं था। शीर्षक था 'भारतीय कारण-विज्ञान की रूपरेखा'—यह बहुत व्यंग्यपूर्ण है, इसलिए यहाँ पूरी प्रस्तुत करता हूँ :

जब मानसून नहीं आती, और गंगा के मैदानों में,
सूरज की गरमी बरसने लगती है,
तालाब सूख जाते हैं, अंधड़ आने लगते हैं,
जहाँ पहले अनाज के खेत होते थे,
वहाँ हर झोपड़ी में भूख पैर पसारने लगती है,
अकाल देश को जकड़ लेता है,
तब कहा जाता है, यह प्रकृति का प्रकोप नहीं,
इसमें विदेशी हाथ है!
जनाब, यह भारत है,
जर्मनी नहीं, और न फ्रांस,
यहाँ ईश्वर पर ज़िम्मेदारी नहीं डाली जाती,
न वक्त की बात कहा जाता है,
यहाँ अपने और दूसरों के दोषों पर
उँगली नहीं उठाई जाती,
विदेशी हाथ ही बताया जाता है!
जब शान्तिपूर्ण दिल्ली शहर में,
हिन्दू लड़के सिखों का कत्ल करने लगते हैं,
जब छोटे कद के नेपाली लोग,
सीमा के सवाल उठाने लगते हैं,
जब पहले के शान्त, अब तमिल टाइगर्स,
साउथ ब्लॉक के हुक्मों पर एतराज़ करते हैं,
तब इसका भी कारण तुम अब समझ लोगे,
यह भी विदेशी हाथ होता है,
जनसंख्या के आँकड़े नहीं,
तो अगर तुम दिल्ली की लिफ्ट में हो,
किसी तंदुरुस्त औरत की बगल में,
और तुम्हारा मन करे कि,
इसे कहीं से चुटकी काट लूँ,
और वह गुस्से से भर कर तुम्हें देखे
तो नरमियत से यही कहना,
‘माई डियर, यह मैं नहीं था,’
यह तो विदेशी हाथ था!’,

अविनय निवेदन है...

व्यवस्था के विरुद्ध एक मज़ाक :

किसी गरीब को फुटपाथ पर सोने की जगह नहीं मिली तो वह महात्मा गाँधी की मूर्ति के नीचे रात बिताने सो गया। आधी रात को उसकी नींद खुली, जैसे कोई छड़ी से उसे ठकठका कर जगा रहा है। ये महात्मा जी खुद थे।

कहने लगे, 'तुम भारतीयों ने मेरे साथ अच्छा बर्ताव नहीं किया है। हर जगह खड़े या चलते हुए मेरी मूतियाँ लगा दी हैं। मेरे पैर बेहद थक चुके हैं। तुम शिवाजी की तरह मुझे घोड़े पर क्यों नहीं बिठा देते? मैंने भी देश के लिए उतना कुछ किया जितना उसने!...और फिर भी तुम मुझे बापू कहते हो।'

दूसरे दिन यह आदमी मन्त्रियों से मिलने गया। और उन्हें यह घटना सुनाई। आखिरकार एक मन्त्री उसके साथ सोने के लिए तैयार हो गया। इस बार जैसे ही वहाँ के पुलिस स्टेशन ने बारह के घंटे बजाए, महात्मा जी मूर्ति से बाहर निकल आए और उस आदमी से वही शिकायत फिर करने लगे। उन्होंने माँग की कि उनके लिए भी घोड़ा ले दिया जाए।

आदमी ने जवाब दिया, 'बापू, मैं तो बड़ा गरीब हूँ, घोड़ा खरीदने के पैसे कहाँ से लाऊँगा। इसलिए मैं सरकार के इन मन्त्री जी को ले आया हूँ। ये...'

बापू ने मन्त्री पर नज़र डाली और बोले, 'मैंने तो घोड़ा माँगा था, गदहा नहीं।'

*

इन्दिरा गाँधी ने 1975 में देश में जब इमरजेंसी लगाई तब की यह मशहूर कहानी है।

स्वर्ग में बापू गाँधी यह सोच-सोचकर दुखी थे कि उन्होंने देश के लिए इतना कुछ किया, लेकिन अब उन्हें कोई याद भी नहीं करता। उन्होंने जवाहरलाल नेहरू को बुलाकर कहा, 'नेहरू बेटा, तुमने देश पर इतने साल तक राज किया।

लेकिन तुमने अपने बापू गाँधी की याद बनाए रखने के लिए क्या किया?'

'बापू, मैं जो कर सकता था, सब किया। तुम्हारे लिए समाधि बनवाई जहाँ तुम दफन हो। तुम्हारे जन्म और मृत्यु के दिनों में हम समाधि पर इकट्ठे होकर 'रामधुन' और 'वैष्णवजन' गाते हैं। इससे ज़्यादा मैं क्या करता?'

'तुम्हारे बाद कौन आया था?' बापू ने पूछा।

नेहरू ने जवाब दिया, 'लोगों ने मुझे बताया है कि लालबहादुर शास्त्री प्रधानमन्त्री बने थे।'

तब महात्मा जी ने शास्त्री को बुलाया और उनसे भी यही बात कही। शास्त्री ने जवाब दिया, 'बापू, मुझे तो प्रधानमन्त्री का काम करने के लिए बहुत कम वक्त मिला—सिर्फ डेढ़ साल, लेकिन इतने वक्त में ही मैंने हर शहर और गाँव में आपकी मूर्तियाँ लगवा दीं। सब भाषाओं में आपके सब भाषण छपवा कर मुफ्त बँटवा दिए। इससे ज़्यादा और मैं क्या कर सकता था?'

'तुम्हारे बाद कौन आया?' बापू ने पूछा।

'वही नेहरू की छोकरी। इन्दिरा नाम है उसका। अब वही राज कर रही है।'

अब महात्मा जी ने इन्दिरा गाँधी को बुलवाया, जिसने उन्हीं दिनों देश में इमरजेंसी लगाई थी। फिर उससे भी यही सवाल पूछा।

इन्दिरा गाँधी ने जवाब दिया, 'मैंने ही आपके लिए सबसे ज़्यादा काम किया है—न उतना शास्त्री ने किया, न मेरे बाप ने। सारा देश आपके नमूने पर ढाल दिया। आपकी ही तरह उनके लिए लंगोटी और छड़ी ही रहने दी।'

बापू काँपने लगे। 'बेटी, यह तो बहुत बुरा हुआ। अब उनका सब कुछ खत्म कर देने के लिए लोग तुम्हारे खिलाफ बगावत कर देंगे।'

'बापू, आप फिक्र न करें,' इन्दिरा ने जवाब दिया, 'मैंने इसका भी इन्तज़ाम कर लिया है। लंगोटी उनके हाथ में दे दी है और छड़ी उनके चूतड़ों में।'

*

बहस होने लगी कि भारत का कौन-सा राज्य भ्रष्टाचार में सबसे आगे है। इसका फैसला इस कहानी से हुआ जो नीचे दी जा रही है :

छह साल पहले केरल का एक एम.एल.ए. चण्डीगढ़ आया और पंजाब के एक मन्त्री से उसके घर मिलने गया। दोनों पुराने दोस्त थे। एम.एल.ए. ने उससे पूछा, 'तुमने इतना पैसा कैसे इकट्ठा कर लिया?'

उसने जवाब में पूछ, 'तुम सच्चाई जानना चाहते हो?'

'हाँ, हाँ, क्यों नहीं? ज्ञान से फायदा ही होता है।'

‘तो कल तक इन्तज़ार करो। तब मैं सब कुछ बताऊँगा।’

दूसरे दिन मन्त्री उसको अपनी व्यक्तिगत होंडा गाड़ी में बिठा कर वहाँ से कई किलोमीटर दूर ले गया।

एक जगह पहुँच कर उसने गाड़ी रोकी, दोनों बाहर निकले और मन्त्री ने घाटी के सिरे पर एक जगह इशारा करके उससे कहा, ‘वह बड़ा वाला पुल देख रहे हो?’

‘हाँ,’ एम.एल.ए. बोला।

‘इस पुल की लागत का आधा पैसा मेरी जेब में गया।’

चार साल बाद, जब पंजाबी का मन्त्रीपद खत्म हो गया, तो वह छुट्टी मनाने त्रिवेन्द्रम गया और अपने पुराने मित्र के घर जा पहुँचा। अब यह मन्त्री बन गया था। उसने चारों तरफ नज़र डालकर कहा, ‘बाप रे, तुमने तो मुझे भी पीछे छोड़ दिया! ये क्रिस्टल के फानूस, इटली का संगमरमर, मर्सीडीज़...। इतना सब कैसे हासिल कर लिया?’

मन्त्री बोला, ‘तुम्हें यह कल बताऊँगा।’

दूसरे दिन वह दोस्त को राजमार्ग से कई किलोमीटर दूर ले गया, एक जगह खूबसूरत घाटी के पास गाड़ी रोकी और सामने इशारा करके पूछा, ‘वह पुल देख रहे हो?’

‘कहाँ, कौन-सा पुल...मुझे तो दिखाई नहीं दे रहा’ पंजाबी बोला।

‘सही कहते हो।’ मन्त्री ने कहा, ‘पुल की सारी लागत मेरी जेब में आ गई।’

*

एक मन्त्री जब विदेश यात्रा पर जाने लगा, तो उसके पास बहुत-सा पैसा था। उसने कहा कि यह प्रधानमन्त्री के पास रखा जाए क्योंकि वहीं यह सबसे ज़्यादा सुरक्षित रहेगा, इसलिए वह उनके पास पहुँचा। प्रधानमन्त्री तैयार तो हो गया, परन्तु उसने कहा कि यह कार्य उसके दो वरिष्ठ सलाहकारों के सामने किया जाए। पैसे के मामलों में हमेशा गलतफहमियाँ होती हैं, इसलिए दो गवाह ज़रूर होना चाहिए।

मन्त्री को बात सही लगी। दो वरिष्ठ सलाहकारों के सामने यह काम कर दिया गया।

कुछ समय बाद जब मन्त्री वापस लौटा तो वह अपना पैसा लेने के लिए प्रधानमन्त्री के पास पहुँचा।

‘कौन सा पैसा?’ प्रधानमन्त्री ने पूछा, ‘मैं नहीं जानता, तुम क्या बात कर रहे हो!’

'जो पैसा मैं आपके पास रख गया था?' मन्त्री ने बताया। 'आपने दो वरिष्ठ सलाहकारों के सामने लिए थे।'

'ठीक है, उनसे पूछते हैं,' प्रधानमन्त्री ने कहा। दोनों सलाहकार बुलाए गए।

'यह मन्त्री जी जिस पैसे की बात कर रहे हैं, उसके बारे में कुछ जानते हो?' प्रधानमन्त्री ने पूछा।

'जी नहीं, मैं तो कुछ नहीं जानता,' एक ने जवाब दिया। दूसरा बोला, 'ये आपके पास कोई पैसा नहीं छोड़ गए।'

दोनों वरिष्ठ सलाहकार कमरे से वापस चले गए। इसके बाद प्रधानमन्त्री ने अलमारी खोली और पैसा निकाल कर मन्त्री को दे दिया।

मन्त्री चकित होकर बोला, 'तो आपने पहले यह क्यों कहा कि मैंने कोई पैसा जमा नहीं किया?'

'तुम्हें यह बताने के लिए कि मेरे सलाहकार कैसे हैं,' प्रधानमन्त्री ने जवाब दिया।

*

एक मन्त्री को जिसका अंग्रेज़ी ज्ञान बहुत कम था, उसके भाषण लिखने के लिए एक सेक्रेटरी दिया गया।

मन्त्री ने उसे आज्ञा दी, 'मुझे अप्रतिबद्धता आन्दोलन के विषय में पन्द्रह मिनट का भाषण लिख कर दो।'

पूरे पन्द्रह मिनट का भाषण उसे लिख दिया गया। लेकिन जब मन्त्री ने उसे पढ़ना शुरू किया तो पूरा आधा घण्टा लग गया। सम्मेलन के आयोजकों को इससे परेशानी हुई, क्योंकि समय की कमी से अन्य कार्यक्रम गड़बड़ा गए। मन्त्री को सेक्रेटरी पर क्रोध आया कि उसने धोखा दिया। उसने उसे बुला कर डाँटा। कहा, 'मैंने पन्द्रह मिनट का भाषण लिखने को कहा था, तुमने पूरे आधे घण्टे का लिख दिया। क्यों?'

'सर, मैंने तो पन्द्रह मिनट का ही दिया था। आपने उसकी कार्बन कापी भी पढ़ दी।'

*

दिल्ली के अजायबघर से दो चीते गायब हो गए। सब जगह ढूँढ़ा, लेकिन कहीं नहीं मिले। फिर छह महीने बाद वे एक दिन अचानक वापस आ गए। एक ही हड्डियाँ निकल आई थीं, दूसरा मोटा-तगड़ा हो गया था।

वे बातें करने लगे। दुबले वाले ने कहा, 'मेरा भाग्य खराब था। मैं राजस्थान जा निकला जहाँ अकाल पड़ रहा था और खाने को कुछ नहीं था। सब जानवर मर चुके थे और जिन आदमियों को भी मैंने खाया, उसके शरीर का माँस गायब हो चुका था। इसलिए मैंने तय किया कि यहीं वापस लौट चला जाए। यहाँ कम से कम दिन में एक दफ़ा तो खाना मिलता है। लेकिन तुम तो काफी हृष्ट-पुष्ट नज़र आ रहे हो। तुम वापस क्यों लौटे?'

मोटे वाले चीते ने कहा, 'सच कहूँ तो शुरू से ही मैं बहुत भाग्यशाली रहा। मैं सरकारी सेक्रेटेरिएट जा निकला। यहाँ एक सीढ़ी के नीचे छिप कर बैठ गया। हर शाम जब क्लर्क लोग दफ़्तरों से निकलते, मैं एक को पकड़ कर खा लेता। छह महीने तक किसी को पता ही नहीं चला। फिर कल मैंने गलती कर दी, कि एक आदमी जो सबको चाय पिलाता है, उसे ही खा डाला। इसके बाद तो हलचल मच गई। सारे दफ़्तरों में उसकी तलाश की जाने लगी, और मैं सीढ़ियों के पीछे बैठा मिल गया। उन्होंने मुझे बाहर निकाल दिया। इसलिए मैं यहीं लौट आया। यहाँ कोई खतरा नहीं है।'

*

यह कहानी आई.ए.एस. के एक युवा कर्मचारी ने बताई। उसकी पहली पोस्टिंग मन्त्रालय के सेक्रेटरी के कनिष्ठ सहायक के रूप में हुई।

एक दिन सवेरे वह कुछ ज़रूरी फाइलें लेकर अपने बॉस से बात करने गया। दरवाज़े पर खटखटाया पर कोई जवाब नहीं मिला, तो वह धक्का देकर भीतर घुस गया। उसने देखा कि उसका बॉस खिड़की के पास खड़ा कुछ सोच रहा है। यह देख कर वह चुपचाप लौट गया।

चूँकि इन फाइलों पर 'अत्यावश्यक' लिखा था, वह कुछ देर बाद फिर वहाँ गया, और देखा कि वह अब भी उसी प्रकार चुप खड़ा है।

उसने हलके से खखारा, जिससे बॉस का ध्यान आकर्षित कर सके। बॉस ने पलट कर देखा और कहने लगा, 'मैं घण्टे भर से सड़क पर काम कर रहे इन मज़दूरों को देख रहा हूँ। उन्होंने रत्ती भर भी काम नहीं किया।'

*

कश्मीर के आतंकवादियों ने तय किया कि देवीलाल के किसी प्रिय को अगवा किया जाए। फिर उन्होंने यह विचार त्याग दिया; वे फैसला नहीं कर सके कि कौन-सा बैल अगवा किया जाए।

अविनय निवेदन है... ○ 189

|| **चुटकुले** ||

सवाल : जब उनकी नई मारुति-सुजुकी में पानी लीक होने लगा तो बच्चे ने पिता से क्या कहा?

जवाब : मारुति ने सू-सू कर दी।

सवाल : केरल में बहुत अच्छे कपड़े पहने आदमी को क्या कहा जाता है?
जवाब : डेबोनायर।

(कलकत्ता के जयदीप घोष द्वारा प्रेषित)

*

रेस्त्राँ में चाय पीने गए एक ग्राहक ने वेटर से चाय की शिकायत की। वेटर बोला, 'साहब, यह चाय पहाड़ से आई है, दार्जिलिंग से।'
'क्या इसीलिए यह इतनी ठण्डी है?' ग्राहक ने पूछा।

(नई दिल्ली के जे.पी, सिंह के द्वारा प्रेषित)

*

ग्राहक : वेटर, मैंने आलू का परांठा मँगवाया था, इसमें आलू तो है ही नहीं।'
वेटर : अरे साब, नाम में क्या रखा है! अगर कश्मीरी पुलाव ऑर्डर करेंगे तो उसमें कश्मीर तो नहीं डाल दिया जाएगा।'

(राजीव भट्टाचार्य द्वारा प्रेषित)

*

एक डी.टी.सी. बस में लिखा था :
आना फ्री

जाना फ्री
पकड़े गए तो
खाना फ्री

(नई दिल्ली के जे.पी. सिंह काका द्वारा प्रेषित)

*

धूम्रपान के विरोधी एक युवक ने एक आदमी से, जिसने अपनी सिगरेट अभी जलाई थी, कहा, 'जानते हो, इसके धुएँ का एक-तिहाई मेरी साँसों में जा रहा है?'

'अच्छा,' वह आदमी बोला, 'हर सिगरेट साठ पैसे का है। बीस पैसे तुम मुझे दो।'

(नई दिल्ली के मनोज दत्ता द्वारा प्रेषित)

*

दूसरे दिन सवेरे वह अपना सिर हाथों में थामे बैठा था। उसकी बीवी ने कहा, 'रात को इतनी न पीते तो अब यह हालत न होती।'

वह बोला, 'मेरे पीने का इससे कोई लेना-देना नहीं है। मैं सोने गया तो मुझे बहुत अच्छा लग रहा था, अब जागा हूँ तो यह हालत हो रही है। मेरी नींद इसके लिए ज़िम्मेदार है।'

*

बम्बई से सिंगापुर का सफर कर रहे एक यात्री ने भारत और पाकिस्तान की दोनों प्रमुख विमान सेवाओं के नाम इस तरह बदले :

पी.आई.ए. (पाकिस्तान इन्टरनेशनल एयरलाइन्स)
Please Inform Allah (अल्लाह को खबर कर दें।)

ए.आई (एयर इण्डिया)
Already Informed (पहले ही कर दी है।)

*

एक जुआरी के तीन साल के बच्चे ने तेरह तक गिनती सीख ली। यह इस तरह थी :

चुटकुले ○ 191

एक, दो, तीन, चार, पाँच, छह, सात, आठ, नौ, दस, गुलाम, बेग़म, बादशाह।

*

पहला आदमी : डॉक्टर बुलाओ, डॉक्टर बुलाओ।
दूसरा : क्या बात है? तुम बीमार हो?
तीसरा : नहीं, मैं अभी मेडिकल स्कूल से डॉक्टरी पास करके आया हूँ।'

❑ ❑ ❑